职业教育城市轨道交通理实一体化系列教材

# 城市轨道交通运营安全

主　编　高　洁　孙艳英　陈玉艳
副主编　单立新　鞠　峰　曲亮鹏
参　编　颜春梅　冯　硕　陈　俊　姜玲芝

机械工业出版社

本教材在充分调研城市轨道交通岗位职业能力要求的基础上，结合实际工作和典型案例，系统阐述了城市轨道交通运营安全的相关内容。全书按照"项目-任务"的模式编写，具体内容包括城市轨道交通运营安全基础、城市轨道交通安全分析与评价、城市轨道交通安全技术应用、城市轨道交通安全管理、城市轨道交通安全事故调查与处理、城市轨道交通运营事故案例分析，共6个项目，18个任务。

本教材配有电子课件、电子教案、视频动画、课程标准和习题答案等教学资源。用手机扫描书中二维码便可观看相关视频与动画，凡选用本教材作为授课用书的教师均可登录www.cmpedu.com以教师身份注册、免费下载，咨询电话:010-88379201或加QQ1006310850索取。

本教材可作为职业院校城市轨道交通专业的教材，也可作为城市轨道交通相关从业人员的参考用书。

## 图书在版编目（CIP）数据

城市轨道交通运营安全/高洁，孙艳英，陈玉艳主编. —北京：机械工业出版社，2024.2

职业教育城市轨道交通理实一体化系列教材

ISBN 978-7-111-74963-9

Ⅰ. ①城… Ⅱ.①高… ②孙… ③陈… Ⅲ.①城市铁路–交通运输安全–交通运输管理–职业教育–教材 Ⅳ. ①U239.5

中国国家版本馆 CIP 数据核字（2024）第 041086 号

机械工业出版社（北京市百万庄大街22号　邮政编码100037）

策划编辑：于志伟　　　　　　　责任编辑：于志伟
责任校对：贾海霞　陈　越　　　封面设计：张　静
责任印制：任维东

河北鑫兆源印刷有限公司印刷

2024年4月第1版第1次印刷

184mm×260mm·12印张·304千字

标准书号：ISBN 978-7-111-74963-9

定价：42.00元

电话服务　　　　　　　　　网络服务

客服电话：010-88361066　　机　工　官　网：www.cmpbook.com
　　　　　010-88379833　　机　工　官　博：weibo.com/cmp1952
　　　　　010-68326294　　金　书　网：www.golden-book.com

# 前　言

截至 2022 年年底，全国拥有轨道交通运营的城市数量约 53 座，运营线路约 290 条，总里程约为 9584km，城市轨道交通建设运营整体呈现规模化、网络化发展趋势。随着客流逐日攀升，乘客、媒体、政府等方面对地铁运营安全的关注度显著提高，安全运营更被城市轨道交通运营企业视为建设发展的生命线。因此，职业院校的重要任务是对标岗位用工标准，为城市轨道交通运营企业培养和输出大量高水平、高素质技能型人才。

本教材基于"项目引领、任务驱动"的职业教育理念，以学生能力培养为主旨，注重专业知识体系的完整性和岗位工作任务的针对性。教材内容从城市轨道交通行车安全、消防安全、电气安全和施工作业安全等主要方面，围绕人员、设备、环境等核心要素，对城市轨道交通运营安全进行系统分析，并结合实际案例，剖析事故原因、总结实践经验，将运营安全意识和岗位责任意识深化、内化到具体工作和任务环节中，使学生具备保证城市轨道交通运营安全需要的专业能力和职业素养。本教材的特色具体体现在以下几方面：

1. "任务引领、学用结合"，突出"真实"的特点

本教材以城市轨道交通运营岗位需求为核心，以真实工作过程为导向，以典型运营安全案例为背景，设计结构和内容。其中，"知识准备"模块为解决具体的工作任务做好知识和技能储备；"任务实施"模块设置不同情景的实践任务，以工作单的形式分解任务内容。本教材采用行动导向教学法，以分组学习的形式锻炼学生统筹、计划等能力，促进团队合作，体现"理实一体、学做合一"的职教理念。同时，贯彻党的二十大精神，将安全意识、责任意识等元素融入任务实践全过程，让轨道交通工匠精神在学生心里"生根发芽"。

2. "岗课赛证、校企共育"，突出"发展"的特点

本教材以职业能力发展为目标，对接教学标准和职业技能标准，内容划分为 6 个核心项目，18 个典型任务。"知识准备"模块"以赛促学"，将职业技能竞赛和"1+X"证书考核相关内容涵盖其中；"情境导入"模块将典型案例、实践经验分享其中，分析不同类型的城市轨道交通运营安全事例，帮助学生更为直观地理解和掌握所学知识，增强课程内容的针对性和应用性；"知识巩固"模块带领学生探知"智慧城轨"新动态、新技术对未来运营安全的影响和帮助，培养学生的创新精神。

3. "以生为本，厚植发展"，突出"实用"的特点

本教材充分考虑了学生的认知规律，采用数据图表、实物照片的形式讲解知识点和技能点，同时配备了相关数字化资源，为学生营造生动、直观的学习情境。

本教材注重学习过程的评价和效果的巩固，"任务描述"和"学习目标"模块阐明学习内容，理顺学习过程，使学生对后续的教学项目有初步、整体的了解；"任务实施"模块以过程性评价为主、结果性评价为辅，以小组自评、互评、教师评价等方式，分析学生在专业水平和职业素养方面的增值情况；"学习小结"模块引导学生回顾整个项目的学习过程和知识

点，检验学生知识和技能的掌握情况。

　　本书由大连交通技师学院（大连市交通口岸职业技术学校）高洁和河北轨道运输职业技术学院孙艳英、陈玉艳任主编，大连交通技师学院（大连市交通口岸职业技术学校）单立新、鞠峰和企业专家曲亮鹏任副主编，大连交通技师学院（大连市交通口岸职业技术学校）颜春梅，企业专家冯硕、陈俊和济南工程职业技术学院姜玲芝参编。具体分工如下：高洁负责各项目情境导入部分及全书的统稿，孙艳英负责编写项目一；鞠峰负责编写项目二；曲亮鹏负责编写项目三任务二；孙艳英、冯硕负责编写项目三任务一、任务三和任务四；高洁、曲亮鹏负责编写项目四、项目五；孙艳英、陈玉艳负责编写项目六，单立新负责全书素质教育元素的融入和全书文稿的梳理，颜春梅、冯硕、陈俊和姜玲芝参与教材编写素材及企业典型案例的收集、整理和提炼工作，并负责全书内容的校对。

　　本书在编写过程中，参考引用了国内部分轨道交通企业的运营资料、案例素材以及相关专家、学者发表的有关文献，在此表示衷心的感谢。

　　限于编者专业水平和实践经验，书中难免有偏颇和疏漏之处，敬请读者批评指正。

编　者

# 二维码清单

| 名称 | 图形 | 名称 | 图形 |
|---|---|---|---|
| "7·5" 上海地铁 2 号线夹人事故 | | 什么是安全评价 | |
| 列车追尾事故处理 | | 安全色及其含义 | |
| 广州地铁 3 号线体西挤岔事故 | | 接触网断线事故处理 | |
| 火灾自动报警系统常用设备实物展示 | | 认识什么是危险源 | |
| 轨行区怎样安全作业 | | 轨道交通人因事故基础知识 | |
| 这些安全标志你知道吗? | | 重大危险源 | |

# 目 录

# 项目一

## 城市轨道交通运营安全基础

**【情境导入】**

党的二十大报告指出"加快建设交通强国""优化基础设施布局、结构、功能和系统集成，构建现代化基础设施体系"。城市发展，交通先行；服务为民，城轨担当。当前，城市轨道交通在人们生活中发挥着重要作用，但其多修建于市区地下，一旦发生安全事故，部分车站和隧道存在通风不便、紧急疏散困难等问题，会造成巨大损失。

我国大中城市的城市轨道交通系统有成千上万名工作人员，每天运送数以百万的乘客，若发生安全事故会造成严重的后果。因此，相关部门和人员必须对安全工作高度重视，树立城市轨道交通运营安全意识，提高设备的安全性，提升服务水平和运营质量，并能充分掌握及运用各种应急措施，保障乘客的生命安全。

# 任务一　城市轨道交通运营安全基本理论认知

**【任务描述】**

自从有了人类活动，就有了安全问题，安全是伴随人类活动过程而存在的。古今中外有许多事件蕴涵着安全观念及安全方略，它们对企业树立牢固的安全观念、抓好安全工作有着许多有益的启示。那么什么是安全及安全管理呢？安全、危险、事故、隐患等词汇如何区别呢？本任务将会予以解答。

**【学习目标】**

| 知识目标 | 技能目标 | 素养目标 |
| --- | --- | --- |
| 1. 掌握城市轨道交通安全管理的要素<br>2. 掌握城市轨道交通运营安全的意义<br>3. 掌握安全、危险、危险源、职业病和安全色等的含义 | 1. 能区分不同的安全标志及其代表的含义<br>2. 能对一些职业病进行辨别 | 1. 树立城市轨道交通运营安全意识<br>2. 具有一定的安全标志识别能力 |

**【知识准备】**

一、基本概念

1. 安全

安全是指在生产与生活活动过程中，能将人或物的损失控制在可接受水平的状态。安全意味着人或物遭受损失的可能性是可以接受的，若这种可能性超过了可接受的水平，即为不安全。该定义具有下述含义。

1）这里所讨论的安全是指生产领域中的安全问题，既不涉及军事或社会意义的安全，也不涉及与疾病有关的安全。

2）不同的时代，不同的生产领域，可接受的损失水平是不同的，因而衡量系统是否安全的标准也是不同的。

3）安全是对于某种过程状态的描述，而不是瞬间的结果。

4）安全是相对的，绝对安全是不存在的。构成安全问题的矛盾双方是安全与危险，而非安全与事故。

5）安全指判明的危险性不超过允许的限度；使人不受伤害和危害的影响；没有危险或灾难的威胁；不受财产损失的威胁；没有危险，不产生伤害的一种状态。

**2. 危险**

作为安全的对立面，危险是指在生产与生活活动过程中，人或物遭受损失的可能性超出了可接受水平的一种状态。危险包含为人们所认识但尚未被人们所控制的各种隐患，尚未被人们所认识的各种潜在危机。

一般用危险度来表示危险的程度。在安全生产管理中，危险度用生产系统中事故发生的可能性与严重性表示，即

$$R = f(F, C)$$

式中　$R$——危险度；

$F$——发生事故的可能性；

$C$——发生事故的严重性。

危险与安全是一对此消彼长的矛盾双方，是与生产过程共存的一种连续型状态。

**3. 危险源**

从安全生产的角度解释，危险源是指可能造成人员伤害、疾病、财产损失、作业环境破坏或其他损失的根源或状态。所以，危险源可以是一次事故、一种环境、一种状态的载体，也可以是可能产生不期望后果的人或物。

危险源应由潜在危险性、存在条件和触发因素三个要素组成。潜在危险性是指一旦触发事故，可能带来的危害程度或损失大小，或者说危险源可能释放的能量强度或危险物质量的大小。存在条件是指危险源所处的物理、化学状态和约束条件状态，例如物质的温度、压力、湿度、化学稳定性，重装压力容器的坚固性，周围环境障碍物等情况。触发因素虽然不属于危险源的固有属性，但它是危险源转化为事故的外因，而且每一类型的危险源都有相应的敏感触发因素，如易燃、易爆物质，热能是其敏感触发因素，又如压力容器，压力升高是其敏感触发因素。因此，一定的危险源总是与相应的触发因素相关联，在触发因素的作用下，危险源转化为危险状态，继而转化为事故。

**4. 重大危险源**

从广义上讲，重大危险源就是可能导致重大事故发生的危险源。

《中华人民共和国安全生产法》对重大危险源的定义是：重大危险源是指长期或者临时地生产、搬运、使用或者储存危险物品，且危险物品的数量等于或者超过临界量的单元（包括场所和设施）。

**5. 事故**

事故是指生产经营单位在生产经营活动（包括与生产经营有关的活动）中突然发生的，伤害人身安全和健康，或者损坏设备设施，或者造成经济损失的，导致原生产经营活动（包括与生产经营活动有关的活动）暂时中止或永远终止的意外事件。综合各方的观点，事故具

有以下含义：

1）事故是违背人们意愿的一种现象。

2）事故是不确定的事件，其发生形式既受必然性的支配，也不可避免地受到偶然性的影响。

3）事故发生的原因主要有人的不安全行为、物的不安全状态以及管理上的缺陷。

4）事故的特征主要包括事故的因果性、偶然性、必然性、规律性、潜在性和可预防性。

5）事故发生后造成以下后果：人受到伤害，物受到损失；人受到伤害，物未受到损失；人未受到伤害，物受到损失；人、物均未受到伤害和损失。

### 6. 隐患

隐患是指隐藏的祸患。隐患是事故发生的必要条件，隐患一旦被识别，就要予以消除。对于受客观条件所限不能立即消除的隐患，要采取措施降低危险性或延缓危险性增长的速度，减少其被触发的概率。风险辨识、评价后，需通过一系列的管控措施，将风险控制在可接受的程度。当风险的管控措施未落实，或者落实不到位时，隐患就会产生。隐患必须得到排查治理，不排查治理将会酿成事故。

### 7. 安全生产

根据现代系统安全工程观点，安全生产是指在符合物质条件和工作秩序下进行的生产过程中，消除或控制危险、有害因素，防止发生人身伤亡和财产损失等生产事故，保障人身安全与健康，使设备和设施免受破坏，环境免遭破坏的总称。

### 8. 职业病

职业病是指企业、事业单位和个体经济组织的劳动者在职业活动中，因接触粉尘、放射性物质和其他有毒有害物质等因素而引起的疾病。

### 9. 安全色与对比色

安全色是被赋予安全意义而具有特殊属性的颜色，用于表示禁止、警告、指令、提示等信息。其作用是使人们能够迅速注意到影响安全、健康的对象或场所，提醒人们注意，防止发生事故。安全色有红色、蓝色、黄色、绿色四种。

对比色是使安全色更加醒目的反衬色。对比色一般有黑、白两种颜色。黑色用于安全标志的文字、图形符号和警告标志的几何边框。白色既可以用于安全标志红色、蓝色和绿色的背景色，也可以用于文字和图形符号。

### 10. 安全标志

安全标志由安全色、几何图形、图形符号或文字构成，表达特定的安全信息，它以形象而醒目的色彩语言向人们提供禁止、警告、指令、提示等安全信息。安全标志的作用是引起人们对不安全因素的注意，预防事故发生。值得注意的是，安全标志不能代替安全操作规程和安全防护措施。安全标志的类型包括禁止标志、警告标志、指令标志、提示标志。

## 二、安全管理基本知识

安全管理是管理学科的一个重要分支，是为实现安全目标而进行的有关决策、计划、组织和控制等方面的活动。

### 1. 安全管理的基本任务

安全管理的基本任务是发现、分析和消除生产过程中的各种危险，防止发生事故和引起职业病，避免各种损失，保障员工的健康安全，从而推动企业生产的顺利发展，为提高经济效益和社会效益服务。

**2. 安全管理的基本对象**

安全管理的基本对象是企业的员工，涉及企业中的所有人员、设备设施、物料、环境、财务、信息等方面。

**3. 安全管理的主要内容**

安全管理的主要内容是为贯彻执行国家安全生产的方针、政策、法律和法规，确保生产过程中的安全而采取的一系列措施。例如，建立、健全安全组织机构，制定和完善安全管理制度，编制和实施安全技术措施计划，进行安全宣传教育，组织安全检查，开展安全竞赛及总结评比、奖励、处分等。

**4. 安全管理的目标**

安全管理的目标是减少和控制危害与事故，尽量避免生产过程中由于事故所造成的人身伤害、财产损失、环境污染以及其他损失。

**5. 安全管理的基本特征**

安全管理具有长期性、全员性、重要性及预防性的特征。

（1）长期性　安全问题存在于生产活动过程的始终，因此，安全管理活动贯穿于一切生产活动中，是一项经常性、长期性的工作。从宏观角度来衡量，在生产领域中，随着科学的发展和新技术的应用，会不断出现新的安全技术问题，而人们对于安全问题的认识也会进一步深化，更加体现出安全管理活动的长期性和艰巨性。

（2）全员性　保证企业能够安全地生产，是一项与企业全员的行为和切身利益密切相关的工作，必须靠企业的全员来保证。事故率是一个综合性指标，事故率的高低体现了企业的综合管理水平，而不仅是安全管理人员的责任。因此，全员参与安全管理便构成了企业安全管理的基础。

（3）重要性　安全问题的重要性体现在其遍及生产活动过程的每一个角落，同时又牵涉千千万万个家庭。一起重大事故，不仅使企业蒙受经济损失，还会在广大职工心灵上蒙上一层阴影。而良好的安全生产环境和秩序，则有利于促进经济繁荣，保证广大职工安居乐业，促进经济快速发展。因此，安全管理十分重要，它与企业的经济利益有直接的联系。

（4）预防性　有效的安全管理工作，能对事故起到预防作用。

**6. 安全管理的要素**

（1）强化安全文化建设　安全文化是安全生产的根本。安全文化最基本的内涵就是人的安全意识，即应加强安全文化建设，强化全民安全素质。把安全意识提到全社会的层面上来，使安全宣传教育深入人心，保证公民具有自我保护意识，真正做到警钟长鸣、居安思危、居危思进，常抓不懈。

安全企业文化建设要紧紧围绕"以人为本"的中心，以"安全理念渗透和安全行为养成"为目标，内化思想，外化行为，不断提高广大员工的安全意识和安全责任，把"安全第一"变为每个员工的自觉行动。安全理念决定安全意识，安全意识决定安全行为。

切实落实"安全第一，预防为主，综合治理"的安全生产方针。要确立具有自己行业特色的安全生产管理原则，落实各种事故防范预案。加强职工安全培训，确立生产理念。在班组原地和各科室张贴安全职责、操作规程，还可以在班组安全学习会上不断向员工灌输安全知识，将安全文化建设变成员工的自觉行动。

（2）落实安全责任制　安全责任是安全生产的灵魂，也是安全生产法规的具体体现。安全责任制的实质是"安全生产，人人有责"。建立、健全安全生产责任体系不仅要强化问责制的行政责任追究制度，还要依法追究安全事故罪的刑事责任，并随着市场经济体制的完善，强化和提高民事责任或经济责任的追究力度。

1）政府主管部门是安全生产的监督管理主体，要切实落实地方政府监督责任，科学界定国家安全生产监督管理总局的综合管理职能，建立严格且科学合理的安全生产问责制，严格落实安全生产责任追究制度，深刻吸取事故教训。

2）企业第一责任人要切实负起职责，制定和完善企业安全生产方针、制度，层层落实安全生产责任制，完善企业规章制度，治理安全生产重大隐患。

3）必须层层落实安全责任，逐级签订安全生产责任书。安全生产责任书中应有责任、考核和奖励办法，对完成安全生产责任书各项考核指标、考核内容的单位和个人应给予精神奖励或物质奖励；对没有完成考核指标、考核内容的单位和个人应给予处罚。

**（3）运用安全科技武装** 安全科技又称为科学安全化，它影响着安全文化的品质和功能，是实现安全生产的手段。安全是企业管理、科技进步的综合反映，安全需要科技支撑，实现"科技兴安"。安全科技是事故预防的重要力量。只有充分依靠安全科技，生产过程的安全才有充分保障。

城市轨道交通企业要采用先进设施设备，并组织研究、开发安全技术，提高安全管理水平。在日常运输生产中，为提高运输效率和运输服务质量，必须加大安全科技投入，运用先进的科技手段来监控安全生产全过程，如安装闭路电视监控系统、先进列控系统、自动售票机、自动检票机和行车记录仪等，实现安全生产管理的现代化、自动化和信息化。

**（4）重视安全投入** 安全投入是安全生产的基本保障，安全生产的实现要以投入的保障作为基础，提高安全生产的能力需要为安全付出成本。设备老化、安全设施缺失、安全人才的匮乏是安全的心腹之患，要建立企业、地方、国家多渠道的安全投入机制，加快技术改造，消除安全隐患。

安全投入包括资金投入和资源（人才、设备）投入两个方面，具体内容如下：

1）要按规定从成本中列支安全生产专项资金，用于改善安全设施，更新安全技术设备、器材、仪器、仪表以及其他安全生产投入，以保证生产经营单位达到法律、法规、标准规定的安全生产条件，实现最关键的本质安全。

2）一方面，城市轨道交通企业通过招聘安全管理和城市轨道专业人才，提高公司安全管理队伍的素质及技术水平，为实现公司安全、和谐发展打下坚实的基础；另一方面，企业应创造机会让安全工作人员参加培训，组织安排他们到安全工作做得好的单位参观、学习、吸取经验。

### 三、城市轨道交通运营安全的特性

城市轨道交通系统的安全管理工作，一方面，要在运营管理过程中防止和消除人身伤亡事故和设备损毁事故，变危险为安全，变有害为无害；另一方面，要根据城市轨道交通系统本身特点，开展适应安全管理。由于城市轨道交通本身的特点，城市轨道交通运营安全除了具有安全问题的普遍性外，还有其明显的特殊性，主要表现在以下方面：

**（1）联动性大** 城市轨道交通系统是由车辆、车站、工务、电务等多部门组成的一部巨大的联动机，各个工作环节必须紧密联系、协同动作，才能确保系统的安全运营，任何一个部门、任何一个环节出现了问题都会影响其运营安全。事实上，任何一个地方发生行车事故，就会影响运营线路，甚至波及运营。

（2）动态性强　城市轨道交通行车密度大，列车运行间隔时间短，要把乘客安全地送达目的地，要求有关人员在运营时要特别注意时间因素，必须做到分秒不差、准确无误，才能确保运营安全。否则，一分一秒之差，都可能导致重大甚至特大事故，造成不可挽回的损失。

（3）技术性强　城市轨道交通系统设备先进、技术性很强，车辆、车站设备、调度设备、通信设备、修车设备等结构复杂，要求有相应的安全技术措施和相关的技术知识。因此，各类操作人员都必须经过严格的技能培训，只有这样才能确保系统的运营安全。

（4）受外部环境影响大　城市轨道交通运营安全较易受外界自然环境变化影响，如恶劣天气会影响列车司机瞭望信号和观察线路，稍不注意就可能发生事故。另外，由于城市轨道交通系统相对封闭、空间狭窄，其安全状况也较易受社会环境影响，不良的社会治安秩序、沿线居民的安全知识欠缺，或乘客违规携带危险品乘车等不安全行为，都是安全隐患。

（5）事故后果严重　城市轨道交通作为城市的公共交通工具，特别是在大城市、特大城市中，每天要运送乘客几百万人次，稍有不慎发生事故，轻则影响大面积乘客的正常出行，重则引起群死群伤等严重后果。因此，城市轨道交通安全问题关系到高度密集人群的生命财产安全，甚至影响社会经济和民生。

### 四、城市轨道交通运营安全的意义

#### 1. 安全是城市轨道交通适应经济和社会发展的先决条件

随着城市轨道交通的快速发展，其逐步成为我国现代化交通工具之一，对经济、社会和科技的发展，满足人民物质和文化需求起着重要作用。城市轨道交通运营安全保障了人民生命、财产不受伤害和损失，提高了广大人民群众的生活质量；随着国家经济体制改革步伐的加快，如果发生事故，特别是特大事故、重大事故，将造成行车中断，甚至造成车毁人亡的严重后果，无疑将会给人民带来不幸，给国家造成巨大损失。

#### 2. 安全是城市轨道交通运营产品最重要的质量属性

城市轨道交通运营产品质量属性包括安全、准时、迅速、经济和便利，其中，安全最为重要。城市轨道交通是一个从事社会化运输的部门，运输是生产过程在流通过程中的继续，运输生产的全部意义在于有计划、有目的、有成效地实现乘客空间位置的移动。

#### 3. 安全是各项工作质量的综合反映

城市轨道交通犹如规模庞大的联动机，其不停地运转，作业项目繁多，情况千变万化。安全工作贯穿于运输生产全过程，涉及每个作业环节和人员。只要有诸如一辆车辆、一段钢轨、一台信号机的设备发生故障，一个与运输直接有关的人员疏忽、违章作业、操作失误，都会造成行车事故或人员伤亡事故。因此，在运营过程中，各部门、各工种人员必须遵章守纪，确保运输安全。

#### 4. 安全是加快城市轨道交通发展的重要保证

加快城市轨道交通的发展，必须有一个稳定的运营安全局面。如果安全形势不稳，不断发生事故，势必会打乱运营秩序，干扰总体部署，分散工作精力，使社会舆论反应强烈，工作就会处于被动状态，城市轨道交通的发展就失去了重要前提与基础。

### 五、城市轨道交通运营安全的影响因素

从系统论的观点出发，与运营安全有关的因素可以划分为人、设备、环境及管理四类。"人"是指作为工作主体的人，"设备"是指人所控制的一切对象的总称（包括固定设备和移

动设备），"环境"是指人、设备共处的特定工作条件（包括内部环境和外部环境）。以管理作为控制、协调手段，协调人、设备、环境之间的相互关系，并通过反馈作用将系统状态的信息反馈给管理系统，从而改进安全管理方法，最终得到更为安全的系统。

这种分类具有下述优点：

1）它是从构成生产系统的最基本元素出发，从事故的最基本原因着手，具有普遍意义。

2）充分体现安全是一项全员、全要素、全过程的活动。

3）考虑了人、设备和环境对安全的影响，尤其考虑了这三者之间的相互作用，包括人-人、人-设备、设备-设备、设备-环境、人-环境、环境-环境，以及人-设备-环境等。

4）以管理作为控制、协调手段，协调人、设备、环境之间的相互关系，并通过反馈作用将系统状态的信息反馈给管理系统，从而改进安全管理方法，最终得到更为安全的系统。

城市轨道交通运营安全影响因素间的关系，如图 1-1-1 所示。

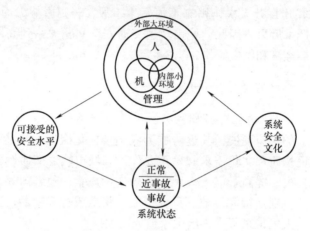

图 1-1-1　城市轨道交通运营安全影响因素间的关系

**1. 单因素影响分析**

**（1）人员因素**

1）影响运营安全的人员分类。在城市轨道交通系统中，能对安全产生影响的人员主要包括城市轨道交通从业人员和非从业人员两类，具体构成见表 1-1-1。

表 1-1-1　城市轨道交通人员类型

| 人员类型 | 具体构成 | 影响因素 |
| --- | --- | --- |
| 从业人员 | 各级领导<br>专职管理人员<br>基层操作人员 | 人员的思想素质、技能素质、生理素质、心理素质、群体素质均会对城市轨道交通的安全产生影响。若业务不熟练、工作不到位、思想麻痹大意，就可能会给城市轨道交通运营安全造成灾难 |
| 非从业人员 | 乘客 | 人员对于安全的态度及具备的安全常识，对城市轨道交通安全运营也非常重要。如携带易燃易爆危险品乘车、闯入轨行区捡拾物品、在站台嬉戏打闹、意外坠落站台等不安全行为，都会形成安全隐患，而导致不安全事件的发生 |

2）人在保障运营安全方面的重要性。在安全问题中，人是矛盾的主要方面，绝大多数事故的发生均与人的不安全行为有关，人的因素在运营安全中起着关键作用，对运营安全的特殊作用归纳为以下三点：

　　① 具有主导性。在人和设备的有机结合中，人是主导方。设备必须由人来设计、制造、使用和维护，即使是技术状态良好的安全设备，也只有通过人的正确使用，才能发挥作用。

　　② 具有主观能动性。当情况突然变化时，人能立即采取相应的措施和灵活的方法，排除故障等不安全因素，使系统恢复正常运转。只有人才具有主观能动性，从而具有合理处理意外情况的能力。

　　③ 具有创造性。人能够通过研究和学习，不断提高和改进现有系统安全水平。

　　3）运营安全对人员的素质要求。影响城市轨道交通运营安全的人的因素，是指人员的安全素质，包括思想素质、技术业务素质、生理素质、心理素质以及群体素质，且对不同人员有不同的素质要求。

　　对运营系统以外人员的安全素质要求，主要体现在要严格遵守有关规定，具备安全法规知识，具有较强的安全知识和一定的安全技能。

　　**（2）设备因素**　城市轨道交通运营设备是除人之外影响运营安全的另一个重要因素。一方面，城市轨道交通应尽量采用先进设备来保证安全，设备的可靠与否会极大地影响运营安全；另一方面，也要充分发挥人的主观能动性来保证安全。在选定了系统设备的情况下，应坚持不懈地抓好设备可靠性管理，搞好设备的定期检修、维修、更新、布局和联控等。

　　1）与运营安全有关的设备。质量良好的设备既是运营的物质基础，又是运营安全的重要保证。与运营安全有关的设备类型，见表 1-1-2。

表 1-1-2　城市轨道交通设备类型

| 设备类型 | 具体构成 | 影响因素 |
| --- | --- | --- |
| 运营基础设备 | 固定设备 | 主要包括线路（路基路面、桥隧建筑物、轨道）、车站、信号设备（交通信号、联锁、闭塞设备）等 |
| | 移动设备 | 主要包括电动车辆、通信设备（各种业务电话、电报）等 |
| 运营安全技术设备 | 安全监控设备 | 用于对运营系统员工操作正确性进行监督，防止在实际运营作业过程中由于人的精力和体力出现不适应而造成行车事故 |
| | 安全检测设备 | 用于对各种运营基础设备的技术状态进行检测 |
| | 自然灾害预报与防治设备 | 用于对自然灾害进行预报和防治，如塌方报警装置、地震报警系统、火灾报警系统等 |
| | 事故救援设备 | 用于对事故进行救援，如消防、抢修、排障等设备 |

　　此外，城市轨道交通系统为乘客提供出行服务时，与乘客常常接触的是站内的各种设施（如自动检票设备、扶梯）和车内的各种设施（如座位、信息设施、拉手等），其配置情况和服务水平也会影响运营安全。

　　2）影响运营安全的设备因素。

　　① 设计安全性。设备的设计安全性是指设备的可靠性、可维护性、可操作性及先进性等。可靠性是指设备在规定条件下、规定时间内，保证正常工作的能力，它可以用可靠度、故障前平均时间、故障率等来衡量。可维护性是指设备易于维修的特性，即设备发生故障后容易排除故障的能力。可操作性是指机器设计要便于人进行操纵。先进性是指尽量利用最新科技成果，采用先进的设备，淘汰落后的设备。

　　② 使用安全性。设备的使用安全性，包括设备的运行时间、维护情况等。设备运行时间越短，设备越新，其使用安全性越好，设备维修维护得越好，其使用安全性也越好。

（3）环境因素　影响城市轨道交通运营安全的环境条件包括内部环境和外部环境两部分。各部分的具体内容见表1-1-3。

表 1-1-3　城市轨道交通环境类型

| 环境类型 | 具体构成 | 影响因素 |
|---|---|---|
| 内部环境 | 作业环境 | 是指作业场所人为形成的环境条件，包括作业场所的温度、湿度、采光、照明、噪声等 |
| | 内部社会环境 | 包括系统内部的政治、经济、文化、法律环境等 |
| 外部环境 | 自然环境 | 是指自然界提供的、人类一时难以改变的生产环境，包括自然灾害、季节因素、气候因素、时间因素等 |
| | 社会环境 | 包括政治环境、经济环境、技术环境、法律环境、管理环境、家庭环境和社会风气等，较为直接的影响因素是沿线治安和站场秩序状况 |

（4）管理因素　管理具有计划、组织、指挥、协调、控制的职能，管理使人和设备组成一个能够有效实现预期目标的系统。管理包括对人的管理（如工作制度以及班组结构、工时定额、训练、教育、思想政治工作等）、对设备的管理、行车组织以及事故救援等。虽然人、设备、环境往往是造成事故的直接原因，而管理看似间接原因，但追根溯源却是根本的、本质的原因，前者受后者"管理"要素支配，所以安全工作的关键是管理。

管理对运营安全的重要性主要体现在下述三个方面：

1）管理有助于提高运营系统内人员、设备和环境的安全性，如进行人员教育与培训等。

2）管理具有协调运营系统内人、设备和环境之间关系的功能，包括人-人关系、人-设备关系、人-环境关系、人-设备-环境关系。

3）管理具有优化运营系统人-设备-环境整体安全功能的能力，即管理具有运筹、组合、总体优化的作用。

**2. 各种因素相互影响分析**

人、设备、环境三者之间的相互作用有以下七种形式：

（1）"人-人"之间　城市轨道交通运营由多部门、多层次人员分工与合作来实现。人与人之间相互作用、相互影响、相互依赖、相互制约，必须协调配合才能有效保证运营生产顺利进行。若协调配合不好，则会造成事故隐患，甚至发生事故，影响运营安全。

（2）"人-设备"之间　"人"是行为的主体，操纵"设备"运转，人的劳动能力、劳动熟练程度、劳动态度直接影响"设备"的运转状况。同时，自动化"设备"可部分监督人的行为，减少偏差。所以，"人-设备"之间是相互作用和相互影响的关系。

（3）"人-环境"之间　人的活动是在一定的环境中进行的，受环境的影响和制约，一方面人从环境中获取物质、能量和信息，可以创造环境、改进环境，对环境施加能动性的影响；另一方面环境反作用于人，使人必须适应环境，根据环境的变化调整自己的行为。

（4）"设备-设备"之间　表现为一种联动的关系，为使联动有效地传递下去，要求每一环节必须运转正常与协调，如果任何一个环节出现不协调的现象，都会成为事故隐患的一种可能，需要加强"设备-设备"之间衔接的可靠性。

（5）"设备-环境"之间　一方面，良好的环境有利于保证"设备"的状态良好和运行正常；另一方面，通过一定的"设备"改造环境，使环境向有利于系统的方向发展。

（6）"环境-环境"之间　不可控的大环境之间、小环境之间、大环境与小环境之间相互影响和制约，彼此之间是相互改造和被改造的关系。应充分发挥可控的小环境的能动作用，影响不可控的大环境的变化。

（7）"人-设备-环境"之间　"人-设备-环境"之间构成城市轨道交通运营安全保障系统最基本组成要素，根据系统的整体性思想，单纯一个要素的良好状态，并不能保证系统的优化，为充分发挥系统的整体功能，必须有效地组合与协调三者之间的关系。

## 案例导入

　　随着城市轨道交通规模持续扩大，轨道交通运营安全的压力日益加大。从政府部门到运营公司，不同部门单位都将风险放在核心位置上，努力做好管控以及隐患排查的双重预防工作，提升城市交通轨道的安全性，为其他城市轨道交通运行提供良好的经验与借鉴。

　　根据近年来我国城市轨道交通安全事故统计及分析结果表明，城市轨道交通运营安全不仅涉及人、车辆、轨道、列车运行相关设备（信号系统、供电系统）等主要因素，还受到社会、环境、地质条件等因素的影响。

### 一、任务目的

阅读上述内容，根据所学知识，分析影响城市轨道交通运营安全因素，并实地走访所在城市的轨道交通车站和车辆段，梳理各类安全影响因素。

### 二、任务内容

树立城市轨道交通安全意识，掌握城市轨道交通运营安全因素。

### 三、任务步骤

1. 将学生进行分组，4~5人为一组，小组成员自行查询资料，分析影响城市轨道交通运营安全因素，并进行记录，见表1-1-4。

表1-1-4　个人结果记录表

| 问题与漏洞 | |
| --- | --- |
| 安全影响因素 | |

2. 小组成员相互学习，修改或补充组内各个成员的分析结果，总结完善出本组最终讨论结果，并将结果进行记录，见表1-1-5。

表1-1-5　小组结果汇总表

| 问题与漏洞 | |
| --- | --- |
| 安全影响因素 | |

3. 各组成员派代表，以 PPT 的形式展示安全、危险、事故、隐患四个概念的深刻含义及它们之间的区别与联系，并列举城市轨道交通运营安全因素。

## 四、任务评价

开展自评与互评并进行记录，见表 1-1-6。

表 1-1-6  评价表

| 评价项目 | 自评（10分） | | 互评（10分） |
|---|---|---|---|
| 第（　）组 | | | |
| 点评记录 | 优点 | | |
| | 缺点 | | |

## 五、任务总结

_____

_____

_____

### 【学习小结】

1. 安全是指在生产与生活活动过程中，能将人或物的损失控制在可接受水平的状态。

2. 危险是指在生产与生活活动过程中，人或物遭受损失的可能性超出了可接受水平的一种状态。

3. 危险源是指可能造成人员伤害、疾病、财产损失、作业环境破坏或其他损失的根源或状态。

4. 事故是指生产经营单位在生产经营活动（包括与生产经营有关的活动）中突然发生的，伤害人身安全和健康，或者损坏设备设施，或者造成经济损失的，导致原生产经营活动（包括与生产经营活动有关的活动）暂时中止或永远终止的意外事件。

5. 安全生产是指在符合物质条件和工作秩序下进行的生产过程中，消除或控制危险、有害因素，防止发生人身伤亡和财产损失等生产事故，保障人身安全与健康，使设备和设施免受破坏，环境免遭破坏的总称。

6. 职业病是指企业、事业单位和个体经济组织的劳动者在职业活动中，因接触粉尘、放射性物质和其他有毒有害物质等因素而引起的疾病。

7. 安全色是被赋予安全意义而具有特殊属性的颜色，用于表示禁止、警告、指令、提示等信息。

8. 安全标志由安全色、几何图形、图形符号或文字构成，表达特定安全信息，它以形象而醒目的色彩语言向人们提供禁止、警告、指令、提示等安全信息。

### 【知识巩固】

## 一、填空题

1. _____是指在生产与生活活动过程中，能将人或物的损失控制在可接受水平的状态。

2. _____是指在生产与生活活动过程中，人或物遭受损失的可能性超出了可接受水平的一种状态。

3. _____是指可能造成人员伤害、疾病、财产损失、作业环境破坏或其他损失的根源或状态。

4. _____是指生产经营单位在生产经营活动（包括与生产经营有关的活动）中突然发生的，伤害人身安全和健康，或者损坏设备设施，或者造成经济损失的，导致原生产经营活动（包括与生产经营活动有关的活动）暂时中止或永远终止的意外事件。

5. _____是指在符合物质条件和工作秩序下进行的生产过程中，消除或控制危险、有害因素，防止发生人身伤亡和财产损失等生产事故，保障人身安全与健康，使设备和设施免受破坏，环境免遭破坏的总称。

6. _____是指企业、事业单位和个体经济组织的劳动者在职业活动中，因接触粉尘、放射性物质和其他有毒有害物质等因素而引起的疾病。

7. _____是被赋予安全意义而具有特殊属性的颜色，用于表示禁止、警告、指令、提示等信息。

8. _____由安全色、几何图形、图形符号或文字构成，表达特定的安全信息，它以形象而醒目的色彩语言向人们提供禁止、警告、指令、提示等安全信息。

**二、简答题**

1. 安全管理的基本任务是什么？
2. 安全管理的主要内容是什么？
3. 安全管理的目标是什么？
4. 安全管理的基本特征有哪些？
5. 安全管理的要素有哪些？

# 任务二　城市轨道交通运营安全管理总体认知

## 【任务描述】

城市轨道交通的安全性要远远高于其他交通方式，因此，作为一名城市轨道交通员工必须重视安全生产。若安全防范工作没有做好，轻则扰乱运营生产秩序，重则设备受损，甚至危及乘客的生命与财产安全，给社会带来重大损失。

从企业角度来讲，安全是实现效益的保证，抓好了安全，运营生产才不致因事故而中断，才能保证生产过程的连续性，不断提高生产的效率和效益；从社会角度来讲，城市轨道交通的运营安全涉及城市各行各业的活动，涉及千家万户的日常生活，直接关系到城市社会经济的发展。可以说，安全是城市轨道交通运营管理的头等大事。

## 【学习目标】

| 知识目标 | 技能目标 | 素养目标 |
|---|---|---|
| 1. 了解城市轨道交通安全管理体系原理<br>2. 掌握"6S管理"是企业行之有效的现场管理理念和方法<br>3. 掌握救援事故与险情的具体措施 | 1. 能区别总体管理、重点管理和事后管理三个方面<br>2. 能合理运用"6S管理"理念 | 1. 培养安全管理的理念<br>2. 提升"6S管理"的执行意识 |

## 【知识准备】

### 一、运营安全管理概述

城市轨道交通安全运营工作是公司各项管理工作的重中之重，是公司的"立身之本"。城市轨道交通企业必须始终坚持以"安全运营"为中心，狠抓运营质量，形成较为完善的安全保障体系和安全管理网络。同时，为了进一步建立"横向到边，纵向到底"的全员、全方位、全过程的运营安全管理体系，形成有效的"控、治、救"管理机制，并通过"预先控制、过程控制、事后控制"的完善，形成安全运营所有管理岗位各司其职、各负其责、有章可循、有据可查，以及安全工作标准化、规范化、系统化、制度化的局面，以提高轨道交通企业安全运营管理的可控度，使安全运营步入持续健康发展的良性轨道。

城市轨道交通系统的安全管理工作存在以下不足：

1）安全与生产脱节。有的生产管理部门和个别员工错误地把安全工作看成是领导、安监室、安全员的责任，在生产过程中忽视安全工作，造成安全管理与城市轨道交通运营管理脱节。轨道交通企业作为独立的经济实体，安全管理是生产管理的有机组成部分，应当推行与生产管理同步发展的全面安全管理，即系统安全管理。

2）对安全问题处理不够全面。在处理问题时，没有由表及里按系统的结构和功能去深入进行分析，不能将存在的各种安全问题有机联系在一起、全面分析，并制订相应的预防措施，造成了头痛医头、脚痛医脚、顾此失彼的局面。

3）没有抓住信息流这一管理核心去指导安全工作，安全管理体制特征仍然是静态管理。现代企业安全管理的理念是：安全信息不仅应包括有关重大事故等灾害事故的信息、历史经验资料，更重要的是应及时把握住运营过程的安全信息，以实现对安全工作的全过程动态控制。

4）"事故处理"仍然是安全管理的日常工作重心，要完成由"事故处理"型到"事故预测"型的转变，将安全管理工作的重心真正从事故追查处理转变到事前安全预测上，还需要一个过程。

5）随着城市轨道交通线网规模的扩大，安全监管的范围、人员和规章制度都有新的变化，就容易形成管理上的漏洞，从而出现规章制度的不健全、安全考核和相关措施不到位的情况，要对现行的安全标准根据实际情况的变化及时修改补充或重新制定。

6）安全责任落实不够。虽基本建立安全生产责任制，但落实仍有待加强。

### 二、城市轨道交通安全管理体系原理

城市轨道交通安全管理体系应由保证系统、控制系统和信息系统构成。

**1. 保证系统**

根据保证系统的地位和作用，把其分为组织保证、制度保证和教育培训。

（1）组织保证　安全贯穿于生产的全过程，既需要通过对企业的各层次部门进行横向管理来实行决策方案的落实，更需要通过纵向管理来最终达到安全生产的目的。

（2）制度保证　建立以安全生产责任制为核心的安全管理规章制度是安全生产管理的依据和前提，安全生产责任系统的建立体现了全面安全管理的思想。岗位安全生产责任制作为其实施细则，是保证各级安全生产责任制具体落实到人的措施。安全责任应按照管理层次、分工不同，在每个岗位上都应该有一个明确的安全责任。纵向从最高管理者到每个作业人员，横向包括各部门、各岗位。

（3）教育培训　安全教育是使职工适应作业环境的重要手段，如果不通过培训和教育熟练掌握生产环境中有关作业的条件和知识，就难免产生人的不安全行为。因此，安全教育和培训是安全工作中特别重要的一环，也是提高员工安全素质非常重要的方面。

**2. 控制系统**

控制是指为保证行为主体在变化的条件下实现其目标，按照事先拟定的计划和标准，通过采取各种方法，对被控过程中发生的各实际值与计划值进行比较、检查、监督、引导和纠正，以保证计划目标得以实现的管理活动。目前的安全管理特征是事后管理，即单一的反馈控制。这是一种典型的"问题管理型"方法，即事故或事故苗头发生后再采取防范对策，它远远不能适应未来轨道交通路网化建设、高密度、大运量的需要，因此必须采用前馈与反馈相耦合的超前控制。即在原有反馈的基础上，针对其输入或生产系统本身发生的变化，不等其影响安全就事先将其对安全可能造成的影响进行分析评价，开展事故预测，采取必要的防范措施和控制机制。轨道交通安全管理的安全控制系统由目标确定、安全设计、过程控制和事故处理四部分组成。

（1）目标确定　在确定安全目标值时应根据自身的安全状况，历年、特别是近期各项指标的统计数据，同时，也应参照同行业，特别是先进企业（如香港地铁）的安全目标值。安全目标值确定后，应自上而下展开分解落实到公司、车站（车辆段）、具体工种等，纵向到底，横向到边。

（2）安全设计　安全设计的主要内容如下：

1）信息资料收集，包括员工信息，安全难点、重点、危险、关键部位分析，以往事故和常见事故资料等。

2）安全管理目标，包括公司的安全目标值、车站（间）的安全控制目标等。

3）安全管理组织，包括安全管理网络图、部门与岗位的职责与权限等。

4）安全生产策划，包括针对性地确定控制和检查手段、措施，确定执行的文件、规范，应补充的安全管理规定。

5）安全保证计划，包括项目概况、控制程序、组织机构、职责权限、规章制度、安全措施、检查评价和奖罚制度。

6）运营现场的安全控制，包括对生产过程实施监督和控制的方法（重点、关键点的控制内容），生产人员上岗资格的要求，为达到规定要求所使用的安全技术和操作方法，其他工作组织设计等。

7）事故隐患的控制，如何识别并控制事故的隐患，对检查表查出的不合格设施、不合格过程、不安全行为的具体处置方法和程序等。

（3）过程控制　安全生产的整个过程中每个阶段都可视为一个过程。过程控制是通过安全检查获得反映系统安全状态的信息，根据预期状态对获得的信息进行分析判断，做出决策，制订改进方案；采取相应的措施，调节系统的人、设备、环境和管理等方面的输入情况和工作状况。另外，通过对隐患整改情况的检查，获得整改效果的信息，对整改方案加以调整，从而有效地控制安全系统的运行，以达到防止或减少事故发生的目的。

（4）事故处理　有效的预防控制措施只能减少事故，却无法避免事故发生。事故处理既是一个循环的结果，又是下一个循环的起点，其内容是和下一个循环的安全设计糅合在一起的。因此，事故处理是控制系统的一个有机组成部分，事故调查、分析和处理中所得到的经验、教训是未来进行安全设计、制订风险控制策略时最主要的依据。

**3. 信息系统**

信息系统促使系统动态化，将组织目标与其他系统联系起来，包括收集、记录、整理、传输、存储系统的安全信息，提供系统的安全分析工具、评价方法与决策，追踪先进的安全科技与管理信息。

## 三、城市轨道交通运营安全管理方针

"安全第一、预防为主、综合治理"是当前城市轨道交通系统的安全生产基本方针。

（1）安全第一　"安全第一"明确指出了安全工作的重要性，它是处理安全工作与其他工作关系的总原则、总要求。城市轨道交通运营企业在组织生产活动时，必须优先考虑安全，并采取必要的安全措施；当安全和生产发生矛盾时，必须先解决安全问题再生产。在城市轨道交通运营管理过程中，坚持把安全运营作为第一要务和保证条件。

（2）预防为主　"预防为主"指的是"事故处理"与"事故预防"之间的关系，要求一切安全必须立足于预防；一切生产活动必须在初始阶段就考虑安全措施，并贯彻于生产活动的始终。对于城市轨道交通而言，要求城市轨道交通运营企业把主要心思和精力用在落实预防措施上，针对生产过程中可能出现的不安全因素，预先采取防范措施，做到防微杜渐、防患于未然。

（3）综合治理　"综合治理"是落实"安全第一，预防为主"的手段和方法。只有不断健全和完善综合治理工作机制，才能有效贯彻安全生产方针；只有认真治理隐患，有效防范事故，才能把"安全第一"落到实处。城市轨道交通的事后安全管控固然十分重要，但对于生命个体来说，一旦发生伤亡不可逆转。因此，事前主动排查、综合治理各类隐患才是防范事故的有效办法。

## 四、城市轨道交通运营安全管理手段

由于城市轨道交通自身的特点，其安全性已越来越受到广大公众的密切关注。因此，及时有效地分析运营安全及故障原因，制订相关对策及处理措施，对改善城市轨道交通运营的安全现状、预防事故和降低事故损失具有重要意义。

运营安全管理实质上是对员工安全生产积极性和创造性的保护、调动手段，同时也是对不安全的人和事进行制约和限制的手段。

**1. 宏观方面**

安全管理手段主要可分为经济手段、行政手段、思想手段、法律手段以及各种手段的综合运用。

（1）经济手段　经济手段是当社会生产力发展水平不高、人们的思想觉悟和道德水准尚未达到高标准要求时，普遍用来协调平衡社会关系的一种重要手段。通过利益分配和实行奖惩进行调节，对在运营安全中成绩显著或防止事故发生有功的人员，应予以精神和物质奖励；

对违章违纪或因违章违纪导致事故发生和事故苗头的人员，应予以经济处罚。实事求是、严肃认真、客观公正地用好经济手段，有利于促进广大员工自觉遵章守纪，做好本职工作，提高业务素质，形成人人尽心、个个尽责保安全的主动局面。

（2）行政手段　行政手段是通过一定的行政隶属关系从上而下地对运营活动中个人、群体和管理行为表示肯定或否定，以协调人们之间的关系，保持相对平衡的一种重要调节手段。它主要依靠行政领导机关的职能和权力，采取行政命令、指示、规定、决定（表彰或处分等）规范人的行为，指导和干预城市轨道交通运营安全。有关城市轨道交通行车组织的命令、指示、安全管理条例、规章制度及政策性指令等，广大员工必须无条件服从，具有明显的强制性和权威性。

（3）思想手段　要把运营安全工作做好，思想工作就不能放松，应充分发挥思想工作的优势、威力和思想保证的作用。要针对新情况、新问题，加强研究，改进思想工作的方式方法，有针对性地做好员工的思想工作，理顺思想情绪，化解思想矛盾，消除潜在的不安全因素，把加强思想教育与解决实际问题结合起来，增强思想工作的实效。

（4）法律手段　法律手段是法制社会中普遍用来调整社会关系的一种刚性手段。它通过法定的行为准则来判定是非，并强制执行裁决，使社会关系趋于平衡，保证社会安定。城市轨道交通运营安全管理的法律手段是在其他调节手段已不起作用或无法取代的情况下，用来解决比较复杂的关系和矛盾的。通过贯彻执行有关法律条文，规范人们安全生产和保护运营安全的行为，以达到维护法律尊严、保证安全的目的，运用范围主要包括保护城市轨道交通运营企业的合法权益和惩处严重危害运营安全的违法行为两个方面。

（5）各种手段的综合运用　运营安全管理手段可分为思想工作等柔性调节手段与经济处罚、行政处分、追究刑事责任等刚性调节手段两类。各种手段具有各自的功能和作用，但也有使用上的局限性。从调节的作用看，各种管理手段不是孤立、互相排斥的，而是紧密联系、相辅相成的。因此，在运营安全管理工作中，应实事求是、综合运用各种管理手段，理顺各种复杂关系，化消极因素为积极因素，让员工的安全生产积极性和创造性得到充分发挥。

**2. 微观方面**

安全管理的手段主要有"防""治""控""救"。其中，"防"为防止事故发生，"治"为治理安全隐患，"控"为控制不安全因素，"救"为救援事故与险情。

（1）防止事故发生　防止事故发生必须牢固树立"安全第一，预防为主，综合治理"和"隐患险于明火，防范胜于救灾"的思想。具体措施如下：

1）开展公众安全宣传教育，推进城市轨道交通运营安全文化建设。大力开展公众安全宣传教育，积极推进城市轨道交通运营安全文化建设，努力提高全体职工和乘客的安全意识。通过宣传"安全第一，预防为主，综合治理"安全方针与"以人为本，安全至上"的安全理念，大力营造"关爱生命，关注安全"的氛围，将城市轨道交通运营安全管理中的"全员"概念延伸至全民、全社会，致力于建设安全型社会，从而确保运营安全。

2）加强员工培训，提高其处理突发事件的能力。对于有不同岗位要求的工作人员而言，高质量地完成本岗位的工作要求是保证城市轨道交通系统安全、高效运营的关键。因此，必须加强工作人员的业务素质和道德培养。对于运营关键岗位，尤其是乘务、站务、调度这种关键性操作岗位，员工的业务水平直接影响城市轨道交通安全运营，通过开展针对此类岗位的各种业务比赛、知识竞赛、岗位操作资格证年审等活动，增强关键岗位的业务能力和应急处理经验，对城市轨道交通安全运营关系重大。总之，重视员工培训是实现安全运营的基础和条件，也是安全运营的成功经验之一。

3）充分依靠科技成果，加强硬件设备的安全防范措施。科技成果是城市轨道交通运营安全工作的重要保障。从设备角度考虑，可增强机械设备安全系数。例如，采用先进的阻燃材料降低发生火灾的可能性；使用安全门以减少因拥挤而失足落下站台的危险；采用防滑花岗石，防止因滑倒而导致的事故等。

（2）治理安全隐患　治理安全隐患，即检查、整顿、消除安全隐患和不安全因素。具体措施如下：

1）完善城市轨道交通运营安全标准体系。目前，我国城市轨道交通建设与管理的安全标准尚未完善。根据我国城市轨道交通发展的情况，应尽快修改和完善影响城市轨道交通安全的有关车辆、消防、报警、监控、通风、排烟和应急照明等的设计规范，提高规划设计和施工的安全标准，从而提高城市轨道交通整体安全水平。此外，还要建立防灾、防爆等安全防范与应急措施。

2）加强对城市轨道交通运营企业的安全评估工作。开展企业安全评估工作是强化企业安全管理的基础，是保障城市轨道交通运营安全的重要措施。对评估中发现的问题，要立即整改。对需要一段时间整改的，要制订计划，落实责任，限期整改，并确保按期完成。要将评估报告和处理意见报送当地政府，以督促有关部门对事故隐患进行整改，提高城市轨道交通运营企业的安全管理水平。

3）加强日常管理和检查，加大查处力度。在日常工作中，要加强对员工作业情况的检查。可以通过日常检查与定期检查相结合、专项检查与综合检查相结合，检查员工是否按作业标准工作，杜绝违章违纪现象，及时发现隐患并加以整改。在城市轨道交通中，乘客跳轨、携带危险品等都会给运营安全带来较大隐患。工作人员和公安部门必须加大查处力度，对此种行为进行阻止，设置安全栅、安全门，严禁"三品"上车。

4）通过"6S管理"减少安全隐患。"6S管理"是企业行之有效的现场管理理念和方法，主要包括整理（Seiri）、整顿（Seiton）、清扫（Seiso）、清洁（Seiketsu）、素养（Shitsuke）和安全（Security），简称"6S管理"。6S管理对现场进行全面的规范和排查，从人、设备、物料、环境各个方面深入查找不安全的活动场所、设备和环节，对于与安全相关的操作、作业场所、作业过程进行必要的目视化提示与警示，对重要的操作进行现场目视化指引，通过划分管理区域和确定管理责任人等措施，让员工一开始就养成良好的工作习惯，减少因现场混乱或误操作造成的不安全故障或事故。

（3）控制不安全因素　控制不安全因素，即控制各种隐患、突发事件和运营风险等。具体措施如下：

1）实时监控措施。城市轨道交通运营企业必须具备专业的维修维护业务监督验收能力。通过工作进度表、工作总结会议和年审会议，对活动进行适时的调整和监控。

2）严格执行ISO 9000质量控制体系，提高管理水平。为确保系统处于良好的运营状态，为乘客提供安全、舒适的出行环境，对安全管理工作应实行目标化管理，即人员配备专业化、业务技能熟练化、设备管理规范化、设施运营正常化、日常养护制度化、事故救援快捷化、安全管理目标化、安全服务人性化。同时，依据ISO 9000质量控制体系制订安全管理工作控制程序并严格执行。

3）保持与其他单位的良好协作，控制外部因素干扰。城市轨道交通系统往往要穿越复杂的城市建筑，受到的约束条件很多。与施工单位保持良好的协作关系，可以提前了解施工范围和内容，对侵入轨道限界的工程应及时制止和控制，以免给运营安全带来影响。建立警地联动机制，确保城市轨道交通一方平安。

4）及时有效地采取措施，将事故控制在萌芽状态。事故发生的初期是有效控制事故、避免事故恶化的关键阶段。在事故或故障发生时，应正确、及时地采取有效措施，将事故或故障控制在一定范围内，最大限度地减少损失，降低影响，防止事态恶化。

（4）救援事故与险情 救援事故与险情，即在发生事故与险情时，应以最快、最有效的办法确保安全，减少损失，恢复正常，维持服务。具体措施如下：

1）正确处理。当事故或险情发生时，城市轨道交通运营人员应根据有关制度和应急处理预案迅速做出判断与处理，安全疏散乘客，确保国家财产不受损失；在险情和事故排除后，应及时进行设备检修，彻底消除安全隐患。

2）合理调整。在处理事故或险情时，城市轨道交通运营人员应根据实际情况合理地调整列车运营，最大限度地减少对后续列车的影响，保证运营正常进行。调整运营的方式有很多种，如扣车、限速、反方向运行、越站通过等。

3）及时报告。发生事故或险情时，当事人员要及时向有关部门和领导汇报，保持信息渠道畅通。调度中心应根据实际情况做出正确判断，发出调度命令指挥行车；对于有重大影响的事件，要通过有关部门向地方政府汇报。

4）分析原因。事故或险情发生后，要按照"四不放过"的原则及时找出事故原因，然后分析总结，整改隐患，完善规章制度，防止同类事故再次发生。

### 五、城市轨道交通运营安全管理的基本内容

根据城市轨道交通运营安全管理的基本原则和要求，城市轨道交通运营安全管理的基本内容包括总体管理、重点管理和事后管理三个方面。

#### 1. 总体管理

城市轨道交通系统的安全总体管理，不仅包括对人员、设备和环境的安全管理，而且还包括对"人员-设备-环境"系统总体的安全管理。从功能上看，安全总体管理既是安全管理这个大系统中的一个子系统，同时又对整个系统的安全状况起着控制和监督的作用。安全总体管理子系统包括安全组织、安全法制、安全信息、安全技术、安全教育和安全资金，如图1-2-1所示。

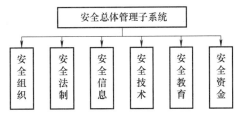

图 1-2-1 安全总体管理子系统的构成

（1）安全组织 安全组织是安全管理的一个职能实体，所有安全保障措施的制订与落实离不开组织的支持。组织是一切安全管理活动的基础。

（2）安全法制 建立、健全安全法制的目的就是使人、设备、环境的安全管理活动做到有章可循、有法可依，即起到规范人、设备、环境安全管理的作用。

（3）安全教育 在城市轨道交通运营"人-设备-环境"系统中，为了避免各种危险，防止事故发生，必须通过多种形式和方法对系统内的领导与员工进行经常性的安全教育和培训，从而促进安全相关行为或改进人的行为状态。

（4）**安全技术** 安全技术管理的内容包括对运营安全硬技术设备的安全管理和对运营安全软技术的研究、开发与应用。另外，安全技术管理中单独针对人员、设备和环境的部分属于安全对象管理，而非安全总体管理。

（5）**安全信息** 一切安全管理活动都离不开安全信息的支持。信息传递是组织管理理论的重要内容，信息促使系统管理动态化，将组织目标与参与人员联系起来。正是信息的纽带特性使安全信息成为安全总体管理的内容。

（6）**安全资金** 安全资金是做好运营安全管理必要的物质基础。安全资金管理的内容包括对保障运营安全所需资金的筹集、调拨、使用、结算和分配等。

安全总体管理子系统的具体功能见表1-2-1。

表 1-2-1　安全总体管理子系统的具体功能

| 子系统 | | 具体功能 | 子系统 | | 具体功能 |
|---|---|---|---|---|---|
| 1 | 安全组织 | 1）制定安全管理方针、政策和目标<br>2）明确责任和权限<br>3）组织实施安全管理规划<br>4）提供决策沟通和协调配合<br>5）安全检查及整改<br>6）分析、处理事故<br>7）其他 | 4 | 安全技术 | 1）安全分析、评价和管理方法研究与应用<br>2）事故管理方法的研究与应用<br>3）各种安全作业方法、工艺过程的研究与应用<br>4）技术规范制订与完善安全方法的研究与应用 |
| 2 | 安全法治 | 1）完善运营安全法规<br>2）建立、健全规章制度<br>3）完善安全标准体系<br>4）监督与考核规章制度、作业标准的执行 | 5 | 安全信息 | 1）收集、记录、整理、传输、储存系统的安全信息<br>2）提供系统安全分析工具、评价方法与决策支持<br>3）追踪先进安全科技与管理信息 |
| 3 | 安全教育 | 完善各级安全教育体系<br>建立、健全促进安全行为的奖惩制度 | 6 | 安全资金 | 筹集、调拨、使用、结算、分配保障运营安全所需的资金 |

**2. 重点管理**

重点管理主要是对人、对设备、对环境的安全管理，可细分为人员安全保障子系统、设备安全保障子系统和环境安全保障子系统，如图1-2-2所示。

图 1-2-2　安全对象管理子系统的构成

（1）**人员安全保障子系统** 人员安全保障是指保障人员安全性的所有措施，即保障不因人的差错而导致事故或隐患。在排除设备和环境因素之后，人员安全保障子系统包括人员直接安全保障和人员间接安全保障，见表1-2-2。

表 1-2-2　人员安全保障子系统

| 子系统 | | 具体功能 |
|---|---|---|
| 人员安全保障<br>子系统 | 人员直接安全保障 | 提高人员安全素质，最为有效的途径为岗位安全教育和培训，包括针对不同岗位员工的不同内容的安全教育和培训 |
| | 人员间接安全保障 | 加强人员安全管理，防止因间接原因而产生人的差错，包括加强安全劳动管理、加强员工生活管理和加强员工行为管理 |

（2）设备安全保障子系统　设备安全保障子系统包括设备的安全设计，设备的维护、检修及更换，设备状态及工作情况的检测和监管，以及设备的故障安全对策，见表 1-2-3。

表 1-2-3　设备安全保障子系统

| 子系统 | | 具体功能 |
|---|---|---|
| 设备安全保障<br>子系统 | 设备的安全设计 | 选用具有较高安全性（包括人机工程设计、可靠性、可维修性、先进性等）的设备 |
| | 设备的维护、<br>检修及更换 | 保障设备始终处于良好的运行状态，对于超过服役期的设备要及时更换 |
| | 设备状态及工作<br>情况的检测和监管 | 有效获得各种设备安全性能的实时动态信息 |
| | 设备的故障安全对策 | 即保证故障发生后能够导向安全，不致产生非安全的连锁反应，使事故造成恶果的影响尽可能减小 |

（3）环境安全保障子系统　影响运营安全的环境条件包括内部小环境和外部大环境，环境安全保障子系统包括内部和外部环境安全保障，见表 1-2-4。

表 1-2-4　环境安全保障子系统

| 子系统 | | 具体功能 |
|---|---|---|
| 环境安全保障<br>子系统 | 内部环境安全保障 | 作业环境安全保障：保持操作者的作业环境处于良好状态，包括作业空间布置，温度、湿度调节，采光、照明设置，噪声与振动控制，以及有害气体、粉尘、蒸汽排除等方面 |
| | | 内部社会环境安全保障：在运营安全系统内部的政治、经济、文化、法律等环境条件所采取的一系列控制措施 |
| | 外部环境安全保障 | 自然环境安全保障：为将自然环境对运营安全的影响降到最低限度，必须做好自然灾害的预测、预报与防治工作，以及恶劣气候下安全作业方法的完善与落实工作 |
| | | 外部社会环境安全保障：为了保障运营安全，城市轨道交通必须随社会环境条件（技术、经济、政治、文化等）的变化而做出适当调整，化消极影响为积极影响 |

**3. 事后管理**

事后管理是指事故发生后的安全管理工作，它是安全系统管理不可缺少的重要组成部分，主要包括事故调查处理和事故应急处理。事故调查处理的主要工作有事故通报、事故调查、责任判定、统计分析、总结报告等；事故应急处理，应及时与调度指挥人员取得联系，听候指示办理。在事故发生后，主管部门和有关单位需要做大量的调查和处理工作，如减少事故损失和防止事故扩大的抢险、救援及事故定性定责，总结经验教训，采取防范措施等，以防止同类事故重复发生。但更为重要的是，对于导致事故的直接和间接原因及其相互间的内在联系进行实事求是、深入细致的分析，形成有利于改善安全状况的共识和对策，并将其上升为安全总体管理和重点管理的新内容。

### 六、城市轨道交通运营安全管理主要措施

无论是运营安全管理、设备安全、防火安全还是治安安全工作，都要依法贯彻预防为主的工作方针，落实安全工作责任制，具体措施如下：

**1. 建立各类安全工作规章制度和操作规程**

各类安全工作规章制度和操作规程，是安全生产工作必须要遵循的规则，是安全工作的前提和保证。因为它是在各项工作、任务等实践中总结出的教训、经验而形成的，如行车规则、票务管理规定、车站施工管理规定、车站防火管理规定、用电管理规定、电梯使用管理规定、重点部位管理规定等，并要按相应标准实施管理。

**2. 开展安全工作的宣传教育和职业技能培训**

轨道交通安全工作离不开轨道交通各方面的参与者，提高安全防范意识是安全管理的一个方面，也是相关法律法规所赋予的法律责任，如每年11月9日是消防安全活动宣传日、每年6月是全国安全生产活动宣传月等，车站利用广播、板报、禁示牌、告示、引导标志等是安全宣传的一种方法和手段。对内而言，会议、发放安全学习资料也是对从业人员的安全宣传教育。作为企业，还要依法对从业人员进行安全技能培训，除了生产专业性培训外，单位还实行对新进人员、岗位变动人员进行三级培训（公司或分公司、部门或车间、车站或班组），使其对车站情况、班组情况、本岗位情况从安全的角度做到了解和掌握。

**3. 落实车站各类设施设备的维护工作**

设施设备的维护工作是提高设施设备安全性能的有效保障，要建立设备档案和定检、维护制度，对有些设施设备还要及时进行年检，取得合格证后方能使用。

**4. 加强车站的现场安全检查**

加强安全方面的检查是车站安全管理的主项目，一般分为专项安全检查、季节性检查和日常检查。专项安全检查是针对某个项目，如消防方面的检查、用电安全方面的检查，或节日长假客运高峰安全检查等。季节性检查是针对季节变化将要进行防台防汛、防高温严寒等措施落实的检查，所以这两类检查的针对性和专业性都很强，通常由公司或专业部门组织进行的检查，车站要做好日常巡查工作，如车站使用的电器具有无漏电、导线外露、超负荷、乱拉乱接，有异常的设施设备是否停用和标明，特殊工种是否持证上岗，各类登记制度是否执行，保险箱及款、卡安全存放，更衣室、编码室、车控室的管理是否落实，易燃品管理、站内动火施工验证检查，站内施工安全防护、应急通道、门是否畅通，消防器材是否齐全有效，门窗牢固，应急用品备用情况等，并做好相应的检查记录。

**5. 及时整改车站的各类不安全的隐患**

车站要对各类隐患在力所能及的范围内及时整改，一时难以解决的要采取相应措施，防止隐患变事故现实。不属站内管辖的要及时报有关部门。对检查过程中发现的隐患，或自行整改或报相关单位解决都要形成闭环记录。

**6. 签订各类安全工作责任书或协议，落实安全生产责任制，明确权利和义务**

国家实行事故责任追究制，发生安全事故做到"四不放过"，因此，签订各类安全工作责任书或协议，也是对企业和从业人员权利和义务的保障。车站在生产经营活动中应负的安全生产责任是企业岗位责任制的一个重要组成部分，也是企业最基本的管理模式之一，各级管理人员在管理生产的同时必须负责管理安全工作。车站作为企业生产经营组织的细胞，是安全生产工作的最前沿，所以站长负有安全生产最直接的责任。

 【任务实施】

 案例导入

> 某日，地铁运营区间泵房1号水泵出现故障报警，当班电工甲分开电源开关，和电工乙前往检查维修。到了下班时仍没修好，电工甲和乙没有将电源线进行包扎处理和防护就返回车站，由于接班的电工丙和丁没按时到车站接班，电工甲和乙没交班便下班了，电工丙和丁到达车站后，发现区间泵房1号水泵电源开关在分位，又没有挂"有人工作禁止操作"标志牌，以为是跳闸，便随手合闸送电，开关立即跳闸，经检查，1号水泵烧毁。

## 一、任务目的

阅读上述事故案例，根据知识储备，分析讨论造成事故的原因，并探讨总结此次事故的教训及启示。

## 二、任务内容

增强安全意识。

## 三、任务步骤

1. 将学生进行分组，4~5人为一组，小组成员自行查询资料，分析此次误送电导致设备烧毁事故的原因、教训及启示，并进行记录，见表1-2-5。

表1-2-5　个人结果记录表

| 事故原因 | |
|---|---|
| 教训及启示 | |

2. 小组成员相互学习，修改或补充组内各个成员的分析结果，总结完善出本组最终讨论结果，并将结果进行记录，见表1-2-6。

表1-2-6　小组结果汇总表

| 事故原因 | |
|---|---|
| 教训及启示 | |

3. 各组成员派代表，以PPT形式进行汇报。

## 四、任务评价

开展自评与互评并进行记录，见表1-2-7。

表1-2-7　评价表

| 评价项目 | 自评（10分） | | 互评（10分） |
|---|---|---|---|
| 第（　）组 | | | |
| 点评记录 | 优点 | | |
| | 缺点 | | |

## 五、任务总结

_____

_____

_____

### 【学习小结】

1. 宏观上讲，城市轨道交通运营安全管理手段主要有思想工作、经济手段、行政手段和法律手段。微观上讲，城市轨道交通运营安全管理手段主要有"防""治""控""救"。其中，"防"为防止事故发生，"治"为治理安全隐患，"控"为控制不安全因素，"救"为救援事故与险情。

2. 治理安全隐患，即检查、整顿、消除安全隐患和不安全因素。

3. "6S管理"是企业行之有效的现场管理理念和方法，主要包括整理（Seiri）、整顿（Seiton）、清扫（Seiso）、清洁（Seiketsu）、素养（Shitsuke）和安全（Security）。

4. 救援事故与险情，即在发生事故与险情时，以最快、最有效的办法确保安全，减少损失，恢复正常，维持服务。

5. 根据城市轨道交通运营安全管理的基本原则和要求，城市轨道交通运营安全管理的基本内容包括总体管理、重点管理和事后管理三个方面。

6. 总体管理的涉及面很广，内容非常丰富，包括安全技术管理、安全教育管理、安全信息管理、安全组织管理、安全法规管理及安全资金管理。

7. 重点管理主要是对人的安全管理、对设备的安全管理、对环境的安全管理。

### 【知识巩固】

#### 一、填空题

1. 宏观上讲，城市轨道交通运营安全管理手段主要有思想工作、_____、行政手段和_____。

2. 城市轨道交通运营安全管理手段，微观上讲，安全管理的手段主要有"防""治""控"和"救"。其中，"防"为_____，"治"为_____，"控"为控制不安全因素，

"救"为_____。

3. _____，即检查、整顿、消除安全隐患和不安全因素。

4. "6S管理"是企业行之有效的现场管理理念和方法，主要包括_____、整顿、_____、清洁、_____和_____。

5. _____，即在发生事故与险情时，以最快、最有效的办法确保安全，减少损失，恢复正常，维持服务。

6. 根据城市轨道交通运营安全管理的基本原则和要求，城市轨道交通运营安全管理的基本内容包括总体管理、_____和_____三个方面。

7. 总体管理涉及面很广，内容非常丰富，包括安全技术管理、_____、安全信息管理、_____、安全法规管理及_____。

8. _____主要是对人的安全管理、对设备的安全管理、对环境的安全管理。

## 二、简答题

1. 救援事故与险情的具体措施有哪些？
2. 城市轨道交通运营安全管理的主要措施有哪些？

# 项目二

## 城市轨道交通安全分析与评价

交通运输部印发了关于"1·22"上海地铁 15 号线，安全门夹人动车导致 1 名乘客受伤送医抢救无效死亡；"1·17"青岛地铁 1 号线，因接触轨失电导致区段停运；"1·18"重庆地铁，巡检发现环线鹅公岩大桥 1 根吊索异常及时停运部分区段，避免事态扩大等事故的警示通报。

通报要求全国各级交通运输部门和城市轨道交通运营单位要充分认识保障城市轨道交通安全运行的长期性、艰巨性、复杂性，深刻汲取教训，强化运营安全管理，一是，要按照《城市轨道交通设施设备运行维护管理办法》要求，细化各类设施设备养护维修规程，将巡查频次、维修内容、维修标准落实到责任人、岗位职责、管控措施。二是，要依照有关规定对设施设备运行质量、从业人员能力等是否具备运营条件从严对标、严格把关；要按系统联动要求加强车辆、信号等专业有效衔接，按复合岗位要求加强岗位职责优化；要按全系统工作协同要求加强行车、客运、应急等规章制度修订整合，全面覆盖全自动运行各类运营场景和所有新增风险点的应对措施。三是，要进一步完善运营突发事件应急预案体系，加强应急值守，做好物资储备、通信保障等准备工作，重点组织开展异物侵限、极端恶劣天气、大客流踩踏等突发事件的应急演练。

党的二十大指出"坚持安全第一、预防为主，建立大安全大应急框架，完善公共安全体系，推动公共安全治理模式向事前预防转型"。各城市轨道交通运营单位应学警示通报，强红线意识，筑底线思维，认真开展城市轨道交通运营风险等级管理、安全分析评价、隐患排查治理，全员强化安全责任意识，严防类似事件发生，确保人民群众生命财产安全。

# 任务一　城市轨道交通安全分析

运营安全分析能找出引发事故的因素，把握系统安全的薄弱环节，在安全系统工程中具有十分重要的作用，我们应该正确掌握哪些安全分析的基本知识？在城市轨道交通系统安全评价过程中，应如何科学选取安全分析方法？若对城市轨道交通系统进行安全评价，又应如何开展？

| 知识目标 | 技能目标 | 素养目标 |
| --- | --- | --- |
| 1. 能复述安全分析的基础知识<br>2. 能掌握安全分析方法<br>3. 能熟知城市轨道交通危险源和运营状态 | 1. 能正确识别城市轨道交通危险源与运营状态<br>2. 能够根据实际情况，正确选取安全分析方法<br>3. 能够根据实际情况，正确开展城市轨道交通运营安全分析 | 1. 树立严谨的岗位安全责任意识<br>2. 培养科学的安全分析与评价能力 |

【知识准备】▶▶▶

## 一、安全分析概述

### 1. 安全分析的含义

运营安全分析在运营安全系统工程中占有重要地位，它主要是从事故的预防和预测角度出发，通过对运营事故发生原因、概率及隐患表现的定性或定量分析，识别系统的安全性和危险性。其目的在于找出引发事故的因素及其不同的组合形式，把握运营系统的安全薄弱环节，寻求预防事故发生的最佳途径，为运营安全系统评价和管理提供依据。

### 2. 安全分析方法的特点及适用范围

随着安全系统工程的广泛应用和不断发展，在实际工作中出现了多种安全分析方法，其均是根据危险性的分析、预测以及特定的评价需要而研究开发的。安全分析的关键在于根据不同需要采用切实可行的安全系统分析方法，以达到预期目的。不同的安全分析方法有各自的特点和适用范围，见表 2-1-1。

表 2-1-1  安全分析方法的特点及适用范围

| 方法类别 | 方法概述 | 特点及适用范围 |
|---|---|---|
| 统计图表分析 | 一种定量分析方法 | 适用于统计分析系统发生事故情况，便于找出事故发生规律 |
| 安全检查表 | 按照一定方式（检查表）检查设计、系统和工艺过程，查出危险性所在 | 方法简单、用途广泛，没有任何限制 |
| 因果分析图 | 将引发事故的重要因素分层（枝）加以分析，分层（枝）多少取决于安全分析的广度和深度要求，分析结果可供编制安全检查表和事故树使用 | 方法简单、用途广泛，但难以揭示各因素之间的组合关系 |
| 预先危险性分析 | 确定系统的危险性，尽量防止采用不安全的技术路线和使用危险性的物质、工艺和设备 | 将分析做在行动之前，避免因考虑不周而造成损失，也可在检修后开车、制订操作规程、技术改造后、新工艺应用等系统运转周期的其他阶段采用 |
| 故障模式和影响分析 | 以硬件为对象，对系统中的元件逐个进行研究，查明每个元件的故障模式，再进一步查明每个故障模式对子系统甚至整个系统的影响 | 此方法易于理解，但一般用于考虑非危险性失效的情况，费时较多，且一般不能考虑人、环境和部件间相互关系等因素，主要用于设计阶段的安全分析 |
| 致命度分析 | 确定系统中每个元件发生故障后造成多大程度的严重性，按其严重度定出等级，以便改进系统性能 | 用于各类系统、工艺过程、操作程序和系统中的元件，易于理解。但需在故障模式及影响分析后进行，不能包含人、环境和部件间相互作用等因素 |
| 事件树分析 | 由初始（希望或不希望）的事件出发，按照逻辑推理的推论其发展过程及结果，即由此引起的不同事件链 | 广泛用于各种系统，能够分析出各种事件发展的可能结果，是一种动态的宏观分析方法 |
| 事故树分析 | 由不希望事件（顶事件）开始，找出引起其的各种失效事件及组合 | 最适用于找出各种失效事件间的关系，可包含人、环境和部件间相互作业等因素，具有简明、形象化的特点 |

### 3. 安全分析方法的选取

在进行安全分析方法选取时，应根据实际情况，并考虑以下问题：

（1）分析的目的　安全分析方法的选取应能满足对分析的要求。安全分析的最终目的是辨识危险源，而在实际工作中要达到一些具体目的，例如：对系统中所有危险源，查明并列出清单；掌握危险源可能导致的事故，列出潜在事故隐患清单；列出降低危险性的措施和需要深入研究部位的清单等。

由于每种方法都有其自身的特点和局限性，并非处处通用。因此，使用中有时要综合应用多种方法，以便取长补短或相互比较，验证分析结果的正确性。

（2）资料的影响　关于资料收集的多少、详细程度、内容的新旧等，都会对选择安全分析方法有着至关重要的影响。一般来说，资料的获取与被分析系统所处的阶段有直接关系。例如，在方案设计阶段，采用危险性和可操作性研究或故障类型和影响分析方法就难以获取详细的资料。为了能够正确分析，应该收集时效性强的高质量资料。

（3）系统的特点　实际情况中应针对被分析系统的特点选择安全分析方法。对于结构复杂和规模庞大的系统，应先用较简单、便捷的方法进行筛选，根据分析的详细程度选择相应的分析方法。对于不同类型的操作过程，若事故的发生是由单一故障（或失误）引起的，则可以选择危险性与可操作性研究；若事故的发生是由许多危险因素共同引起的，则可以选择事件树分析、事故树分析等方法。

（4）系统的危险性　当系统危险性较高时，通常采用系统、严格、预测性的方法，如故障类型和影响分析、事件树分析、事故树分析等；当系统的危险性较低时，一般采用经验的、不太详细的分析方法，如安全检查表法等。在具体使用安全分析方法时，不能生搬硬套现有的分析方法，必要时应进行改造或简化，或从系统原理出发，开发新的安全分析方法。

## 二、安全分析方法

### 1. 统计图表分析法

统计图表分析法是利用统计图表对事故数据进行整理，并进行粗略的原因分析，是交通安全管理工作中常用的分析方法。

（1）比重图　比重图是一种表示事物构成情况的平面图形，能够形象、直观地反映事物的各种构成所占的比例，可方便地对各类交通事故进行统计分析，如图 2-1-1 所示。

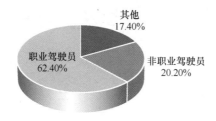

图 2-1-1　某年我国各种类型的驾驶员事故死亡构成

（2）趋势图　趋势图是按一定的时间间隔统计数据，利用曲线的连续变化来反映事物动态变化的图形，可帮助相关人员掌握交通事故发生规律，预测其未来的变化趋势，以便采取预防措施，降低事故损失。趋势图通常用直角坐标系表示，横坐标表示时间间隔，纵坐标表示事物数量，如图 2-1-2 所示。

（3）直方图　直方图是由建立在直角坐标系上的一系列高度不等的柱状图形组成的，也称为柱状图，如图 2-1-3 所示。在直方图中，横坐标表示各种分析因素，纵坐标表示对应于横坐标的某一指标数值，可直观、形象地表示出各种因素对交通事故的影响程度。

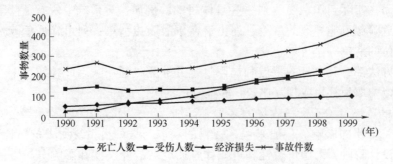

图 2-1-2　1990—1999 年我国道路交通事故发生情况

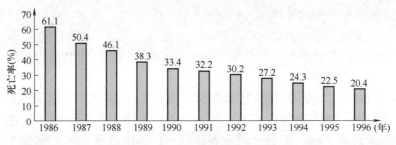

图 2-1-3　1986—1996 年我国道路交通事故死亡率

#### 2. 安全检查表分析法

安全检查表是事先对系统中的检查对象进行剖析，把系统分割成若干子系统，并确定检查项目，查出不安全因素所在，以正面提问的方式将检查项目按系统或子系统的顺序编制而成的问题清单。安全检查表分析法则是利用各种安全检查表发现和查明系统中的各种危险和隐患，检查各项安全法规、制度和标准的实施情况，制止违章行为，预防事故，消除危险，保障安全。

（1）安全检查表的内容及格式　安全检查表的基本内容与格式，见表 2-1-2。

表 2-1-2　安全检查表的基本内容与格式

| 检查时间 | 检查单位 | 检查人 | 检查部位 | | 整改负责人 |
|---|---|---|---|---|---|
| | | | | | |
| 序号 | 检查项目 | | 检查结果 | | 整改措施 |
| | | | 是 | 否 | |
| | | | | | |

1）安全检查表的检查项目及要求。安全检查表的检查项目应列出所有可能导致事故发生的因素或状态，所列检查项目应系统、全面、完善。检查项目越全面，则检查工作就越彻底，漏掉的安全隐患就越少，安全的可靠性就越大。

2）安全检查表采用的方式。安全检查表一般采用正面提问的方式，要求发问明确、回答清楚，并以"是"或"否"作答，其中"是"表示符合要求，"否"表示存在问题、有待改进，也可设整改措施栏，来简要填写整改措施。安全检查表还需注明检查时间、检查人、整改责任人等内容，以便分清责任。

3）检查依据。为了使提出的问题有依据，可以收集有关此项问题的规章制度、规范标准中所规定的要求，分别简要列出其名称和所在章节，附于每项提问之后，以便查对。

（2）安全检查表的分类 安全检查表分类方式不一、类型繁多。根据城市轨道交通运营的特点，安全检查表按用途可分为以下几类：

1）设计审查用安全检查表。用于向设计人员提供应遵循的有关设计规程、标准，设计人员事先参照安全检查表进行设计，以避免与安全人员意见相左。

2）运营设备、机械装置、设施定期安全检查表。按不同的职能部门，根据各自设备的设施情况，制订相应的安全检查表，供日常巡回检查或定期检查使用。

3）运营用安全检查表。用于车间、工段及岗位进行定期和预防性安全检查，重点关注人员、设备、作业过程等不安全行为和不安全状态方面。

4）消防用安全检查表。用于交通运输系统重要地点的日常或定期消防安全检查工作，当发现消防安全问题或隐患，应及时予以解决。

5）专业性安全检查表。其由专业机构或职能部门编制和使用，主要用于进行定期安全检查或季节性检查，如对电气设备、锅炉及压力容器、特殊装置与设施等进行专业性检查。

（3）安全检查表的编制 安全检查表一般采用经验法和分析法两种编制方法，见表2-1-3。

表 2-1-3　安全检查表的编制方法

| 编制方法 | 方法概述 | 方法特点 |
| --- | --- | --- |
| 经验法 | 找熟悉被检查对象的人员和具有实践经验的人员，以工人、工程技术人员与管理人员相结合的方式组成小组，依据人、物、环境的具体情况和以往累积的实践经验及统计数据，按照规程、规章制度等要求，编制安全检查表 | 检查项目冗长、繁杂，既费人力，又花时间，工作效率低，加上检查方式、方法落后，使用效果不如分析法 |
| 分析法 | 根据已编制的事故树、事件树的分析和评价结果来编制安全检查表 | 通过事故树、事件树定性和定量分析确定检查项目，较为精炼、完善，均是能保证系统安全的关键环节 |

安全检查表的编制主要包括以下几个步骤：

1）确定被检查对象。

2）组织有关人员组成小组。

3）熟悉被分析的系统。

4）调查不安全因素。

5）收集与系统有关的规范、标准和制度等。

6）明确规定的安全要求。

7）根据具体情况和要求确定编制方法，编制安全检查表。

8）通过反复使用，不断修改、补充完善。

**3. 因果分析图法**

因果分析图，也称为鱼刺图或特性因素图。交通运输过程的安全与否是交通参与者、运载工具、运输线路等多方面因素综合作用的结果，这些因素彼此之间也存在着错综复杂的关系。当分析交通事故的发生原因时，可以将各种可能的事故原因进行归纳分析，如图2-1-4所示。

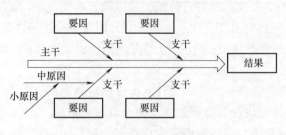

图 2-1-4　因果分析图示意图

在图 2-1-4 中，"结果"表示不安全问题，事故类型；"长箭头"是主干，表示某一事故现象，主干两边有若干"支干"；"要因"表示与该事故现象有直接关系的各种因素，是综合分析和归纳的结果；"中原因"则表示与要因直接有关的因素。以此类推便可把事故的各种大小原因客观地、全面地找出来。

**4. 预先危险性分析法**

预先危险性分析是一种定性分析系统危险因素和危险程度的方法，用于新系统设计、既有系统改造前的方案设计等阶段，在未掌握系统详细资料时，对系统存在的危险类型、来源、出现条件、事故后果以及有关措施等进行概略分析，并尽可能在系统实施前找出预防、纠正、补救措施，消除或控制危险因素。

**（1）预先危险性分析的内容**　在进行危险性预先分析时应对偶然事件、不可避免事件、不可知事件等进行剖析。预先危险性分析主要包括以下内容：

1）识别危险的路段、设备、零部件，并分析其发生事故的可能性条件。

2）分析系统中各子系统、各元件的交接面及其相互关系与影响。

3）分析货物，特别是有毒、有害物质的性能及储运。

4）分析操作过程及有关参数。

5）人-设备关系（操作、维修等）。

6）对交通安全有影响的环境因素，如大雾、大风、降雪、洪水、高（低）温、振动等。

7）有关的安全装备，如安全防护设施、冗余系统及设备、灭火系统、安全监控系统、个人防护设备等。

**（2）预先危险性分析的步骤**　进行预先危险性分析时，一般利用安全检查表、实践经验和技术事先查明危险因素所在，识别使危险因素演变为事故的触发因素和必要条件，对可能出现的事故后果进行分析，并采取相应措施。预先危险性分析的一般步骤如下：

1）明确被分析的系统。明确所分析系统的功能及分析范围。

2）调查、收集资料。包括其他类似系统以及使用类似设备、工艺、材料的系统的资料。

3）系统功能分解。一个系统往往由若干个功能不同的子系统组成，为了便于分析，应将系统进行功能分解，弄清其功能、构造、主要作业过程以及选用的设备、物质、材料等。

4）分析、识别危险性。确定系统中的主要危险因素、危险类型，研究其产生原因，可能发生的事故及危害，对潜在的危险点要仔细判定。

5）确定危险等级。根据事故原因的重要性和事故后果严重程度，确定危险因素的危险等级，见表 2-1-4。

表 2-1-4　预先危险性分析危险等级

| 危险等级 | | 严重程度 |
|---|---|---|
| Ⅰ级 | 安全的 | 暂时不会发生事故，可以忽略 |
| Ⅱ级 | 临界的 | 有导致事故的可能性，系统处于发生事故的临界状态，可能造成人员伤亡或财产损失，应采取措施予以排除或控制 |
| Ⅲ级 | 危险的 | 可能导致事故发生，造成人员伤亡或财产损失，应立即采取措施予以排除或控制 |
| Ⅳ级 | 灾难的 | 会导致事故发生，造成人员严重伤亡或财产巨大损失，须立即设法消除 |

6）制订措施。针对识别出的主要危险因素，可通过修改设计、加强安全措施来消除或予以控制，从而达到系统安全的目的。

7）汇总分析结果。典型的结果汇总表包括主要事故及其产生原因、可能的后果、危险性级别以及应采取的相应措施等，见表 2-1-5。

表 2-1-5　预先危险性分析表

| 危险因素 | 触发事件 | 现象 | 事故原因 | 事故情况 | 事故后果 | 危险等级 | 建议的安全措施 |
|---|---|---|---|---|---|---|---|
| | | | | | | | |

### 5. 故障模式和影响分析法

故障模式和影响分析是对系统各组成部分、元件进行分析的重要方法，主要分析各子系统及元件可能发生的各种故障模式，查明各种类型故障对邻近子系统或元件的影响以及最终对整个系统的影响。

（1）故障模式　系统、子系统或元件在运行过程中，由于性能低劣而不能完成规定功能的情形称为故障发生。诱发元件、产品、系统发生故障的物理与化学过程、电学与机械学过程，称为故障机理。故障模式是从不同表现形态来描述故障的，是由不同故障机理显现出来的各种故障现象的表现形式。一个系统或元件往往有多种故障模式。从可靠性定义出发，故障模式一般可从运行过程中的故障、提前动作、在规定时间不动作、在规定时间不停止，以及运行能力下降、超量或受阻五个方面来考虑。一般说来，元件或系统不同，故障模式也不同，上述五类故障模式还可进一步细化。

（2）分析程序　故障模式和影响分析的程序主要包括以下几个步骤：

1）了解和掌握对象系统。对故障模式和影响进行分析前，必须掌握被分析对象系统有关资料，以确定分析的详细程度。分析的详细程度取决于被分析系统的规模和层次。在分析各层次故障模式和影响时，要考虑它们对整个系统的影响。

2）对系统元件（元素）的故障模式和产生原因进行分析。在对系统元件的故障模式进行分析时，应找出所有可能的故障模式，并尽可能找出每种故障模式的所有原因，确定系统元件的故障模式。一般来说，一个元素至少有意外运行、运行不准时、停止不及时和运营期间故障四种可能的故障模式。为了区分故障模式和故障原因，必须明确元素故障是故障原因对元素功能影响的结果。故障原因可从内部原因和外部原因两个方面分析。在分析时要把元素进一步分解成若干组成部分，研究这些部分的故障模式（内部原因）和它们与外界环境间的功能关系，找出可能的外部原因。一般来说，外部原因主要是元素运行的外部条件问题，同时也包括邻近其他元素的故障。

3）故障模式对系统和元件的影响。故障模式的影响是指系统正常运行的状态下，详细地分析一个元素各种故障模式对系统的影响。分析过程对每一种输出功能的偏差，预测可能发生的故障，对部件、子系统、系统有什么影响及其程度，列出可能发生的全部故障模式。

4）汇总结果和提出改正措施。根据故障类型和影响分析表，系统、全面和有序分析，最后将分析结果汇总于表中，一目了然显示全部分析内容。根据研究对象和分析目的，故障类型和影响分析表可设置成多种形式，一种故障模式和影响分析表见表 2-1-6。

表 2-1-6　一种故障模式和影响分析表

| 项目 | 构成元件 | 故障或失误种类 | 故障的影响 | | 危险的重要度 | 故障发生概率 | 检测方法 | 修改措施及备注 |
| --- | --- | --- | --- | --- | --- | --- | --- | --- |
| | | | 对其他元件 | 对整个系统 | | | | |

地点：_____系统：_____日期：_____计算机：_____
危险重要度：1）安全；2）临界状态；3）不安全。

**6. 致命度分析**

致命度分析的目的在于评价每种故障类型的危险程度，通常采用"概率×严重度"来评价故障模式的危险度。其中，"概率"是指故障模式发生的概率，"严重度"是指故障后果的严重程度。采用该方法进行致命度分析时，通常将概率和严重度划分为若干等级。例如，将概率划分为 6 个等级：非常容易发生——$1\times10^{-1}$，容易发生——$1\times10^{-2}$，较常发生——$1\times10^{-3}$，不易发生——$1\times10^{-4}$，难以发生——$1\times10^{-5}$，极难发生——$1\times10^{-6}$；将严重度划分为 3 个等级：大——危险，中——临界，小——安全。

**7. 事件树分析法**

事件树分析法是根据实际工作需要，选出希望或不希望的事件作为开始事件，按照逻辑推理方式推测其发展结果。事件的发展趋势只有两种可能性，即失败或成功。把每个结果都看作新的起始事件，不断推测下去，直到找出事件发展的所有可能结果为止。

列车上有易燃品引起火灾的事件树，如图 2-1-5 所示。

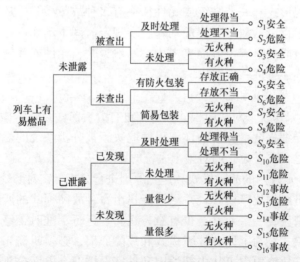

图 2-1-5　列车上有易燃品引起火灾的事件树

**(1) 事件树定性分析**　在事件树绘制过程中就已进行事件树定性分析，绘制事件树必须根据事件的客观条件和特征做出符合科学性的逻辑推理，用与事件有关的技术与知识确认事件可能状态。

　　1）找出事故连锁。事件树各分枝代表初始事件一旦发生后可能的发展途径，最终导致事故的途径为事故连锁。事故连锁越多，系统越危险；事故联锁中事件数越少，系统越危险。

　　2）找出预防事故的途径。事件树中最终达到安全的途径指导如何采取措施预防事故。在达到安全的途径中，发挥安全功能的事件构成事件树的成功连锁。成功连锁越多，系统越安全；事件数越少，系统越安全。因此，应尽可能地从最先发挥功能的安全功能着手。

　　（2）事件树定量分析　事件树定量分析是指根据每一事件的发生概率，计算各种途径事故发生概率，并比较各途径概率值的大小，从而确定最易发生事故的途径。

　　**8. 事故树分析法**

　　事故树分析法是将导致事故发生的所有基本事件找出，通过逻辑推理方式把它们用逻辑门连接起来，运用定性分析或定量分析方法得到导致事故发生的基本事件的最小组合及预防事故发生的各种有效方案，为事故预防工作提供较为全面的、可靠的依据。

　　（1）事故树的符号及其意义　事故树采用的符号包括事件符号、逻辑门符号和转移符号三大类。列车冒进信号事故树，如图 2-1-6 所示。

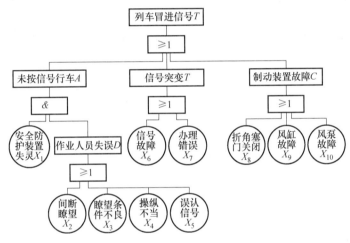

图 2-1-6　列车冒进信号事故树

　　1）事件及事件符号。在事故树分析中，各种非正常状态或不正常情况称为事故事件，各种完好状态或正常情况称为成功事件，两者均简称为事件。

　　① 结果事件。结果事件是由其他事件或事件组合所导致的事件，总位于某个逻辑门的输出端。结果事件符号见表 2-1-7。

表 2-1-7　结果事件符号

| 事件 | 事件符号 | 事件含义 |
|---|---|---|
| 结果事件 | 矩形符号 | 顶事件，是事故树分析中所关心的结果事件，位于事故树的顶端，总是所讨论事故树中逻辑门的输出事件而不是输入事件 |
| | | 中间事件，是位于事故树顶事件和底事件间的结果事件，既是某个逻辑门的输出事件，又是其他逻辑门的输入事件 |

　　② 底事件。底事件是导致其他事件的原因事件，位于事故树底部，总是某个逻辑门的输入事件，又可分为基本原因事件和省略事件，见表 2-1-8。

表 2-1-8　底事件符号

| 事件 | 事件符号 | 事件含义 |
|---|---|---|
| 底事件 | 圆形符号（○） | 基本原因事件，表示导致顶事件发生的最基本的或不能再向下分析的原因或缺陷事件 |
| | 菱形符号（◇） | 省略事件，表示没有必要进一步向下分析或其原因不明确的原因事件。另外，省略事件还表示二次事件，即不是本系统的原因事件，而是来自系统外的原因事件 |

③ 特殊事件。特殊事件是指在事故树分析中需要表明其特殊性或引起注意的事件，又可分为开关事件和条件事件，见表 2-1-9。

表 2-1-9　特殊事件符号

| 事件 | 事件符号 | 事件含义 |
|---|---|---|
| 特殊事件 | 屋形符号 | 开关事件又称为正常事件，是在正常工作条件下必然发生或必然不发生的事件 |
| | 椭圆形符号 | 条件事件，是限制逻辑门开启的事件 |

2）逻辑门及其符号。逻辑门是连接各事件并表示其逻辑关系的符号，见表 2-1-10。

表 2-1-10　逻辑门及其符号

| 逻辑门 | 逻辑门符号 | 逻辑门含义 |
|---|---|---|
| 与门 | $E$ & $E_1 E_2 \cdots E_n$ | 可连接数个输入事件 $E_1$，$E_2$，$\cdots$，$E_n$ 和一个输出事件 $E$，表示仅当所有输入事件都发生时，输出事件 $E$ 才发生 |
| 或门 | $E$ $\geqslant 1$ $E_1 E_2 \cdots E_n$ | 可连接数个输入事件 $E_1$，$E_2$，$\cdots$，$E_n$ 和一个输出事件 $E$，表示至少一个输入事件发生时，输出事件 $E$ 就发生 |
| 非门 | $1$ | 表示输出事件是输入事件的对立事件 |
| 特殊门 | $E$ & $A$ $E_1 E_2 \cdots E_n$ | 条件与门，表示输入事件不仅同时发生，且还必须满足条件 $A$，才会有输出事件发生 |
| | $E$ $\geqslant 1$ $A$ $E_1 E_2 \cdots E_n$ | 条件或门，表示输入事件中至少一个发生，在满足条件 $A$ 的情况下，输出事件才发生 |

3）转移符号。当事故树规模很大或整个事故树中多处包含有相同的部分树图时，为了简

化整个树图，便可用转出和转入符号，以标出向何处转出和从何处转入，见表 2-1-11。

表 2-1-11　转移符号

| 转移符号 | | 转移符号含义 |
| --- | --- | --- |
| 转出符号 | △⌐ | 表示向其他部分转出，△内记入向何处转出的标记 |
| 转入符号 | ⌐△ | 表示从其他部分转入，△内记入从何处转入的标记 |

（2）事故树分析的步骤　事故树分析的主要步骤包括准备阶段、事故树编制、定性分析、定量分析以及分析结果总结与应用。

1）准备阶段。确定所要分析的系统，合理地处理好所要分析的系统与外界环境及其边界条件，确定所要分析系统的范围，明确影响系统安全的主要因素。熟悉已确定的系统并进行深入调查研究，收集系统的有关资料与数据。调查系统发生的事故，收集、调查分析系统曾发生的事故和将来有可能发生的事故，以及本单位与外单位、国内与国外同类系统曾发生的所有事故。

2）事故树编制。确定事故树的顶事件，即确定所要分析的对象事件，根据事故调查报告分析其损失大小和事故频率，选择易于发生且后果严重的事故作为事故树的顶事件。调查与顶事件有关的所有原因事件，从人、设备、环境和信息等方面调查与事故树顶事件有关的所有事故原因，确定事故原因并进行影响分析。进行事故树编制，采用一些规定符号，按照一定逻辑关系，把事故树顶事件与引起顶事件的原因事件，绘制成反映因果关系的树形图。

3）事故树定性分析。事故树定性分析主要是按事故树结构，求取事故树的最小割集或最小径集，并进行基本原因事件的结构重要度分析，根据定性分析的结果，确定预防事故的安全保障措施。在事故树定性分析中，把引起顶事件发生的基本事件的集合称为割集。一个事故树中的割集一般不止一个，导致顶事件发生的最低限度的割集叫作最小割集。最小割集是引起顶事件发生的充分必要条件。顶事件不发生并不要求所有基本事件都不发生，而只要某些基本事件不发生顶事件就不会发生。这些不发生的基本事件的集合称为径集。在同一事故树中，顶事件不发生所需的最低限度的径集就是最小径集。最小径集是保证顶事件不发生的充分必要条件。

4）事故树定量分析。事故树定量分析主要是根据引起事故发生的各基本事件的发生概率，计算事故树顶事件发生的概率；计算各基本事件的概率重要度和关键重要度。根据定量分析的结果以及事故发生后可能造成的危害，对系统进行风险分析，以确定安全投资方向。

5）事故树分析结果总结与应用。必须及时对事故树分析的结果进行评价、总结，提出改进建议，整理、储存事故树定性和定量分析的全部资料与数据，并综合利用各种安全分析的资料，为系统安全性评价与安全性设计提供依据。

### 三、城市轨道交通危险源

#### 1. 危险源的含义

（1）危险源　危险源是指可能造成人员伤害、职业病、财产损失、作业环境破坏或这些情况组合的根源或状态。在《危险化学品重大危险源辨识》（GB 18218—2018）标准中，将重大危险源定义为长期或临时生产、加工、搬运、使用或储存危险物质，且危险物质的数量等于或超过临界量的单元。其中，单元指一个（套）生产装置、设施或场所，或同属一个工厂的且边缘距离小于500m的几个（套）生产装置、设施或场所。

（2）城市轨道交通危险源　城市轨道交通危险源是指影响城市轨道交通正常运营，有可能造成人员伤亡、设备损坏的所有因素，涉及人员、设备、环境和管理各个方面。

**2. 危险源的类别**

危险源可划分为物理性危险源、化学性危险源、生物性危险源等六个类别，见表2-1-12。

表 2-1-12　危险源的类别

| 危险源 | 主要内容 |
| --- | --- |
| 物理性危险源 | 1）设备、设施缺陷（强度不够、刚度不够、稳定性不良、外露运动件等）<br>2）防护缺陷（无防护、防护装置和设施缺陷、防护不当、防护距离不够等）<br>3）电危害（带电部位裸露、漏电、雷电、静电、电火花等）<br>4）噪声危害（机械性噪声、电磁性噪声、流体动力性噪声等）<br>5）振动危害（机械性振动、电磁性振动、流体动力性振动等）<br>6）电磁辐射（X射线、γ射线、α粒子、β粒子、质子、中子、高能电子束等电离辐射，紫外线、激光辐射、超高压电场等非电离辐射）<br>7）运动物危害（固体抛射物、液体飞溅物、反弹物、岩土滑动、气流卷动等）<br>8）明火<br>9）能造成灼伤的高温物质（高温气体、高温固体、高温液体等）<br>10）能造成冻伤的低温物质（低温气体、低温固体、低温液体等）<br>11）粉尘与气溶胶（不包括爆炸性、有毒性粉尘与气溶胶）<br>12）作业环境不良（基础下沉、安全通道缺陷，有害光照、通风不良、缺氧、空气质量不良、给排水不良、气温过高/低、自然灾害等）<br>13）信号缺陷（无信号设施、信号选用不当、信号不清、信号表示不准等）<br>14）标志缺陷（无标志、标志不准、标志不规范、标志位置缺陷等）<br>15）其他物理性危险源 |
| 化学性危险源 | 1）易燃易爆性物质（易燃易爆性气体、易燃易爆性液体、易燃易爆性固体、易燃易爆性粉尘与气溶胶等）<br>2）自燃性物质<br>3）有毒物质（有毒气体、有毒液体、有毒固体、有毒粉尘与气溶胶等）<br>4）腐蚀性物质（腐蚀性气体、腐蚀性液体、腐蚀性固体等）<br>5）其他化学性危险源 |
| 生物性危险源 | 1）致病微生物（细菌、病毒、其他致病微生物）<br>2）传染病媒介物<br>3）致害动物<br>4）致害植物<br>5）其他生物性危险源 |
| 心理或生理性危险源 | 1）负荷超限（体力负荷超限、听力负荷超限、心理负荷超限等）<br>2）健康状况异常<br>3）从事禁忌作业<br>4）心理异常（情绪异常、冒险心理、过度紧张等）<br>5）辨识功能缺陷（感知延迟、辨识错误、其他辨识功能缺陷等）<br>6）其他心理、生理性危险源 |
| 行为性危险源 | 1）指挥错误（指挥失误、违章指挥等）<br>2）操作失误（误操作、违章作业等）<br>3）监护失误<br>4）其他行为性危险源 |

另外，危险源还可分为危险物源、危险能量源和危险功能源。

### 3. 危险源的识别

危险源的识别是确认危险源的存在并确定其特性的过程，实质是找出组织中存在的人的不安全行为、物的不安全状态、作业环境中存在的危害因素及管理缺陷。城市轨道交通危险源的识别涉及员工的健康与安全、行车安全、设备安全、消防安全、乘客及相关方安全、财产损失和列车延误等范畴。

（1）危险源识别的步骤　危险源的识别主要包括以下步骤，见表 2-1-13。

表 2-1-13　危险源识别的步骤

| 序号 | 识别步骤 | 具体内容 |
| --- | --- | --- |
| 1 | 识别准备 | 确定分工，收集识别范围内的资料，列出识别范围内的活动或流程涉及的所有方面 |
| 2 | 分类识别危险源 | 一般从厂址、厂区平面布局及建（构）筑物、生产工艺过程、生产设备及装置、作业环境及管理措施等方面进行分类识别 |
| 3 | 划分识别单元 | 识别单元是分类识别危险源的细化，可按照工艺、设备、物料过程来细化；同类的过程或设备可划为一类识别对象；识别对象划分不宜过粗或过细 |
| 4 | 危险源的识别 | 先找出可能的事故伤害方式，再找出其原因 |
| 5 | 填写危险源登记表 | |

（2）危险源识别的范围　危险源识别的范围包括城市轨道交通覆盖内工作区域及其他相关范围内的生产经营活动、人员和设施等。根据城市轨道交通管理及其他活动情况，危险源识别范围通常划分为常规活动、非常规活动、潜在的紧急情况等主要内容，见表 2-1-14。

表 2-1-14　各类活动的主要内容

| 活动类别 | 具体划分 | 主要内容 |
| --- | --- | --- |
| 常规活动 | 正常生产过程中的危险源的存在方式 | 1）运营服务活动：依据运营时刻表组织列车运营、客运服务过程<br>2）设备设施的设计、安装、调试、验收、接管、使用过程<br>3）公共活动：相关部门均有的活动，包含办公、电梯、叉车、消防设施、空调、空压机、抽风机使用，化学品储运、废弃等<br>4）间接活动：为运营服务活动提供支持的活动，主要包括物资部仓库管理、物料采购以及使用管理、食堂管理等 |
| 非常规活动 | 1）异于常规、周期性或临时性的作业活动<br>2）偶尔出现、频率不固定，但可预计出现的状态<br>3）由外部原因（如天气）导致的非常规状态，如启动、关闭、试车、停车、清洗、维修、维护等 | 设备设施维护，消防及行车疏散演习，因公外出，合同方在总部的活动（如工程施工、维修、清洁等） |
| 潜在的紧急情况 | 1）不可预见其后果的情况<br>2）后果是灾难性的，不可控制的情况，如火灾、爆炸、严重的泄漏、碰撞及事故 | 如火灾、爆炸、化学物品泄漏、中毒、台风、雷击、碰撞等事故事件（潜在的紧急情况的危险辨识需考虑紧急情况发生时和发生后进行抢险救援过程中存在的危险） |

（3）确定危险源的事故类型　在进行危险源识别前，必须把危险源事故类型确定下来，以防止危险源识别不清晰、不全面，通过借鉴《企业职工伤亡事故分类》（GB 6441—1986）及分析城市轨道交通运营过程可能发生的事件/事故、列车延误及财产损失等事故类

别，列出危险源事故类型表，见表2-1-15。

表2-1-15　确定危险源的事故类型

| 类别编号 | 事故类别名称 | 备注 | 类别编号 | 事故类别名称 | 备注 |
|---|---|---|---|---|---|
| 01 | 物体打击 | | 13 | 中毒和窒息 | 伤害事故 |
| 02 | 车辆伤害（道路车辆） | | 14 | 其他伤害 | |
| 03 | 机械伤害 | | 15 | 噪声聋 | 职业病 |
| 04 | 起重伤害 | | 16 | 尘肺 | |
| 05 | 触电 | | 17 | 视力受损 | |
| 06 | 淹溺 | | 18 | 其他职业病 | |
| 07 | 灼烫 | 伤害事故 | 19 | 健康受损 | 健康危害 |
| 08 | 火灾 | | 20 | 财产损失（2000元以上） | 无伤害事件/事故 |
| 09 | 高处坠落 | | 21 | 列车延误 | 无伤害的列车延误事件 |
| 10 | 坍塌 | | 22 | 行车事件/事故 | 含人员伤亡的行车事件/事故 |
| 11 | 容器爆炸 | | 23 | 可能引发行车事件/事故的设备缺陷事件和行为事件 | 引发行车事件/事故的危险源 |
| 12 | 其他爆炸 | | 24 | 其他事件/事故 | 无伤害事件/事故 |

（4）危险源的控制　按照事件/事故前后时间节点，安全管理可分为事前安全管理、事中安全管理与事后安全管理三部分。因此，城市轨道交通安全管理也可根据事前、事中与事后三阶段具体开展相关安全管理工作。

1）安全管理"事前查验"。若运营前期的安全控制工作没有做好或出现疏漏，就容易将项目建设期形成的安全隐患带入运营过程。因此，城市轨道交通运营单位必须在开通运营之前，将建设期形成的系统安全隐患排除。

2）安全管理"过程控制"。安全管理"过程控制"是指围绕城市轨道交通运营生产工作的全过程进行全方位的安全控制，积极采取有效措施，将事后补救变为事前预防，体现与强化安全运营的"过程控制"。同时，在第一时间对事故做出反应，降低损失。

3）安全管理"事后控制"。安全管理"事后控制"是针对城市轨道交通运营生产过程中所发生的事故，不断完善应急处置机制与处置程序，提高抢险救援能力和突发处理水平，及时排查、整治事故中暴露出的安全隐患，保障系统设施设备始终处于良好的运行状态。

## 四、城市轨道交通运营状态

城市轨道交通运营管理是运用既有设施设备，在明确各种运营状态下，实现各子系统间和人员组织间的可靠、高效、有序运转，实现城市轨道交通系统安全、快速、高效的乘客输送任务。一般而言，城市轨道交通运营状态可归纳为正常运营状态、非正常运营状态与紧急运营状态三种，如图2-1-7所示。

（1）正常运营状态　正常运营状态是指城市轨道交通运营期间的列车运行情况与运行图基本相符的状态。另外，运营期间的运营状态又可分为高峰运营与非高峰运营，针对不同运

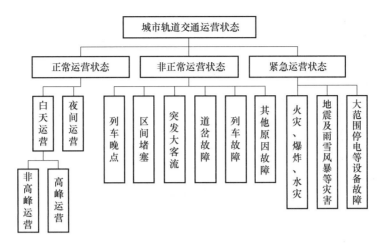

图 2-1-7　城市轨道交通运营状态

营状态，城市轨道交通系统采取不同的客运行车组织方案与运营管理模式。

（2）非正常运营状态　非正常运营状态是指因各类原因导致城市轨道交通列车晚点、区间堵塞、车站乘客过度拥挤、设备设施故障等影响正常运营秩序的状态。通过行车调度指挥，按照应对方案能够及时进行调整，可在较短时间内使运营恢复正常，避免对乘客人身安全造成影响。

（3）紧急运营状态　紧急运营状态是指城市轨道交通系统发生火灾、爆炸、水灾、地震及雨雪风暴等自然灾害、大范围停电等设备设施故障等情况，导致部分区间或全线无法运营的状态。该状态有可能导致人员伤亡，必须采取紧急事故处置措施进行自救、减灾与抢险。

2001 年 12 月 4 日 22 时 4 分，上海轨道交通 1 号线人民广场站，一名女性乘客在列车进站过程中因乘客拥挤意外坠落站台。列车立即采取紧急制动措施，但因距离较短，仍旧撞上乘客，造成坠落乘客当场死亡。此次事故导致轨道交通 1 号线停止运营约 1h。

事故发生后，车站工作人员立即采取紧急抢救措施，并向总调度所、客运分公司调度、事发现场所属派出所、救护中心报告。客运分公司调度、总调度所按照规定将事故情况报告相关部门及领导。总调度所按照应急预案实施联动处置，各成员单位接到报警后，立即赶赴现场迅速开展救助工作。市公安局轨道交通分局对现场进行勘查，分析事故原因，运营单位积极组织乘客疏散。

一、任务目的

阅读上述乘客坠落站台事故的基本情况与处置过程，根据所学知识，分析造成事故的原因，并探讨总结此次事故的教训及启示。

## 二、任务内容

辨识城市轨道交通危险源。

## 三、任务步骤

1. 将学生进行分组，4~5 人为一组，小组成员自行查询资料，分析事故原因、教训及启示，并进行记录，见表 2-1-16。

表 2-1-16　个人结果记录表

| 事故原因 | |
|---|---|
| 教训及启示 | |

2. 小组成员相互学习，修改或补充组内各个成员的分析结果，总结完善出本组最终讨论结果，并将结果进行记录，见表 2-1-17。

表 2-1-17　小组结果汇总表

| 事故原因 | |
|---|---|
| 教训及启示 | |

3. 各组成员派代表，以 PPT 形式进行汇报。

## 四、任务评价

开展自评与互评并进行记录，见表 2-1-18。

表 2-1-18　评价表

| 评价项目 | 自评（10 分） | | 互评（10 分） |
|---|---|---|---|
| 第（　）组 | | | |
| 点评记录 | 优点 | | |
| | 缺点 | | |

## 五、任务总结

_____

_____

_____

## 【学习小结】

1. 运营安全系统分析主要从事故的预防和预测角度出发，通过对运营事故的发生原因、概率及各种隐患表现的定性或定量分析，识别系统的安全性和危险性。安全分析方法主要有统计图表分析法、安全检查表法、因果分析图法、事故树分析法和事件树分析法等。

2. 危险源是指可能造成人员伤害、职业病、财产损失、作业环境破坏或这些情况组合的根源或状态。其可划分为物理性危险源、化学性危险源、生物性危险源、心理或生理性危险源、行为性危险源以及其他危险源六个类别。

3. 危险源识别是确认危险源的存在并确定其特性的过程，找出组织中存在的人的不安全行为、物的不安全状态、作业环境中存在的危害因素及管理缺陷。识别范围包括系统内工作区域及其他相关范围内的生产经营活动、人员、设施等，按活动通常可划分为常规活动、非常规活动、潜在的紧急情况等。

## 【知识巩固】

### 一、填空题

1. 选择安全分析方法时，应根据实际考虑_____、_____、_____和系统的危险性等几方面问题。

2. 在危险源类别中，行为性危险源包括_____、_____、_____和其他行为性危险源四种。

3. 根据城市轨道交通管理及其他活动情况，危险源识别范围按活动可划分为_____、_____和_____等三类主要内容。

4. 城市轨道交通系统运营状态可归纳为_____、_____和_____三种。

### 二、选择题

1. 以下哪种图表不属于安全分析方法中的统计图表法。（　　）

A. 比重图　　　　　　　　　　B. 趋势图

C. 直方图　　　　　　　　　　D. 鱼刺图

2. 以下哪个选项不属于安全检查表的基本内容。（　　）

A. 检查时间　　　　　　　　　B. 检查人

C. 检查结果　　　　　　　　　D. 事故概率

3. 在事故树分析法中，以下哪种事件符号表示基本原因事件。（　　）

A. 矩形符号　　　　　　　　　B. 屋型符号

C. 菱形符号　　　　　　　　　D. 椭圆符号

4. 以下哪种危险源不属于生物性危险源。（　　）

A. 致病微生物　　　　　　　　B. 致害动物

C. 有毒物质　　　　　　　　　D. 致害植物

### 三、简答题

1. 如何进行安全分析方法的选取？

2. 如何进行安全检查表的编制？

3. 如何进行城市轨道交通危险源的分类？

4. 如何进行城市轨道交通危险源的识别？

【任务描述】

在运营安全系统工程中，安全评价是强化安全管理、落实安全措施的一个重要环节，应该正确掌握哪些基本的安全评价知识？在城市轨道交通系统内，如何科学选取安全评价方法？在新建线路、既有线路改造或运营线路安全评价时，又应如何开展城市轨道交通安全评价？

【学习目标】

| 知识目标 | 技能目标 | 素养目标 |
| --- | --- | --- |
| 1. 能概括安全评价的基础知识<br>2. 能掌握安全评价方法<br>3. 能熟知城市轨道交通运营安全系统评价的流程 | 1. 能够根据实际情况，正确选取安全评价方法<br>2. 能够根据实际情况，正确开展城市轨道交通运营安全评价 | 1. 树立严谨的岗位安全责任意识<br>2. 培养科学的安全应急处理能力 |

【知识准备】

一、安全评价概述

1. 安全评价的含义

安全评价也称为危险性评价或风险评价，是探明系统危险、寻求安全对策的一种方法和技术。安全评价的作用是在建立必要的安全措施前，掌握系统内可能的危险种类、危险程度和危险后果，并进行定量与定性分析，从而提出有效的危险控制措施。

运营安全评价是在运营安全分析的基础上，对运营安全保障系统的整体安全性、运营安全工作的薄弱环节及系统的主要矛盾和矛盾的主要方面等进行比较和评价。根据评价结果选择保证运营系统安全的技术路线和投资方向，拟定安全工作对策，使上级单位和监察部门有的放矢地督促强化安全管理，落实安全措施，以达到全过程运营安全。

2. 安全评价的标准

经定量化的风险或危害性是否达到要求的（期望的）安全程度，需要有一个界限、目标或标准进行比较，这个标准就是安全评价的标准。

安全评价标准的确定主要取决于一个国家、行业或部门的政治、经济、技术和安全科学发展的水平。随着生产技术的发展，新工艺、新技术、新材料、新能源的出现，又会产生新的危险；同时，对已经认识到的危险，由于技术和资金等因素的制约，也不可能完全杜绝。因此，确定安全评价的标准，实际上就是确定一个社会各方面可允许的、可接受的危险程度。

安全评价标准的确定方法有统计法和风险与收益比较法。对系统进行安全评价时，可根据综合评价得到的危险指数进行统计分析，确定使用一定范围的安全评价的标准。

**3. 安全评价的内容**

安全评价包括危险性辨识和危险性评价两部分，如图 2-2-1 所示。

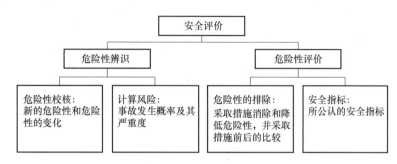

图 2-2-1　安全评价的内容

**（1）危险性辨识**

危险性辨识是指利用安全系统工程的理论和方法，分析系统及其各要素所固有的安全隐患，揭示系统的各种危险性。

**（2）危险性评价**

危险性评价是指根据危险性辨识的结果，采取各种措施减少或消除危险，判明所具有的安全水平，直到达到社会所允许的危险水平或规定的安全水平指标或目标为止。另外，从危险源的角度来看，安全评价包括对第一类危险源的危险性评价和对第二类危险源（第一类危险源的控制措施）的危险性评价两个方面。

1）第一类危险源的危险性评价。评价第一类危险源的危险性时，主要考察以下几方面情况，详见表 2-2-1。

表 2-2-1　第一类危险源的危险性评价内容

| 序号 | 考察方面 | 评价内容 |
|---|---|---|
| 1 | 能量或危险物质的量 | 第一类危险源导致事故后果的严重程度，主要取决于发生事故时意外释放的能量或危险物质的多少。第一类危险源拥有的能量或危险物质越多，则发生事故时可能意外释放的能量也多。因此，第一类危险源拥有的能量或危险物质的量是危险性评价中的最主要指标 |
| 2 | 能量或危险物质意外释放的强度 | 能量或危险物质意外释放的强度是指事故发生时单位时间内释放的能量。在意外释放的能量或危险物质的总量相同的情况下，释放强度越大，能量或危险物质对人员或物体的作用越强烈，造成的后果越严重 |
| 3 | 能量的种类和危险物质的危险性质 | 不同种类的能量造成人员伤害、财物破坏的机理不同，其后果也很不相同。危险物质的危险性主要取决于其自身的物理、化学性质。燃烧爆炸性物质的物理、化学性质决定其导致火灾、爆炸事故的难易程度及事故后果的严重程度。工业毒物的危险性主要取决于其自身的毒性大小 |
| 4 | 意外释放的能量或危险物质的影响范围 | 事故发生时，意外释放的能量或危险物质的影响范围越大，可能遭受其作用的人或物越多，事故造成的损失越大。例如，有毒、有害气体泄漏时可能影响下风侧的很大范围 |

2）第二类危险源的危险性评价。采取危险源控制措施后的危险性评价，可查明危险源控

制措施成效是否达到预定要求。评价危险源控制情况可从以下几方面考虑，见表 2-2-2。

表 2-2-2　危险源控制评价内容

| 序号 | 考察方面 | 评价内容 |
|------|----------|----------|
| 1 | 防止人失误的能力 | 必须能够防止在装配、安装、检修或操作过程中发生可能导致严重后果的人失误，如单向阀门不应装反、三线电源插头不能插错等 |
| 2 | 对失误后果的控制能力 | 一旦人失误可能引起事故时，应能控制或限制对象部件或元件的运行，以及它们与其他部件或元件的相互作用。如按 A 钮起动前按 B 钮可能引起事故，则应实行联锁，使之先按 B 钮也无危险 |
| 3 | 防止故障传递能力 | 应能防止一个部件或元件的故障引起其他部件或元件的故障，从而避免事故。如电动机电路短路时，熔断丝熔断，防止烧毁电动机 |
| 4 | 失误或故障导致事故的难易 | 发生一次失误或故障则直接导致事故的设计、设备或工艺过程是不安全的，对于那些一旦发生事故将带来严重后果的设备、工艺，必须保证同时发生两起以上的失误或故障才能引起事故 |
| 5 | 承受能量释放的能力 | 应能承受运行过程中偶尔可能产生高于正常水平的能量释放。如压力罐上装有减压阀，若减压阀出现故障，超过正常值的压力将强加于管路上，因此必须增加管路的强度或在管路上增设减压阀 |
| 6 | 防止能量蓄积的能力 | 能量蓄积的结果将导致意外的能量释放。因此，应有防止能量蓄积的措施，例如安全阀、可熔（断、滑动）连接等 |

**4. 安全评价的程序**

1）资料收集和研究。明确评价对象和范围，收集相关法律、法规和标准，了解同类系统、设备、设施的运作和事故发生情况以及评价对象的地理、气候条件及社会环境等。对收集资料的深入研究可大大缩短分析和评价的周期。

2）危险因素辨识与分析。根据评价对象的特点，辨识和分析系统可能发生的事故类型以及事故发生的原因和机制。

3）确定评价方法，实施安全评价。在上述危险分析的基础上，划分评价单元，根据评价目的和评价对象的复杂程度，选择一种或多种评价方法，对事故发生的可能性和严重程度进行定性或定量评价，在此基础上进行危险分级，以确定安全管理重点。

4）提出降低或控制危险的安全对策措施。根据评价和分级结果，高于标准值的危险必须采取工程技术或组织管理措施，降低或控制危险。低于标准值的危险属于可接受或允许的危险，应制订检测措施，防止生产条件变更导致危险值增加，对不可排除的危险要采取防范措施。

**5. 安全评价方法的选取**

由于辨识、评价对象不同，工艺、设备设施以及事故类型、事故模式等不同，采用的评价方法也不同。选用合理的评价方法是一项关键性工作，关系到评价对象的评价结论是否合理、正确和可靠。在选取评价方法前，应考虑以下几个因素：

1）选取评价方法前，必须考虑评价结果是否能满足评价的目的和动机。

2）需要的评价结果表现形式，如危险性一览表、潜在事故情景一览表、危险控制措施一览表、危险分级、定量危险分析数值等。

3）进行评价时可用的信息资料，如生产活动的技术水平、各种资料的数量和质量、评价对象的复杂程度和规模大小、生产方式、操作方式、可能发生的事故类型等。

4）评价对象已显现的危险，如事故历史情况，设备新旧情况、运行状况、使用年限，易损件的更换情况，管理的现状等。

5）可投入评价的技术人员及其素质、评价费用、完成期限、评价专家和管理人员的知识结构及水平等。

在选择评价方法时，除考虑上述因素外，还要对评价方法可提供的评价结果及其适应范围做进一步分析。实践表明，不同的评价方法适用于对系统寿命周期内的不同阶段进行危险评价。

几种典型安全评价方法的评价结果及其适用阶段，见表 2-2-3 和表 2-2-4。

表 2-2-3　典型安全评价方法提供的评价结果

| 评价方法 | 事故情况 | 事故频率 | 事故后果 | 危险分级 |
|---|---|---|---|---|
| 安全检查表 | 不能 | 不能 | 不能 | 不能 |
| 危险指数法 | 提供 | 不能 | 提供 | 事故后果分级 |
| 预先危险性分析 | 不能 | 不能 | 提供 | 提供 |
| 危险性和可操作性研究 | 提供 | 提供 | 提供 | 事故后果分级 |
| 故障模式及影响分析 | 提供 | 提供 | 提供 | 事故后果分级 |
| 事故树分析 | 提供 | 提供 | 不能 | 事故频率分级 |
| 事件树分析 | 提供 | 提供 | 提供 | 提供 |
| 概率评价法 | 提供 | 提供 | 提供 | 提供 |
| 作业条件危险性评价法 | 提供 | 提供 | 提供 | 提供 |
| 安全综合评价法 | 不能 | 不能 | 不能 | 提供 |

表 2-2-4　典型安全评价方法适用阶段

| 评价方法 | 方案设计 | 详细设计 | 工程施工 | 日常运营 | 改建扩建 | 事故调查 | 拆除退役 |
|---|---|---|---|---|---|---|---|
| 安全检查表 | √ | √ | √ | √ | √ | | √ |
| 危险指数法 | √ | | | √ | √ | | |
| 预先危险性分析 | √ | √ | √ | √ | √ | | |
| 危险性和可操作性研究 | | | √ | √ | √ | | |
| 故障模式及影响分析 | | | √ | √ | √ | | |
| 事故树分析 | √ | √ | | √ | √ | | |
| 事件树分析 | | | | √ | √ | | |
| 概率评价法 | √ | √ | √ | √ | √ | | |
| 作业条件危险性评价法 | | | | √ | | | |
| 安全综合评价法 | | | √ | √ | √ | | |

**6. 安全评价的作用**

1）体现"安全第一，预防为主，综合治理"的安全生产基本方针。安全评价从预防事故的观点出发，对系统可能产生的损失和伤害进行预测和评价，采取有效的手段以实现系统安全的总目标。安全评价过程提高了安全管理水平，体现了从被动到主动、从事后处理到事前预防、从经验到科学的安全管理方法。

2）有助于安全监管监察部门对企业安全生产的宏观控制。通过安全评价，可了解企业存在的问题，客观地对企业安全水平做出评价。安全监管监察部门可以此为依据，对企业依法进行处置，如依法追究刑事责任、责令停产整顿或采取相应安全措施，全面控制企业安全生产的目的。

3）有助于保险部门加强对企业实行风险管理。保险部门对企业事故引起的人身伤亡、职业病和财产损失所承担的保障义务是保险业的一项重要内容。安全评价的标准和结果为保险部门对企业实行风险管理提供了经验和数据，对加强风险管理有现实指导意义。

4）有助于提高企业安全管理水平。变事后处理为事前预测预防，使企业安全工作更加科学化；变纵向单一管理为全面系统管理，使企业安全工作更加系统化；变盲目管理为目标管理，使企业安全工作逐步标准化；为企业领导的安全决策提供必要的科学依据。

## 二、安全评价方法

### 1. 安全检查表评价法

安全检查表评价法是一种简便、易行的评价方法，它根据经验或系统分析的结果，把评价项目自身及周围环境的潜在危险集中起来，列成检查项目的清单，评价时依照清单，逐项检查和评定。

（1）逐项赋值法　逐项赋值法应用范围较广，是针对安全检查表的每一项检查内容，按其重要程度不同，由专家赋予一定的分值。评价时，单项检查完全合格者给满分，部分合格者按规定标准给分，完全不合格者计零分。这样逐项逐条检查评分，最后累计所有各项得分，就得到系统评价总分。根据实际评价得分多少，按标准规定评价系统总体安全等级的高低。

（2）加权平均法　加权平均法是把企业的安全评价按专业分成若干评价表，所有评价表不管评价条款多少，均按统一计分体系（如十分制或百分制等）评价计分，并按照各评价表的内容对总体安全评价的重要程度，分别赋予权重系数。按各评价表评价所得分值，分别乘以各自的权重系数并求和，就可得到企业安全评价的结果值。按照标准规定的分数界限，就可确定企业在安全评价中取得的安全等级。

（3）单项定性加权计分法　对安全检查表中的几个检查项目分别予以"优、良、可、差"或"可靠、基本可靠、基本不可靠、不可靠"等定性等级的评价，同时赋予不同定性等级以相应的权重值，累计求和，得实际评价值。

（4）单项否定计分法　单项否定计分法一般不单独使用，仅适用于某些具有特殊危险而又非常敏感的系统。这类系统往往有若干危险因素，其中只要有一项处于不安全状态，就有可能导致严重事故的发生。因此，把某些评价项目确定为具有否决权的项目，只要有一项被判为不合格，则视为总体安全状况不合格。

### 2. 作业条件危险性评价法

作业条件危险性评价法是衡量人们在某种具有潜在危险的环境中作业的危险性半定量评价方法，发生事故的可能性（$L$），见表 2-2-5。

表 2-2-5 发生事故的可能性（$L$）

| 分数值 | 事故发生的可能性 | 分数值 | 事故发生的可能性 |
|---|---|---|---|
| 10 | 完全可以预料 | 0.5 | 很不可能，可以设想 |
| 6 | 相当可能 | 0.2 | 极不可能 |
| 3 | 可能，但不经常 | 0.1 | 实际上不可能 |
| 1 | 可能性小，完全意外 | | |

人体暴露于危险环境中的频繁程度（$E$），见表 2-2-6。

表 2-2-6 人体暴露于危险环境中的频繁程度（$E$）

| 分数值 | 人体暴露于危险环境中的频繁程度 | 分数值 | 人体暴露于危险环境中的频繁程度 |
|---|---|---|---|
| 10 | 连续暴露 | 2 | 每月一次暴露 |
| 6 | 每天工作时间内暴露 | 1 | 每年几次暴露 |
| 3 | 每周一次或偶然暴露 | 0.5 | 非常罕见地暴露 |

发生事故可能会造成的损失后果 $C$，见表 2-2-7。

表 2-2-7 发生事故可能会造成的损失后果（$C$）

| 分数值 | 发生事故可能会造成的损失后果 | 分数值 | 发生事故可能会造成的损失后果 |
|---|---|---|---|
| 100 | 大灾难，许多人死亡 | 6 | 重大，手足伤残 |
| 40 | 灾难，数人死亡 | 3 | 较大，受伤较重 |
| 15 | 非常严重，一人死亡 | 1 | 较小，轻伤 |
| 7 | 严重，躯干致残 | | |

危险等级划分 $D$，见表 2-2-8。

表 2-2-8 危险等级划分（$D$）

| $D$ 值 | 危险程度 | $D$ 值 | 危险程度 |
|---|---|---|---|
| >320 | 极其危险，停产整改 | 20~70 | 一般危险，需要观察 |
| 160~320 | 高度危险，立即整改 | <20 | 稍有危险，注意防止 |
| 70~160 | 显著危险，及时整改 | | |

为简化评价过程，采取了半定量计值法，给 $L$、$E$、$C$ 三个因素的不同等级分别确定不同的分值，并以三个分值的乘积 $D$ 来评价作业条件危险性大小，即

$$D = LEC$$

$D$ 值大，说明系统危险性大，需要增加安全措施，减少发生事故的可能性，或者降低人体暴露的频繁程度，或者减轻事故损失，直至调整到允许范围。

**3. 概率安全评价法**

概率安全评价法是一种定量安全评价方法。方法是先求出系统发生事故的概率，再结合

对事故后果严重度的估计进一步计算风险，以风险大小确定系统的安全程度，以此衡量系统的危险程度是否超过可接受的安全标准，从而决定是否需要采取相应的安全措施，使其达到社会所公认的安全水平。

定量评价系统安全性的标准是风险（$R$），即单位时间系统可能承受损失的大小，一般由事故发生概率（$P$）和损失严重度（$S$）参数决定。风险可定义为

$$R = PS$$

其中，事故发生概率是单位时间内事故发生的可能性，可用在一定时间或生产周期内事故发生的次数近似表示；损失严重度是指发生一次事故损失的大小，表示发生一起事故所造成的损失数值，包括直接损失和间接损失。可见，风险（$R$）可用单位时间的死亡人数、单位时间的损失工作日数以及单位时间的经济损失价值来表示，即

$$R = PS = \begin{cases} \dfrac{\text{事故次数}}{\text{单位时间}} \times \dfrac{\text{死亡人数}}{\text{事故次数}} = \dfrac{\text{死亡人数}}{\text{单位时间}} \\[2mm] \dfrac{\text{事故次数}}{\text{单位时间}} \times \dfrac{\text{损失工作日数}}{\text{事故次数}} = \dfrac{\text{损失工作日数}}{\text{单位时间}} \\[2mm] \dfrac{\text{事故次数}}{\text{单位时间}} \times \dfrac{\text{经济损失价值}}{\text{事故次数}} = \dfrac{\text{经济损失价值}}{\text{单位时间}} \end{cases}$$

1）以单位时间死亡率进行评价。目前，国际上经常采用单位时间死亡率来进行系统安全性的评价，其原因如下：

① "生命"是最宝贵的，是安全的最根本课题，丧失生命将无法挽回。

② "死亡"的统计数据非常可靠。

③ 根据海因里希理论，系统发生事故的比例基本遵循下列规律：

死亡、重伤∶轻伤∶无伤害 = 1∶29∶300

因此，根据死亡率数据，并对照上述规律可方便地推知死亡、重伤、轻伤以及无伤害的事故发生的风险大小。

2）以单位时间损失工作日数进行评价。为了对负伤（包括死亡）风险进行评价，也可根据统计规律求出各行业负伤风险期望值，即负伤安全指标。负伤有轻重之分，有的经过治疗、休养后能够完全恢复劳动能力，有的重伤后造成残疾或身体失去某种功能，不能完全恢复劳动能力，甚至死亡。为了便于计算，应将受伤、致残、死亡折合成相应损失工作日数。我国《企业职工伤亡事故分类》（GB 6441—1986）给出了各种伤害损失工作日换算值，其常用部分见表2-2-9。

表 2-2-9　损失工作日换算标准

| 人体伤害部位 | | 折算损失日数/天 | 人体伤害部位 | | 折算损失日数/天 |
| --- | --- | --- | --- | --- | --- |
| 死亡或终身残疾 | | 6000 | 手 | 手臂（肘以下） | 3600 |
| 眼 | 双目失明 | 600 | | 单只腕残废 | 3000 |
| | 单目失明 | 1800 | 脚 | 腿（膝以上） | 4500 |
| 耳 | 双耳失听 | 3000 | | 腿（膝以下） | 3600 |
| | 单耳失听 | 600 | | 单只脚残废 | 2400 |
| 手 | 手臂（肘以上） | 4500 | | | |

另外，员工因工受伤严重程度可分为轻伤、重伤、死亡三个等级，按损失工作日数具体

分类：1 天≤轻伤<105 天，105 天≤重伤<6000 天，死亡＝6000 天。

3）以单位时间经济损失价值进行评价。该方法是一种较为全面的系统安全性评价方法，既考虑事故发生可能造成的经济损失，又将人员伤亡损失折合成经济价值，统一计算事故造成的总损失，在计算出系统发生事故概率或频率的情况下，可取得单位时间内的经济损失金额作为风险值，来衡量系统的安全性。

一般情况下，事故的经济损失越大，其允许发生的概率越小；事故的经济损失越小，其允许发生的概率越大。这个允许的范围就是安全范围，两者呈非线性关系，如图 2-2-2 所示。

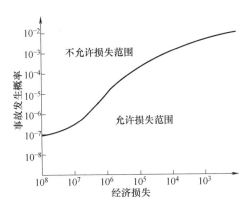

图 2-2-2　经济损失与事故发生概率的关系

若评价结果超出安全范围，须对系统进行调整。对不符合安全要求的风险值的调整，需要采取各种措施，使其降至安全目标值以下，以达到系统安全的目的。

**4. 安全综合评价**

对指标体系的安全综合评价方法，称为多指标安全综合评价法，是把多个被评价对象不同方面且量纲不同的定性和定量指标，转化为无量纲的评价值，并综合这些评价值，以得出一个对该评价对象的整体评价。多指标安全综合评价法具有多指标、多层次特性，能较好地处理大型复杂系统的安全评价问题，因而得到了广泛的应用。

（1）综合评价问题的要素　构成综合评价问题的要素如下：

1）被评价对象。交通安全综合评价对象既可以是铁路系统等某种运输方式，也可以是某种运输方式的子系统，如铁路运输站（段）等。

2）评价指标。各系统的安全状况可用一系列评价指标表示，每个评价指标都从不同的侧面刻画系统的安全状况。

3）权重系数。相对于某种安全评价目的来说，评价指标间的相对重要性是不同的。评价指标间的这种相对重要性的大小，可用权重系数来刻画。当被评价对象及评价指标（值）都给定时，权重系数确定得合理与否，关系到综合评价结果的可信度。

4）综合评价模型。多指标安全综合评价是指通过一定的数学模型（或算法）将多个评价指标值"合成"为一个整体性的安全综合评价值。应根据评价目的及被评价系统的特点来选择较为合适的"合成"方法，即在获得多个系统的安全评价指标值的基础上，尚需选用或构造综合评价函数，求出各被评价对象的安全综合评价值，并将安全综合评价值与既定安全目标值进行比较，确定被评价对象的危险程度，以便采取相应的安全措施。

5）评价者。评价者可以是某个人或某团体。评价目的的给定、评价指标的建立、评价模型的选择、权重系数的确定都与评价者有关。因此，评价者的作用是不可轻视的。

（2）安全综合评价的步骤　安全综合评价的一般步骤包括：

1）明确评价目的。

2）确定被评价对象。

3）建立评价指标体系（包括收集评价指标原始值、评价指标预处理等）。

4）确立与各项评价指标相对应的权重系数。

5）选择或构造综合评价模型。

6）计算各系统（评价对象）的综合评价值并进行排序、分类或比较。

7）根据评价过程得到的信息，进行系统分析和决策。

其中，最为关键的问题是指标体系的建立、指标评价值和权重系数以及评价模型的确定。只有解决好上述问题，才能得到较为切合实际的安全评价结果。

### 三、城市轨道交通运营安全系统评价

**1. 城市轨道交通安全评价内容**

（1）评价主体　城市轨道交通安全评价涉及系统安全工程各方的相互关系、权利和责任。因此，对城市轨道交通系统进行安全评价的评价人员，应同时满足以下条件：

1）评价人员对所评价对象具有丰富的评价经验，这是因为城市轨道交通系统的安全状况和事故的发生是系统内部和某些外部因素综合作用的结果。

2）评价人员应该能够利用自己的专业知识、安全工程经验等，从安全的角度考虑问题，公正地指出城市轨道交通系统中存在的安全问题。

3）评价人员必须从用户角度审查城市轨道交通系统中所存在的安全问题。

（2）评价客体　对于城市轨道交通项目，通常在以下情况进行安全评价：

1）新建线路。从规划到施工的各个阶段都可进行安全评价，而且不仅要评价其本身的安全，还要评价新建线路对既有线网安全性能的影响。

2）既有线路改造。除改造技术措施本身能带来不安全因素外，线路改造还改变了司机熟悉的路况，应采取一定技术措施来减小不利影响。

3）既有线路安全评价。应定期对既有线路安全状况进行调查，沿线勘察并通过事故资料分析，发现线路已存在的事故黑点和可能的不安全区间和车站。

（3）评价内容　评价内容主要包括行车基础设备评价和运营组织评价等方面，见表 2-2-10。

表 2-2-10　城市轨道交通安全评价内容

| 序号 | 评价方向 | 具体内容 |
|---|---|---|
| 1 | 行车基础设备评价 | 1）车辆评价<br>2）线路评价<br>3）供电评价<br>4）通信信号评价<br>5）机电评价<br>6）土建设施系统评价<br>7）行车基础设备评价总结 |

（续）

| 序号 | 评价方向 | 具体内容 |
|---|---|---|
| 2 | 运营组织评价 | 人员评价：<br>1）调度人员评价<br>2）行车值班员评价<br>3）司机评价<br>4）客运服务人员评价<br>5）应急救援人员评价<br>6）设备维修、维护人员评价 |
| | | 客运组织评价：<br>1）对客运组织工作的评价<br>2）对人员疏散措施的评价 |
| | | 行车组织评价：<br>1）正常情况下的列车运行调整（例如，始发站提前或者推迟发车、加速车站作业过程、压缩站停时间、组织列车跳停车站等）<br>2）特殊情况下的列车运行组织（例如，列车自动控制故障时的行车、控制权下放车站办理时的行车、电话闭塞法时的行车、夜间施工时的行车等） |
| 3 | 外界影响评价 | 1）评价乘客对轨道交通系统安全的影响<br>2）评价水、电、气、热等生命线工程对城市轨道交通安全的影响 |
| 4 | 安全管理评价 | 1）城市轨道交通运营公司是否有完善的安全管理组织机构<br>2）城市轨道交通运营企业是否有一套完善的法律法规<br>3）城市轨道交通运营企业是否有一套完善的突发事件处理应急预案，预案是否涉及各部门人员的相互配合和协调，在实际执行中是否存在浪费资源和延误最佳处置时机的可能 |

**2. 城市轨道交通运营安全评价指标**

城市轨道交通运营安全评价指标体系通常由隐患指标、风险指标和事故指标三类构成。

（1）隐患指标　隐患指标又称为过程指标，是指从系统整体出发，进行综合管理评价。它不考虑系统事故发生情况，只考虑系统中人员、设备、环境、管理等诸多因素及各因素间关系所达到的安全程度，从而判断是否满足安全要求，并据此作为衡量系统运营安全的依据。

（2）风险指标　风险指标是对运营系统风险的量化表示，它以事故后果及后果发生的概率作为计算风险值的依据，量化的表示方式需要较高的精确度，且只能预测已发生过或可能遇到的事故类型，难以预测全部风险，其目的是确定各种不同事故风险值的高低，难以揭示系统的安全隐患。

（3）事故指标　事故指标是对事故发生频率及后果制订的安全评价指标，是直接反映系统安全状态和管理效果的重要指标，一般包括事故数量、事故性质及事故损失程度等指标。以事故指标作为评价安全的依据，能够真实、客观地衡量系统的安全状况，还可以通过对事故指标的分析，评价运营系统所存在的安全隐患，进一步揭示系统安全薄弱环节。

**3. 城市轨道交通安全评价标准**

城市轨道交通安全评价标准主要由基础安全评价和事故水平评价两部分组成，如图 2-2-3 所示。

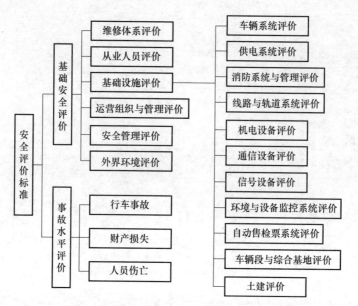

图 2-2-3　城市轨道交通安全评价标准体系

（1）基础安全评价　基础安全评价主要包括以下评价标准：

1）维修体系评价。基础设施因先天的缺陷和使用过程中的磨损、老化而降低可靠性，从而引发事故。因此，通过评价维修制度的建立、维修人员的水平和素质、维修配件的管理，来衡量对城市轨道交通基础设施可靠性的控制程度。

2）从业人员评价。评价列车司机、调度人员、站务人员、设备操作人员和设备检修人员等从业人员的资质、培训和应急能力等。

3）基础设施评价。评价车辆系统、供电系统、消防系统与管理、线路及轨道系统、机电设备、通信设备、信号设备、环境与设备监控系统、自动售检票系统、车辆段与综合基地、土建等各种基础设施的安全状况，其中，包括保证安全运营的技术性能、安全防护措施等。

4）运营组织与管理评价。评价城市轨道交通客运组织的安全状况，其中，包括线路负荷和车站设施负荷的状况、行车调度和客运组织的状况。

5）安全管理评价。安全管理评价指评价城市轨道交通运营企业的安全管理体系，包括安全管理机构与人员、安全生产责任制、安全管理目标、安全生产投入、事故应急救援体系、安全培训教育与安全信息交流、事故隐患管理、安全作业规程、安全检查制度。

6）外界环境评价。主要评价城市轨道交通运营企业对来自外界不良因素的监控和防控能力。

（2）事故水平评价　运营中所发生事故的数量、损失的程度直接反映了该城市轨道交通运营企业的安全状态和管理效果，是该企业安全管理工作效果直接和综合的体现。通过评价事故水平，来衡量运营企业的事故风险控制水平。

【任务实施】

### 案例导入

2008年3月4日，北京地铁东单站由于扶梯故障，发生乘客踩踏事故，造成乘客受轻伤。当日8时26分，在东单站5号线换乘1号线的南侧通道内，水平扶梯突然发出异常声音，引起乘客恐慌，数百名乘客互相拥挤，争相离开自动扶梯，最终导致乘客踩踏事故。此次事故共造成11人受轻伤，站内自动扶梯停止运行近3h。

事故发生后，立即启动应急预案，组织疏散乘客，并临时封闭故障扶梯，提醒乘客通过步行换乘。车站管理人员将受伤乘客暂时安置到车站办公室，同时通知医疗救护人员，并向公安部门报告，请求派民警到现场勘察及维持秩序。随后，抢修人员打开扶梯出口处的地下动力装置进行检修，多名民警对现场进行勘察。经近3h的抢修，该扶梯重新投入使用。

事故处置过程如图2-2-4所示。

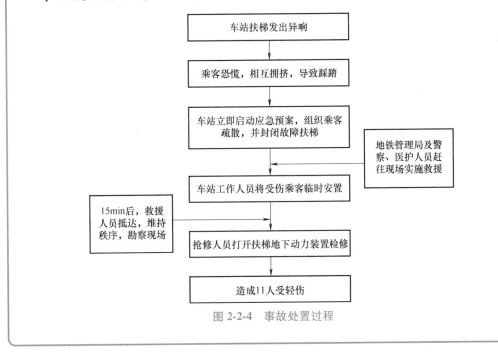

图2-2-4　事故处置过程

### 一、任务目的

为了深刻汲取上述事故教训，加强安全风险管控和隐患排查，A市城市轨道交通企业准备对所属车站组织一次特种设备作业安全大检查工作。你作为A市地铁运营部专员，运营部领导要求你组建一支团队完成部分特种设备作业安全检查表的编制工作，并进一步做好车站特种设备作业安全评价。

### 二、任务内容

编制城市轨道交通安全检查表，并开展安全评价。

## 三、任务步骤

1. 将学生进行分组，4~5 人为一组，小组成员自行查询资料，分析事故原因、教训及启示，并进行记录，见表 2-2-11。

表 2-2-11　个人结果记录表

| 事故原因 | |
| --- | --- |
| 教训及启示 | |

2. 小组成员相互学习，修改或补充组内各个成员的分析结果，总结完善出本组最终讨论结果，并将结果进行记录，见表 2-2-12。

表 2-2-12　小组结果汇总表

| 事故原因 | |
| --- | --- |
| 教训及启示 | |

根据选定的安全检查表内容，团队成员通过调研和查询对选定系统的危险源进行识别。在危险源识别的基础上，根据检查对象有关规范、标准制度和要求，依据安全检查表的编制步骤编制车站特种设备作业安全检查表，并利用安全检查表法对检查对象进行安全评价，见表 2-2-13。

表 2-2-13　安全检查表（示例）

| 序号 | 检查项目 | 检查标准 | 检查结果 | 整改措施 |
| --- | --- | --- | --- | --- |
| 1 | | | | |
| 2 | | | | |
| 3 | | | | |
| …… | | | | |

检查结果采用：□定量评价　□定性评价

评价指标：□十分制　□百分制　□优、良、中、差　□可靠、基本可靠、不可靠

3. 各组成员派代表，以 PPT 形式进行汇报。

## 四、任务评价

开展自评与互评并进行记录，见表 2-2-14。

表 2-2-14　评价表

| 评价项目 | 自评（10 分） | | 互评（10 分） |
| --- | --- | --- | --- |
| 第（　）组 | | | |
| 点评记录 | 优点 | | |
| | 缺点 | | |

## 五、任务总结

_____

_____

_____

### 【学习小结】

1. 安全评价也称为危险性评价或风险评价，是探明系统危险、寻求安全对策的一种方法和技术。它的主要作用建立必要的安全措施前，掌握系统内可能的危险种类、危险程度和危险后果，并进行定量与定性分析，从而提出有效的危险控制措施。

2. 安全评价的方法主要有安全检查表评价法、作业条件危险性评价法、概率安全评价法和安全综合评价等。选用合理的安全评价方法是一项关键性工作，其关系到评价对象的评价结论是否合理、正确和可靠。

3. 城市轨道交通运营安全评价范围主要包括行车基础设备评价、运营组织评价、外界影响评价、安全管理评价等方面。评价指标体系通常由隐患指标、风险指标和事故指标三类指标构成，评价标准体系主要由基础安全评价和事故水平评价两部分组成。

### 【知识巩固】

#### 一、填空题

1. 评价第一类危险源的危险性时，主要考察_____、_____、_____和意外释放的能量或危险物质的影响范围等方面情况。

2. 安全评价的程序主要包括_____、_____、_____和提出降低或控制危险的安全对策措施四个步骤。

3. 安全检查表评价主要有_____、_____、_____和_____四种方法。

4. 对于城市轨道交通项目，通常在_____、_____和_____等情况下需要进行安全评价。

#### 二、选择题

1. 采取危险源控制措施后的危险性评价，可查明危险源控制措施成效是否达到预定要求，其不包括以下哪一方面。（　　）

A. 防止人失误的能力　　　　　　　　B. 对失误后果的控制能力

C. 防止故障传递能力　　　　　　　　D. 能量或危险物质意外释放的强度

2. 安全检查表评价法不适用于以下哪个阶段的安全评价。（　　）

A. 方案设计　　　B. 工程施工　　　C. 日常运营　　　D. 事故调查

3. 在城市轨道交通安全评价的内容中，以下哪一项不属于行车基础设备评价的范围。（　　）

A. 调度人员评价　　B. 线路评价　　　C. 供电评价　　　D. 通信信号评价

4. 以（　　）作为评价安全的依据，能够真实、客观地衡量系统的安全状况。

A. 风险指标　　　　　B. 事故指标　　　　　C. 隐患指标　　　　　D. 过程指标

## 三、简答题

1. 如何进行安全评价方法的选取？
2. 如何利用作业条件危险性评价法进行安全评价？
3. 如何进行安全综合评价？
4. 如何进行构建城市轨道交通安全评价标准体系？

# 项目三

## 城市轨道交通安全技术应用

## 【情境导入】

2022 年 11 月，上海地铁 11 号线上海赛车场至马陆区段接触网突发失电，由于处于早高峰时段，对线路运营和乘客出行造成一定影响。

上海地铁立即预警响应，并组织开展应急处置：一是启动轨道交通蓝色预警，组织抢修力量对故障区段抢修；二是启动行车调整预案，故障区段一列车单线双向运行确保运营不中断，南翔至迪士尼区段列车正常运营；三是对接市交通委启动嘉定北至南翔、安亭至南翔区段地面公交短驳，80 辆接驳车投入运营；四是加强现场客流安全管控，在轨道公安和属地政府、公安部门的大力支持下对受影响站点进行客流疏导，启动"四长联动"；五是在消防和公安部门的通力协作下，对两列区间迫停列车内乘客有序组织疏散；六是通过站车广播、移动电视、官方网站、官方微博等渠道告知乘客故障信息，引导乘客调整出行。此次线接触网故障给不少市民出行造成影响，但处置期间，各项应急措施有效落实，客运组织安全有序，未发生人员受伤情况。

故障发生后，上海地铁进行了"双启动—对接—联动—安全疏散和信息发布"应急处理工作。事后，上海地铁又组织技术力量对故障原因做进一步分析，亡羊补牢、举一反三，并加强相关岗位人员的培训和安全教育。各城市轨道交通运营单位应将"人民至上、生命至上"等党的二十大精神贯彻到运营安全管理工作实践，该典型案例值得借鉴运用。

# 任务一　城市轨道交通行车安全技术应用

## 【任务描述】

行车作业是城市轨道交通系统中一项比较重要的工作，在行车作业中极易发生行车事故。所以，所有参与接发列车作业的人员均应以高度的工作责任感和使命感认真工作。

## 【学习目标】

| 知识目标 | 技能目标 | 素养目标 |
| --- | --- | --- |
| 1. 能掌握列车出段安全管理要求<br>2. 能够掌握列车正线运行安全管理基础知识<br>3. 能正确描述列车站台作业安全流程<br>4. 能熟悉列车入段运行及司机退勤安全管理要求 | 1. 能对列车折返作业安全管理进行区分<br>2. 能正确进行行车站正式运营开放前的安全管理工作<br>3. 能正确进行调车作业的安全管理工作<br>4. 能对典型的列车退行、列车推进运行等案例进行有效分析 | 1. 培养行车组织工作中严谨的工作态度<br>2. 培养岗位工作责任意识 |

## 一、行车安全概述

**1. 行车工作**

通常把列车的运行和组织工作称为行车工作。行车工作是城市轨道交通运营的核心工作，也是最容易产生不安全因素的环节。城市轨道交通运营过程中出现的大部分不安全现象都发生在行车工作中，从某种程度上说，保证行车安全，也就保证了运营的安全。

**2. 行车安全的概念**

行车安全指城市轨道交通列车在运送乘客的过程中对行车人员、行车设备及乘客所产生作用和影响的安全。

**3. 行车安全的意义**

行车安全是城市轨道交通运营安全的核心部分。对于城市轨道交通运营本身而言，行车安全不仅是运营生产的基本要求，而且它的质量指标也是衡量城市轨道交通管理水平的重要环节。由于城市轨道交通行车安全涉及人民生命财产和国家财产的安危，涉及社会稳定和企业的形象，因此，确保行车安全成为城市轨道交通运营安全工作的重中之重。

行车安全工作包括列车运行安全管理、车站安全管理、调车作业安全管理和行车调度安全管理四个方面。

## 二、城市轨道交通列车运行安全管理

按照城市轨道交通列车运行的基本程序和步骤，城市轨道交通列车运行安全管理包括列车出段安全管理、列车正线运行安全管理、列车站台作业安全管理以及列车入段安全管理四个方面。

**1. 列车出段安全管理**

**（1）司机出勤安全要求**

1）纪律方面的安全要求。主要包括：睡眠充足，班前 10h 不得饮酒和含酒精类饮料或服用会影响精神的药品，保证值乘时精神饱满；按时到车辆段派班室或正线换乘室办理出勤手续，防止因迟到慌乱而影响安全；不得携带与工作无关的物品，保证驾驶列车时注意力集中。

2）业务方面的安全要求。主要包括：司机带齐行车物品，主要有工作包（行规、事规、车辆故障处理、信号故障处理、司机手册、车场运作手册等）、荧光衣、手电筒、列车驾驶证、司机手账等备品，按出勤时间提前到派班室或换乘室抄写当日行车指示，做好安全行车预想。抄写完毕，按着装要求穿戴整齐，按出勤时间准点到派班室或换乘室派班员处办理出勤。派班员确认司机精神状态良好，着装符合上岗要求，审核"司机日记"抄写行车指示，传达相关安全注意事项（如车次、列车出场方向、停放股道等），借出行车备品（行车调度手持机、对讲机、钥匙、秒表、运营时刻表）给司机，司机在相应的借用登记本上做好登记，派班员盖章确认交予司机。司机测试对讲机和行车调度手持机功能，与派班员核对秒表时间，确认秒表时间差小于 5s（如果大于 5s 须调校）。领取"客车状态记录卡"，出勤完毕。在正线交接班时，向交班司机了解列车技术状态、行车组织方式、线路状况安全事项、行车调度命令等，对所值乘的列车做到心中有数。

（2）列车整备作业安全　整备作业前须了解电客车停放位置及电客车状态，遇挂有禁动、警示标志时，严禁动车，立即报告车场调度员，待禁动、警示标志撤除后方可进行整备作业。运营电客车、调试电客车、调车电客车在库内动车前需进行整备和试验，确保电客车技术状态良好，如整备过程中发现异常及时报车场调度员，整备电客车时须携带发车端司机室800兆电台、手电筒，电客车未经整备作业严禁动车。检查电客车走行部时，严禁跨越地沟及攀登车顶，严禁侵入黄线及临线车辆限界，不得触摸任何车底设备，如发现异常立即报车场调度员。调动尚未交付电客车时由厂家人员进行车辆激活及功能测试等工作，司机负责电客车驾驶工作。

电客车整备过程中发生故障或不符合运行要求时，司机立即报告车场调度员，并由检修人员负责处理，接近库内发车时间故障仍存在时，司机报车场调度员申请换车出场。列车出库前，司机必须按规定程序对列车进行严格检查和测试，以确保列车技术状态良好。检查中发现有危及行车安全的故障时，禁止投入运营。

司机到达正确股道，核对车底号是否与"客车状态记录卡"相符，并在"客车状态记录卡"的车次号、车底号、股道位置上打"√"，按整备列车作业流程开始整备。

列车通电前，主要检查车体外部和贯通道，这时必须确保高压电及低压电都已切断，并停放施加制动。对列车外部部件的检查内容包括：车体表面是否损坏，客车标志是否完整、清晰；自动车钩、半自动车钩、半永久牵引杆有无明显损坏变形，盖板锁闭是否良好，电缆软管有无脱落，车钩连接处有无异物，各塞门位置是否正确；转向架紧固螺母迟缓线位置是否正确，空气弹簧无破损漏气，高度阀处有无漏气及有无明显的变形，液压减振器有无漏油；制动系统有无漏风，空气弹簧有无破坏漏气，车底箱门是否关好，运行灯、标志灯显示是否齐全，外观有无破损及外部盖板是否关好等。对贯通道的检查内容包括：内外有无异声，有无裂纹和损坏，踏板有无损坏，保险锁和钩盖是否关好等。

司机在车外巡视检查完毕，到司机室唤醒列车，监控列车初始化和自检过程，出现故障报警时，应确认故障部位，根据具体情况进行处理。确认列车两侧、地沟、站台上无作业人员后，升起受电弓检查高压供电是否正常，确认制动系统和门控系统工作正常，打开客室空调，列车准备就绪。

列车被唤醒并处于施加停放制动状态，沿车体内部检查司机室与客室。

对列车外部和内部检查完毕后，司机还需要进行全面测试。

某地铁运营公司电客车整备作业流程及时间标准：作业前的准备（5min）、车体检查（5min）、走行部检查（包括两侧走行部和出场端的紧急制动试验10min）、非出场端司机室静动态检查（6min）、客室检查（3min）、出场端司机室静动态检查（6min）。

严格按照列车整备作业流程和标准，采用目视、手动、耳听的方式，做好列车整备和试验，确保电客车在投入服务前技术状态良好；发现客车故障或不符合运行技术要求时，司机应立即向车场调度员报告并按照《列车故障处理指南》进行处理，直至检修人员到位后交其处理或按车场调度员的指示执行；如发现下列电客车故障之一者，立即汇报车场调度员，并严禁出库（特殊情况在不影响行车安全和乘客服务的情况下，由检修调度员决定是否出库，并在"客车状态记录卡"上注明故障情况并视情况安排人员跟车）：

1）受电弓（集电靴）、高速断路器等高压设备故障，致使电客车无 DC1500 V 电源。

2）VVVF 牵引系统故障。

3）制动系统故障。

4）车门故障。

5）列车诊断系统故障。

6）空气压缩机、SIV 辅助系统故障。

7）其他影响列车运行的故障。

**（3）列车出段运行安全** 司机收到车场调度员发车指令后，应认真确认信号显示、道岔位置、进路侵限情况，发现异常及时停车并报告车场调度员，待现场安全后凭车场调度员指令动车，严禁擅自动车。

电客车整备作业完毕后司机在发车端司机室待令，原则上不得离开司机室，保持主控钥匙激活，方向手柄向前，主控手柄常用制动位；出场电客车整备作业完毕后保持空调、照明处于开启状态并按规定进行设置。

电客车在车场运行中发生故障时，司机应及时报告车场调度员，并按《故障处理指南》进行处理，如超出故障处理范围或无法处理时，司机应向车场调度员说明情况。如车场调度员要求电客车带故障出场，司机应在转换轨处报行车调度员。

列车自动监控系统（ATS）确认的计划列车检查测试完毕，确认状态合格后，按规定时刻出库。运营时间内组织非计划列车出段时，行车调度员要利用运营间隙，不得影响正线列车运行。

列车启动前，司机确认调车信号开放、车库大门开放、平交道口无人员及车辆穿行。

列车在无码区运行时，司机应严格控制速度，加强瞭望，注意调车信号显示、道岔位置、物品或人员侵入限界等情况，发现危及行车安全的情况时立即停车。

列车运行到转换轨处一度停车，行车调度员使其进入系统，由行车调度员或司机人工设置车次号和目的地，人工排列进路，列车自动接收目的地及车次号。司机与行车调度员进行通信测试，核对车次号。到规定时刻后，ATS 系统开放信号，司机确认防护信号机开放，驾驶列车继续运行。列车出场运行至转换轨停车位置时，司机确认在规定位置未完成信号升级时及时报告行车调度员。

设有车载 ATP（列车自动保护系统）的列车待显示屏收到速度码后，采用规定的驾驶模式，凭车载信号进入车站。无车载 ATP 的列车凭地面信号的显示进入车站。

**2. 列车正线运行安全管理**

**（1）正常情况下列车正线运行安全**

1）行车组织原则。运营期间，组织 CBTC（基于通信的列车控制系统）列车行车时，正线信号机灭灯（无显示），列车凭车载推荐速度行车；组织 ITC 列车行车时，列车按地面信号机的信号显示及列车车载推荐速度行车；采用区段进路行车法组织 URM 列车行车时，列车凭地面信号机的信号显示行车；采用电话闭塞法组织行车时，列车凭调度命令或路票行车；采用电话联系法组织行车时，列车凭调度命令或车站人员发车信号行车。

司机在车站凭运营时刻表或 DTI 显示和紧急制动速度释放（CBTC 情况下，可以在列车停稳开门前确认，否则需与车站联系确认前方进路已开通）或进路防护信号开放（指 ITC 或区段进路行车情况下）或调度命令/路票（电话闭塞法情况下）关安全门/车门动车。当安全门联动接入轨旁后，非 CBTC 列车在车站打开安全门后，出站信号机将显示红灯，直到安全门完全关好才能开放，司机关门前与车站做好联控（开安全门前信号已开放，不用与车站联控直接关门）。关好安全门/车门后，发现出站信号机仍显示红灯时报行车调度员/车站重新开放信号，司机凭地面信号动车。

2）驾驶模式及列车运行速度规定。运营期间，正常情况下客车采用 SM/ATO 模式驾驶，司机改变驾驶模式时须行车调度员授权方可进行，列车运行速度严格按《行车组织规则》的规定及推荐速度执行。遇下雨天、雾天或其他恶劣天气时，司机须报行车调度员，按《气象及自然灾害专项应急预案》规定速度控制好列车运行，避免客车空转、滑行或冲出停车标志。

3）司机驾驶列车运行要求。

① 司机严格遵守《行车组织规则》中相关规定操纵列车，根据运营时刻表掌握各站停车时间、开车时间、折返时间。

② 在正线及出/入场线的运行速度按《行车组织规则》执行，严格遵循线路允许和运营限制速度驾驶列车，各区间限速牌前按规定要求降速，严禁超速。

③ 司机要注意观察列车显示屏信息、各指示灯和仪表显示，平稳操纵，准确对标。

④ 非正常情况下需退行时，听从行车调度员指挥，换端后与行车调度员认真确认、核对退行方向、停车线路及其他安全注意事项，确保行车安全。

⑤ 列车运行中，司机坚持不间断瞭望前方进路状态，发现线路故障及其他轨旁设备损坏，须采取安全措施（如降速通过或停车确认）并报告行车调度员，或发现有障碍物侵限危及行车安全时，及时采取紧急停车措施（主控手柄拉到快速制动位、拍紧急停车按钮，必要时施加停放制动），并报告行车调度员。

⑥ 列车由于各种原因（包括列车超速、车载数据丢失、无线通信中断等）导致触发紧急制动时，司机必须立即把主控手柄拉到快速制动位停车，若知道紧急制动原因或在列车进站过程中紧急制动需要降级为 RM 时，司机确认安全后可以先动车或对标停车后再报行车调度员；否则待列车停下后报行车调度员，经同意后再动车。

⑦ 列车在区间发生故障时，司机应尽可能维持进站处理。遇故障列车需维持运行至终点站时，司机必须时刻确认列车运行状态，防止列车故障进一步扩大。

⑧ 司机必须严格按照当时规定的驾驶模式运行，严禁擅自改变驾驶模式。若特殊情况需要改变时，必须报行车调度员经同意后才能操作。

4）正线 URM 驾驶注意事项。

① 严格确认有 URM 监控资格的人员上车，按照有关规定操纵列车、开关安全门和车门，做好人工广播报站，严禁盲目赶点。

② 熟练掌握线路纵断面情况及各种线路标志、限速要求行车，严禁超速驾驶。

③ 列车通过道岔、信号机时，司机必须适当降低速度认真确认其开放、位置正确后再按规定速度运行；在信号较难确认的车站、区间，司机应提前降低速度，直至能清楚确认信号显示状态后再按规定的速度运行，确保采取紧停措施后可以使列车在瞭望距离内停稳。

④ 动车前必须明确有关行车组织，严格按照行车凭证或行车调度员命令的要求行车，认真确认信号、进路、道岔。必须每两个区间与行车调度员确认一次进路情况及前方列车的位置。

⑤ 运行时要集中精力，加强瞭望，注意列车状态（包括司机台各种指示灯、气压表、显示屏等），确认线路状况。发现异常或遇到危及人身安全或行车安全时，要立即采取紧急停车措施。遇设备故障或其他非正常情况下，要沉着、冷静果断处理，尽快恢复列车的运作。

⑥ 对标停车后，严格执行"一确认、二呼唤，跨半步、再开门"的开/关门作业程序，

严禁简化开/关门作业程序。严格执行与车控室联控确认进路准备好后再关车门的制度。

⑦ 列车在车站对标停稳，司机必须将主控手柄拉到制动位，并确认司机台上的气制动施加指示红灯亮后，按规定才能打开站台侧的车门，开门后"立岗"站在站台与列车之间处。在发生列车前溜、后溜情况时按压副台上的"停放制动施加"按钮停车。

（2）列车推进运行安全 在开展列车救援、调车作业等工作时，经常需要采取列车推进运行；在列车头端司机室出现故障时，可在列车尾端驾驶列车推进运行。列车推进运行时必须遵守以下规定：

1）列车推进运行必须得到行车调度员的命令准许。

2）必须有引导员在列车前端司机室引导，无人引导时，禁止推进运行。引导员负责瞭望，并与司机保持不间断的联系。司机应根据引导员的指令操纵列车，根据需要减速或停车。

3）当难以辨认信号时，禁止列车推进运行。

4）单列车推进运行时限速 10km/h，列车连挂推进运行时限速 30km/h。

5）在 30‰ 及以上的下坡道推进运行时，禁止在该坡道上进行停车作业，并注意列车运行安全。

（3）列车退行安全 列车退行是指列车在区间因自然灾害、线路故障、坡停等原因不能继续向前运行而退回原发车站，或列车部分或全部车厢越过站台需退回站台内办理乘降作业。列车退行办理作业后可能会继续运行，也可能会另行安排。

当列车在区间因前方车站或列车火灾、自然灾害、线路故障、坡停等原因无法继续前进，须退行作业时，行车调度员应在确保退行列车运行进路空闲的前提下，安排列车退行至指定地点；当列车在站台停车时，列车部分或全部车厢越出站台需退回办理乘降作业时，行车调度员应在组织做好站台秩序的情况下，指挥列车退行。

（4）列车反方向运行安全 各城市轨道交通系统在《行车组织规则》中对双线区段线路均规定了上、下行列车的运行方向，对应规定了上、下行线。正常情况下上行方向列车在上行线运行，下行方向列车在下行线运行，即双线正方向运行。根据需要，当上行方向列车在下行线运行或下行方向列车在上行线运行时，称为双线反方向运行。

当正方向区间的线路封锁施工、发生自然灾害或因事故中断行车等特殊情况下，可组织反方向运行；设备故障、发生事故或其他原因打乱了列车运行秩序，造成上下行列车不均衡，一个方向列车密度大，另一个方向列车密度小时，也可以采用列车反方向运行的方法进行调整。

**3. 列车站台作业安全管理**

**（1）基本原则**

1）车载信号系统投入使用后，列车只有在 CBTC 级别下，才能实现车门与安全门的联动功能。在非 CBTC 级别下，车门与安全门不能联动，均需人工在 PSL 盘上操作开关安全门。此时，需要安排安全门操作员或车站工作人员协助司机操作安全门。

2）开关车门作业时，必须做到先确认再呼唤应答，密切配合、监督、协同动作，确保安全、正确操作相应门控设备开门，避免错开车门。

3）列车采用非 CBTC 模式下关门时，协助司机操作安全门的工作人员站立在 PSL 盘旁监视安全门关闭状况和站台乘客情况，司机站在司机室与站台观察控车门关闭状态和空隙安全情况，发现异常及时处理。

4）安全门与信号系统实现联动后，非 CBTC 列车在车站对标停稳后，出现安全门故障或安全门打开时，原已开放绿灯的出站信号机会立即变红灯，只有安全门完全关闭或操作互锁解除后该信号才能开放。

5）非 CBTC 列车在安全门与信号系统实现联动的，打开安全门前确认出站信号机已开放，关门时不用与车站联控，确认时刻表到点及乘客上下车完毕后关门。

6）列车进站停稳开门前，如司机发现前方进路未开通，司机关门前与行车调度员或车站做好联控，确认前方进路开通后，按规定程序关车门、安全门，并凭信号动车。

7）如果安全门出现故障不能排除，通知车站工作人员操作 PSL 盘上"安全门互锁解除"开关及开放出站信号机。

8）客车司机室门打不开时，司机通知站台岗配合，站台岗打开安全门，司机在司机室内打开车门，司机与站台岗之间执行联控用语。

（2）列车采用 CBTC 模式时，正常情况下安全门与车门联动情况　正常情况下客车"DMS"开关置于"AM"位时，载客列车以 ATO 模式正常进站对标停稳（停车位 ±0.3m 以内），车门及安全门自动打开。

当客车"DMS"开关置于"MM"位时，列车以 ATO 模式正常进站对标停稳（停车位 ±0.3m 以内），车门及安全门不能自动打开，需要司机按压列车"开门"按钮，对应的车门及安全门可以联动打开。

当列车以 SM 模式（无论客车"DMS"开关置于"AM"或是"MM"位）正常进站对标停稳（停车位 ±0.3m 以内），车门及安全门不能自动打开，需要司机按压列车"开门"按钮，对应的车门及安全门可以联动打开。

按压开、关门按钮时，必须确认按压到位并超过 2s 以上。

安全门联动后，正常情况司机按压开门/关门按钮后，车门、安全门会联动打开/关闭。通过 PSL 盘可单独开/关安全门，而车门不受影响。

司机按压列车"强行开门"按钮，再按"开门"按钮，安全门不能联动打开，需要人工操作 PSL 盘打开安全门。

列车 ATO 对标不准超过 ±0.3m 时（车门、安全门打开后，车门边缘不在安全门开启范围内），司机出站后要将情况报行车调度员。

**4. 列车入段安全管理**

（1）列车入段运行　运营结束后，列车 ATS 系统确认的计划列车入段时，由系统自动控制列车，车场调度员预先办理入场进路，确认列车目的地号，监督列车回库。非计划列车入段时，行车调度员应通知车场调度员预先办理入场进路，人工排列回库进路，司机确认信号后按收到的速度码回库。

准备入段的列车司机通过广播通知全部乘客下车，确认车内无滞留乘客后关好车门。以规定的驾驶模式至转换轨处一度停车，联系车场调度员，确认进路和停车股道，凭开放的调车信号进入车辆段。列车运行至停车库前和平交道口处一度停车，确认车库大门开放，无异物侵入限界后，以低速运行至规定停车位置停车。

列车入库停稳后，司机检查列车备品齐全良好，施加停放制动，将列车各系统退出工作状态后，取下主控制器钥匙，携带有关备品及值乘期间的各种记录下车，锁好司机室门，巡视列车一周，确认列车无异常后，办理退勤手续。

（2）列车司机退勤安全要求　列车司机的退勤地点有车辆段和车站两种。

1）正线退勤规定。司机在换乘室与接班司机对口交接班完毕后，到正线派班室；填写好"司机报单"，向派班员汇报当班的运营情况，并归还行车备品；派班员确认备品齐全、状态良好，再与司机确认清楚下一个班的出勤时间和地点，在"司机日记"上盖章确认后，司机退勤。

2）车辆段退勤规定。列车回场停稳后，到车场派班室处填写"司机报单"，向派班员汇报当班的运营情况，并归还行车备品，对号码签名；派班员确认归还的备品齐全、状态良好，再与司机确认清楚下一个班的出勤时间和地点，在"司机日记"盖章确认后，司机退勤。

### 三、城市轨道交通车站作业安全管理

城市轨道交通车站作业是指在行车调度员的统一调配下，协助司机及其他人员开展的行车组织工作。城市轨道交通车站作业安全管理是指车站管理者按照安全生产管理的客观规律，对影响车站安全的人员、设备和环境等因素有计划地组织、指挥、协调和控制，安全、快捷地组织乘客，尽量避免和减少车站事故的发生，有效避免由事故造成的人和物的损失。城市轨道交通车站作业安全管理的内容涉及范围很广。

**1. 车站正式运营开放前的安全管理**

城市轨道交通车站在运营开放前应做好相关准备工作，保证在首班列车到达前一定时间内开放，各车站的开放时间随首班列车到达时间的不同而不同。

（1）列车运营信息的核对　运营开始前，车站有关站务人员，要认真查看控制中心发布的运营信息，与行车调度员核对列车运行计划，进行时钟校核。

（2）车站线路的检查　检查人员应携带应急照明灯、拾物钳、无线手持电台和相关钥匙等实地巡视车站；查阅有关记录，确认区间与车站范围内施工完毕、线路出清；确认线路空闲、无异物侵入限界、隧道顶部无渗漏水及轨道无积水。

（3）票务安全准备工作　运营开始前车站准备好车票、发票和备用金等，对自动售检票设备进行清洁、维护及测试，确保干净整洁、运行良好。车站仅设一名值班员时，票务准备工作应在行车准备工作之前完成。

（4）客运服务安全检查　巡视车站出入口、进站通道、站厅和站台，确认没有影响乘客安全的隐患。检查站台，尤其注意头尾端墙附近，确认所有工具均已撤离车站公共区域，没有存放或遗留影响行车的物品。

发现有积水、结冰和障碍物等现象时，立即清理。当在运营开始前无法清理完毕时，采取隔离、引导等防护措施。检查向乘客发布的临时通告，保证内容正确，摆放完毕。

（5）设备设施的检查测试

1）安全门状态的检查测试。确认安全门锁闭状态良好，车控室和安全门监控亭的控制盘指示正常；测试就地控制盘，整侧安全门能正常开启和关闭，PSL指示灯显示正确，安全门的门头指示灯显示正确。

2）信号设备的检查测试。确认信号控制权的归属，中央控制时，将控制权转为中央控制。确认联锁终端操作设备各种显示正常、状态良好、能正确执行各种指令。对道岔进行定反位测试，确认转换正常、显示正确。进行排列进路测试，确认进路显示正确。

3）车站其他行车设备设施的检查测试。检查接触网状态，目视接触网连接正常，无脱落、断线现象，无影响运营安全的异物；检查低压供电系统运作，确认车站照明及各种设备

的供电正常；检查环控系统状态，确认冷水机组和风机运转正常，监控系统无报警显示；检查行车备品齐全完好，数量足够，功能正常；测试车站广播系统正常，与邻站、行车调度员和站务人员测试通信良好。

（6）运营设备的开启　开启自动售检票系统设备（包括自动售票机、闸机和自动检票机等），确认显示正确。开启站厅、站台照明，确认 LED 灯显示正确，无故障灯具。开启电梯，确认自动扶梯无异响，运行方向正确，确认垂直电梯升降正常。开启车站出入口卷帘门及消防通道卷帘门，确认卷帘门完全打开、出入口无障碍物。当光线较弱，影响乘客通行时，开启出入口照明。开启乘客信息系统，确认显示正常、内容正确。车站开放后，向乘客广播候车注意事项。

**2. 车站接发列车作业安全管理**

车站接发列车作业是城市轨道交通行车工作中最重要的环节之一，接发列车的作业安全直接关系到城市轨道交通的行车安全。因此，所有参与接发列车的作业人员，均应以高度的工作责任感，认真履行岗位职责，严格执行规章规范，保证接发列车作业安全。

（1）车站接发列车作业安全基础知识　车站在进行接发列车作业时，列车车次、列车运行方向及列车运行指挥都是接发列车安全的重要条件。

1）列车车次具有区别列车种类、作业性质及运行方向等重要信息，与行车安全密切相关。接发列车作业中，列车车次的误听、误传、误抄、误填往往是造成行车事故的直接原因。为此，进行接发列车作业时，列车车次必须传准听清，复诵无误，防止误听、误传；抄写或填记行车记录簿、命令及行车凭证时，要认真核对，防止误抄、误填。车次不清楚时，必须立即询问，严禁臆测行车。

2）列车运行方向也是保证接发列车及行车安全的重要条件之一。尤其是一端有两个及以上列车运行方向的车站更需引起注意，在办理列车闭塞及下达接发列车进路命令等作业事项时，均应冠临站方向或线路名称，以防止列车开错方向。

3）行车工作必须坚持"高度集中、统一指挥、逐级负责"的原则。为安全、顺利地组织列车运行，列车运行的指挥工作必须做到正确指挥和服从指挥。在日常行车工作中，行车调度员错发、漏发调度命令，盲目指挥列车运行，车站值班员错发、漏发列车命令，盲目指挥及错误操作控制台等，往往都是造成列车事故的重要原因。因此，在指挥列车运行时，行车调度员在发布命令之前，应详细了解现场情况并听取有关人员的意见，以便正确下达指挥列车运行的调度命令和口头指示；车站值班员在指挥及办理接发列车时，须认真遵守有关行车规章要求，严格执行接发列车作业规定，正确下达接发列车的有关命令，确保列车运行安全。

（2）车站接发列车作业安全要求　做好客流引导，维持站台乘车秩序；防止乘客抢上抢下，避免夹人、夹物；接发列车时，站在楼扶梯口接发列车；出现异常情况时，立即采取紧急措施；利用行车间隔巡视站台乘客候车情况、设备设施状态。

## 四、行车调度安全管理

城市轨道交通系统是一个大联动系统，具有高度集中、各个工作环节紧密联系和协同动作的特点。城市轨道交通行车组织工作实行"行车调度-列车司机"二级管理模式，车站行车值班员辅助行车工作。其中，行车组织工作由行车调度员统一指挥，列车运行由列车司机负责，车站的行车工作由车站行车值班员负责，车辆段的行车工作由车场调度/信号楼值班员与运转室值班员共同负责。

在整个行车组织工作中，整体调度工作由行车调度控制指挥中心（OCC）实施，实行高度集中统一指挥，以便于各个环节紧密配合、协调工作。行车调度安全是整个行车安全的核心，若管理不当，势必会影响行车安全。

**1. 行车调度工作的任务**

1）检查各站执行列车运行图的情况，及时发布有关调度命令和口头指示。

2）严格按列车运行图组织行车，遇列车偏离运行图时，应积极采取措施，尽快恢复正点运行。

3）随时掌握客流变化，及时调整列车运行。

4）合理组织各种施工作业。

5）正确执行各种报表。

6）及时、正确地处理临时发生的问题。

**2. 行车调度的岗位职责**

1）负责组织列车运行图的实施，遇列车偏离运行图时，及时调整列车运行，尽快恢复正点运行。

2）随时掌握客流变化，及时调整列车运行间隔。

3）监视列车在车站到发、区间运行情况及设备运转状态。

4）及时、妥善地处置运营线路上发生的突发事件。

5）及时发布有关行车命令及各种控制命令。

6）做好与其他运营线间的工作联系。

7）正确填写各种报表。

8）负责安排施工列车的开行及施工命令的下达工作。

9）及时向有关部门反馈信息。

**3. 行车调度安全工作的要求**

保证行车安全是城市轨道交通行车调度的主要职责，行车调度基本要求如下：

1）遵守"安全第一、预防为主、以人为本"的原则。

2）严格执行各岗位职责，严禁串岗。城市轨道交通行车调度工作设有调度总指挥员、高级调度管理员、行车调度员、电力调度员等岗位。各岗位之间需严格执行各自岗位的职责，严禁串岗执行他人或他岗的职责，防止出现多级领导下达命令的状况，保证调度指挥的安全性和权威性。

3）加强人员技术业务水平。调度人员要重视技术业务的训练和提高，加强业务学习，掌握扎实的调度工作技术，熟知运营全过程和行车有关各部门的分工及协作，掌握处理行车意外情况和行车事故的方法，在实践中不断锻炼，增长自身的能力和才干。

4）科学发布调度命令。调度命令是调度员在行车工作中对有关行车人员发出的指示或指令，其正确、有效与否直接影响行车安全。具体要求如下：

① 调度命令只能由当班行车调度员发布。

② 调度命令内容应简明扼要，术语标准，不得任意简化。

③ 调度命令须直接发布给命令执行人。若无法直接发布时，应以书面命令形式转交。

④ 发布调度命令时，须指定受令人员中一人复诵，并认真核对受令人员的复诵内容，发现错误及时更正。

⑤ 行车调度员发布调度命令，须使用调度电话。若调度电话发生故障，须使用带有录音功能的电话。

### 案例导入

某地铁公司整备作业程序如下：

1）到达停车股道，核对车号、股道正确。

2）报信号楼"××车××道×段整备作业"，得到信号楼回复后，按照《电客车司机手册》相关规定对列车进行静、动检试验。

3）静检重点对列车上开关位置、车下设备、箱盖等进行检查。在第一次到出场端时确认A段隔离开关状态，并手指口呼（若列车停在B段，则第一次到非出场端时确认B段隔离开关状态，并手指口呼）。

4）静检完毕后，在非出场端进行动检试验，将列车上电控制激活，蓄电池电压范围在78~110V为正常，待列车所有显示屏启动正常有升弓允许图标显示后，投入主控钥匙，确认列车两侧无人、无障碍物侵限鸣笛，按压升弓按钮。通过HMI确认双弓升起，网压显示正常。投入SIV，确认有380V/50Hz电流输出，投入客室照明、空气压缩机。将空调温度调至26℃自动状态，将ATP使能旁路S1~S19打至"合"位、门模式打至M/M位、门选项打至左/右进行开门试验（车门试验后将S1~S19打至"分"位、门模式打至A/M位）。按规定进行牵引、制动试验。

5）非出场端试验完毕后，在出场端进行一样的动检试验。将方孔钥匙与安全门钥匙放置于裤兜内随身携带，列车运行中将400兆电台轻放置于HMI屏下方。

6）点动试验后与信号楼联控校对车载台时间。"信号楼，××车××道×段整备作业完毕，现在×点×分×秒、×秒、×秒"，秒钟核对3~5s（时间偏差10s以上须记录在运用客车状态表进行交接）。

7）确认库门固定良好、不侵限，平交道安全，信号楼复诵后将车探头压上平交道待发（若列车停在B段，则确认A段空闲，确认地面信号白灯与信号楼联控后动车至A段停稳报信号楼）。

### 一、任务目的

阅读上述整备作业程序，根据知识储备，梳理列车检查内容及要求。

### 二、任务内容

掌握列车整备作业程序及检查标准。

### 三、任务步骤

1. 将学生进行分组，4~5人为一组，小组成员自行查询资料，梳理列车检查内容及要求，并进行记录。

2. 小组成员相互学习，修改或补充组内各个成员的分析结果，总结完善出本组最终讨论结果，并将结果进行记录，见表 3-1-1 和表 3-1-2。

表 3-1-1 车体外观及走行部检查标准

| 序号 | 主要检查项目 | 内容及要求 |
|---|---|---|
| 1 | 车体外观 | |
| 2 | 头灯、尾灯 | |
| 3 | 半自动车钩 | |
| 4 | 走行部 | |
| 5 | 蓄电池箱、牵引逆变器箱、辅助逆变器箱、制动电阻箱等设备箱 | |
| 6 | 风缸（包括主风缸、副风缸） | |
| 7 | 空气压缩机 | |
| 8 | 折棚 | |

表 3-1-2 司机室检查标准

| 序号 | 主要检查项目 | 内容及要求 |
|---|---|---|
| 1 | 司机控制器（方向手柄、主控手柄、警惕按钮） | |
| 2 | 客车车载无线电、广播系统 | |
| 3 | 显示屏 | |
| 4 | 司机室门及通道门 | |
| 5 | 各种仪表、指示灯、开关 | |
| 6 | 前窗玻璃 | |
| 7 | 司机室灭火器 | |
| 8 | 司机座椅 | |

3. 各组成员派代表，以 PPT 形式进行汇报。

## 四、任务评价

开展自评与互评并进行记录，见表 3-1-3。

表 3-1-3 评价表

| 评价项目 | 自评（10分） | 互评（10分） |
|---|---|---|
| 第（  ）组 | | |
| 点评记录 | 优点 | |
| | 缺点 | |

## 五、任务总结

_____

_____

_____

### 【学习小结】

1. 行车工作是城市轨道交通运营系统的核心工作，也是最容易产生不安全因素的环节。相关工作人员应掌握城市轨道交通列车运行安全管理的四个方面，并熟悉各个方面的安全管理事项。

2. 城市轨道交通车站作业是指在行车调度员的统一调配下，协助司机及其他人员开展的行车组织工作。学生应熟悉掌握车站各岗位人员的作业内容、车站正式运营开放前的安全管理、车站接发列车作业安全管理。

3. 在整个行车组织工作中，整体调度工作由行车调度控制指挥中心（OCC）实施，实行高度集中统一指挥，以便于各个环节紧密配合、协调工作。行车调度安全是整个行车安全的核心，若管理不当，势必会影响行车安全。应了解行车调度工作的任务和行车调度安全工作的要求。

4. 能正确完成列车整备作业的安全管理内容。

### 【知识巩固】

#### 一、填空题

1. 城市轨道交通行车安全是建立在_____和执行_____的基本要求与原则的基础上的。

2. 列车司机的退勤地点有_____和_____两种。

3. 行车工作必须坚持"_____、_____、_____"的原则。

4. 城市轨道交通列车的行车时间以运营控制中心的授时系统发布的为准，从零时起计算，实行_____制。

5. 按照城市轨道交通列车运营的基本程序和步骤，城市轨道交通列车运行安全包括_____、_____、_____以及_____四个方面。

#### 二、判断题

1. 行车工作是城市轨道交通运营系统的核心工作，也是最容易产生不安全因素的环节。（　　）

2. 运营结束后，列车 ATS 系统确认的计划列车入段时，由系统自动控制列车，车辆段信号楼值班员预先办理入场进路，人工排列回库进路，确认列车目的地号，监督列车回库。（　　）

3. 列车在无码区运行时，司机应严格控制速度，加强瞭望，注意调车信号显示、道岔位

置、物品或人员侵入限界等情况，发现危及行车安全的情况时立即报告行车调度员。（　　）

4. 调车作业计划是信号员、调车组等调车作业相关人员的统一行动计划。（　　）

5. 列车出库前，司机必须按规定程序对列车进行严格检查和测试，以确保列车技术状态良好。检查中发现有危及行车安全的故障时，禁止投入运营。（　　）

### 三、简答题

1. 请简述车站接发列车作业安全要求。
2. 请简述城市轨道交通列车出段安全管理。
3. 车站正式运营开放前的安全管理包括哪些内容？

## 任务二　城市轨道交通消防安全技术应用

### 【任务描述】

在日常生产生活中，消防安全是一项极为重要的工作内容，应该正确掌握哪些基本的防火、灭火及自救逃生常识呢？在城市轨道交通系统内，运用了哪些消防安全技术与设施设备？若系统发生火灾，又应如何开展应急处置？

### 【学习目标】

| 知识目标 | 技能目标 | 素养目标 |
| --- | --- | --- |
| 1. 能概括防火和灭火的基础知识<br>2. 能归纳城市轨道交通系统的火灾特点与危险因素<br>3. 能列举城市轨道交通系统消防安全原则 | 1. 能正确操作城市轨道交通系统消防设备、设施<br>2. 能独立运用城市轨道交通火灾报警系统<br>3. 能够根据实际情况，正确处理城市轨道交通车站火灾与列车火灾 | 1. 树立严谨的岗位安全责任意识<br>2. 培养科学的安全应急处理能力 |

### 【知识准备】

#### 一、防火与灭火

**1. 防火基础知识**

（1）燃烧　燃烧是可燃物与助燃物（氧化剂）之间发生的一种剧烈的、发光、放热的化学反应。燃烧发生的必要条件是必须同时具备可燃物、助燃物与点火源，即燃烧的三要素（简称为"火三角"），见表 3-2-1。

表 3-2-1 燃烧的条件

| 要素 | 概念 | 物质 |
|---|---|---|
| 可燃物 | 能与空气中的氧气或者其他氧化剂发生燃烧反应的物质 | 如木材、天然气、石油等 |
| 助燃物 | 能与可燃物质发生燃烧反应的物质 | 如空气中的氧气、含氧化合物等 |
| 点火源 | 又称为着火源，具有一定能量，凡是能够引起可燃物燃烧的热能源 | 如明火、电火花、摩擦火花等 |

按照其形成条件和瞬间发生的特点，燃烧一般可分为闪燃、着火、自燃和爆炸四种类型，见表 3-2-2。

表 3-2-2 燃烧的类型

| 类型 | 概念 |
|---|---|
| 闪燃 | 可燃物质遇火能产生一闪即灭的燃烧现象 |
| 着火 | 可燃物质在空气中与点火源接触，在达到燃点后开始出现有火焰的燃烧，并在点火源移除后仍能继续燃烧的现象 |
| 自燃 | 可燃物质在没有外部点火源的作用下，因受热或自身发热积热不散引起的燃烧现象 |
| 爆炸 | 在极短时间内，由于物质急剧氧化或分解反应产生温度、压力或两者同时增加的现象，可分为物理爆炸、化学爆炸和核爆炸 |

（2）火灾　火灾是指火势失去控制导致蔓延而形成的一种灾害性燃烧现象，它通常会造成生命和财产的损失。按照火灾可燃物的类别分类，火灾一般可分为六种类型，见表 3-2-3。

表 3-2-3 火灾的分类

| 火灾分类 | 类别划分 | 可燃物种类 |
|---|---|---|
| A 类火灾 | 有机固体火灾，由有机固体可燃物燃烧的火灾 | 如木材、棉麻、纸张等 |
| B 类火灾 | 液体或可熔化固体火灾，由液体或可熔化固体可燃物燃烧的火灾 | 如汽油、煤油、柴油、沥青、石蜡等 |
| C 类火灾 | 气体火灾，由可燃气体燃烧的火灾 | 如煤气、氢气、甲烷、天然气等 |
| D 类火灾 | 金属火灾，由可燃金属燃烧的火灾 | 如钾、钠、镁、钛、锆、锂、铝镁合金等 |
| E 类火灾 | 电气火灾，由带电物体燃烧的火灾 | 如发电机房、变压器室、配电间、电气设备等 |
| F 类火灾 | 烹饪火灾，由烹饪器具内的烹饪物燃烧的火灾 | 如动植物油脂等 |

（3）防火　在火灾防治中，若能阻断"火三角"中的任一要素，即可防止燃烧条件的形成，燃烧都不会发生和维持，因此防火的基本方法一般可归纳为四种类型，即控制可燃物、隔绝助燃物、消除点火源与阻止火势蔓延。防火的基本方法见表 3-2-4。

表 3-2-4 防火的基本方法

| 方法 | 原理 | 措施 |
|------|------|------|
| 控制可燃物 | 破坏燃烧基础 | 1）限制可燃物储运量<br>2）用难燃或阻燃材料代替可燃材料<br>3）通过加强通风来降低可燃气体或粉尘在空间内的浓度<br>4）及时清除撒漏地面的易燃、可燃物质 |
| 隔绝助燃物 | 破坏助燃条件 | 1）对储运爆炸危险物品的容器、设备等充入惰性气体<br>2）密闭储运有可燃介质的容器、设备 |
| 消除点火源 | 破坏燃烧激发能源 | 1）可能发生火灾、爆炸的场所严禁烟火<br>2）经常润滑机械轴承，防止摩擦生热<br>3）安装避雷、接地装置，防止雷击、静电<br>4）在铁制工具外套上胶皮 |
| 阻止火势蔓延 | 不形成新的燃烧条件 | 1）建筑物间设置足够的防火距离，构筑防火墙等<br>2）在气体管道上安装阻火器、安全水封等 |

**2. 灭火基础知识**

（1）**灭火的基本方法** 灭火的基本方法一般可分为窒息灭火法、冷却灭火法、抑制灭火法与隔离灭火法四种类型。

1）窒息灭火法。窒息灭火法的原理是隔绝氧气，通过阻止空气流入燃烧区域，或用不可燃烧物质稀释空气中氧的质量分数低于14%，使燃烧得不到足够助燃物而停止。窒息灭火法的主要施救措施包括利用沙土、水泥、湿麻袋、湿棉被等覆盖燃烧物；喷洒雾状水、干粉、泡沫等灭火剂覆盖燃烧物；使用水蒸气、氮气、二氧化碳等惰性气体灌注发生火灾的容器、设备；密闭起火建筑、设备和孔洞。

2）冷却灭火法。冷却灭火法是将灭火剂直接喷射在燃烧物上，使燃烧物的温度降低到着火点以下，从而使燃烧停止；或者是将灭火剂喷洒在火源附近的物体上，使其不因火焰热辐射作用而形成新的火点。冷却灭火法是扑救火灾最常用的方法之一，其主要施救措施是将水或其他灭火剂直接喷洒在燃烧物上，属于物理性灭火法。

3）抑制灭火法。抑制灭火法是将化学灭火剂喷射到燃烧区，使之参与燃烧的化学反应，使燃烧中产生的游离基消失，形成稳定分子或低活性游离基，从而使燃烧停止。抑制灭火法的主要施救措施是采用干粉或卤代烷型灭火剂直接喷洒在燃烧物上，属于化学性灭火法。

4）隔离灭火法。隔离灭火法是将正在燃烧的物质与其周围的未燃烧可燃物进行隔离或转移，使燃烧因缺少可燃物而停止。隔离灭火法的主要施救措施包括把火源附近的可燃物质转移至安全区域；关闭可燃气体、液体管道的阀门；设法阻拦流散的可燃物质；拆除与火源相邻的可燃物质，形成防止火势蔓延的空间地带。

（2）**灭火方法的选择** 针对不同火灾类型的特点，在灭火剂与灭火方法的选择上也会有所差异，一旦选择不当将会造成严重的危害。灭火基本方法的选择见表3-2-5。

表 3-2-5 灭火基本方法的选择

| 火灾类型 | 基本措施 | 灭火剂 |
|----------|----------|--------|
| A类火灾<br>（固体物质火灾） | 一般可采用冷却灭火法，但对于忌水物质（如图书、档案、布料等）应尽量减少水渍造成的损失，选用二氧化碳、干粉等灭火剂灭火 | 选用水、泡沫、磷酸铵盐干粉、卤代烷型、六氟丙烷型灭火剂 |

（续）

| 火灾类型 | 基本措施 | 灭火剂 |
|---|---|---|
| B类火灾<br>（液体或可熔化<br>固体火灾） | 应立即切断可燃液体来源，使用大剂量的干粉、泡沫等灭火剂将液体物质火灾扑灭 | 选用干粉、泡沫、二氧化碳、卤代烷型灭火剂 |
| C类火灾<br>（气体火灾） | 可燃气体燃烧速度快，极易爆炸，应立即关闭可燃气体阀门，使用干粉等灭火剂迅速扑灭 | 选用二氧化碳、干粉、卤代烷型灭火剂 |
| D类火灾<br>（金属火灾） | 金属燃烧温度极高，水及其他普通灭火剂在高温下均会因分解失去作用，应选用特殊灭火剂 | 选用粉状石墨灭火剂、专用干粉灭火器，也可用干沙、干石粉及水泥等覆盖灭火 |
| E类火灾<br>（电气火灾） | 应首先切断电源，若是公共场所照明设备，应尽量在人员撤离后切断电源；对于精密仪器、贵重电气设备，应选用二氧化碳灭火剂 | 选用干粉、二氧化碳、卤代烷、六氟丙烷型灭火剂 |
| F类火灾<br>（烹饪火灾） | 切忌用水进行灭火，应直接用锅盖或灭火毯盖灭 | 选用锅盖或灭火毯盖灭 |

使用手提式灭火器灭火时，在距燃烧物5m左右的位置放下灭火器，拔出保险销，一只手握住喇叭筒根部的手柄，另一只手握紧启闭阀的压把，在距火焰2m处用力压下压把，喷管左右摆动覆盖整个燃烧区。若可燃液体呈流淌状燃烧，应将灭火剂的喷流由进而远向火焰喷射。若可燃液体在容器内燃烧，应将喇叭筒提起，从容器的一侧上部向燃烧的容器中喷射，但不可直接冲击可燃液面，以避免可燃液体冲出容器而扩大火势。若在室外使用，应选择在上风向喷射。手提式灭火器，如图3-2-1所示。

使用推车式灭火器灭火时，一般由两人进行操作，将灭火器拉至距燃烧物10m处，一人迅速取下喷枪，打开软管，并双手紧握喷枪对准燃烧物。另一个人迅速去除封铅拔出保险销，并向上扳起手柄，进行灭火。灭火完毕后，将手柄压下，关闭主体开关，最后将喷枪阀门关闭。收起软管时，注意不要打结。若在室外使用，应选择在上风向喷射。推车式灭火器，如图3-2-2所示。

图3-2-1　手提式灭火器

图3-2-2　推车式灭火器

## 二、城市轨道交通消防安全基础

### 1. 城市轨道交通火灾特点

（1）疏散难度大　相较于地面交通系统，城市轨道交通地下线路与高架线路的垂直高度大、逃生距离长，并且乘客安全逃生的途径较为单一。发生突发事件时，乘客需要通过楼梯及通道，甚至是检票闸机等障碍物，由地下或地上空间逃生到地面，既耗时又费力，对城市轨道交通火灾疏散工作造成了一定的困难。

（2）烟雾危害大　由于城市轨道交通系统内部空间相对封闭，发生火灾后空气中的氧气被大量消耗且难以得到补充，使空气含氧量急剧下降，可导致局部区域缺氧的情况出现。同时，火灾中有机高分子装饰材料等物质的燃烧容易产生有毒气体，加大疏散人群窒息的可能性，而且燃烧过程中所产生的烟雾还会大大地降低可见度，让疏散工作变得难上加难。

（3）救援难度大　城市轨道交通系统发生火灾易产生浓烟、热气浪以及有毒气体，造成救援人员无法迅速准确地确定起火点或受困人员位置，往往会延长扑救时间，增加喷水损失。另外，扑救隧道火灾时，可使用的灭火剂种类比地面建筑少，如卤代烷、二氧化碳等灭火剂一般不宜大量使用；救援人员所携带的普通无线电对讲机或不能正常工作，联络相对困难。

（4）社会影响大　由于城市轨道交通系统客流量大且人员密集，在发生突发事件的情况下，在安全允许的时间内，很难迅速、有序地组织好全部人员的疏散工作。而且地下空间一旦发生火灾，照明条件差，毒气烟雾大，对人群有效逃离火场形成了重重阻碍，极易造成群死群伤的情况，并且火灾会造成严重的经济损失，社会影响极为严重。

**2. 城市轨道交通消防安全危害因素**

（1）人员行为不当引发火灾　城市轨道交通系统内工作人员在生产过程中违章操作、用火不慎；乘客携带易燃、易爆危险品乘车，在车厢或车站内吸烟、人为纵火等都可能引发城市轨道交通火灾事故。

（2）电路、电气设备故障引发火灾　城市轨道交通系统内电路、电气设备高度密集，在运行中易发生短路、超负荷、过热等故障是导致城市轨道交通火灾事故的重要因素。另外，电气设施的绝缘破损、老化、不安全的安装，以及机械碰撞、摩擦引起的火花等情况都有可能引燃易燃物质而造成火灾。

（3）环境中的不稳定因素引发火灾　在城市轨道交通系统中，如煤堆、废油布等堆积引起的自燃等，可导致火灾的发生。在自然界中，雷击具有强大的破坏力，其产生的高温和高热也可以引起火灾爆炸。另外，与城市轨道交通合建或其周边建筑物失火后，蔓延至系统内也会引发火灾。

（4）管理疏漏引发火灾　若城市轨道交通运营单位未制定严格的管理制度，或未严格执行相关的管理制度，也可导致系统在运行过程中形成众多的安全隐患。如消防设施设置不当、缺乏足够的消防设备等，都会造成火灾或影响正常灭火。

**3. 城市轨道交通消防安全原则**

城市轨道交通的消防安全管理应在当地政府的统一组织协调下，建立由公安、消防等政府相关部门与运营单位及供电、通信、供水和医疗等单位密切协作、运转高效、分工明确的报警接警、监控和抢险救援机制。

城市轨道交通运营单位应制定安全管理责任制度，按照国家现行有关消防法律、法规与规章落实消防安全责任制。国家有关部门和单位应根据标准对城市轨道交通中使用的设施、设备的设计、制造、安装与使用制定相关的安全管理办法和技术要求。应结合本单位实际情况制定单位及各部门的灭火和应急疏散预案，定期组织演练，提高先期应急处置能力。应当遵守有关消防法规，贯彻"预防为主、防消结合"的消防工作方针，正确处理好运营与安全的关系，建立科学的消防设施管理体制，保证轨道交通的安全运营。

城市轨道交通应按照现行有关消防法规和技术规范的要求配置消防设施、器材，并在工程设计中积极采用先进的防火、灭火技术，选用先进可靠的防火灭火设施、器材。应依据现行有关消防法规和技术规范设置防火灾、水淹、风灾、冰雪、地震、雷击和停车事故等防灾设施，并以防控火灾的消防设施、器材为主。

城市轨道交通的消防安全管理工作和消防监督工作应符合并遵循国家现行的其他有关法律法规的规定。

### 三、城市轨道交通消防设备设施

#### 1. 灭火器

根据内部所充装的灭火剂不同，灭火器一般可分为水基型灭火器、泡沫灭火器、干粉灭火器、卤代烷型灭火器和二氧化碳灭火器五种类型。

（1）水基型灭火器　水基型灭火器内部充装的灭火剂由碳氢表面活性剂、氟碳表面活性剂、阻燃剂和助燃剂组成，可渗透可燃物内部或在燃烧物表面形成水膜，使可燃物与空气隔绝。水基型灭火器适用于扑救固体或非水溶性液体的初起火灾，其中，水基型水雾灭火器还可扑救电气火灾，具有操作方便、灭火效率高、使用时不需倒置、有效期长、抗复燃、双重灭火、环保等优点。

（2）泡沫灭火器　泡沫灭火器能够喷射出大量的二氧化碳及泡沫黏附在可燃物上，使可燃物与空气隔绝，以达到灭火的目的。泡沫灭火器适用于扑救 A 类火灾和 B 类火灾，但不可扑救水溶性可燃液体（如醇、酯、醚、酮等）火灾和 E 类火灾。灭火时产生的无毒、无味、无粉尘残留物不会对环境造成次生污染，喷射出的水雾能见度高，可降低火场烟气含量和毒性，利于人员疏散和消防灭火。

（3）干粉灭火器　干粉灭火器是充装有磷酸铵盐等干粉灭火剂的灭火器。干粉是干燥且易于流动的微细固体粉末，通过其中无机盐挥发性的分解物，与燃烧物燃烧所产生的自由基或活性基团发生化学抑制和负催化作用，使燃烧反应中断；同时，落在燃烧物表面后在高温作用下形成一层玻璃状覆盖层，从而隔绝空气，另外，还有部分稀释氧气和冷却的作用。干粉灭火器适用于扑救普通火灾，还可扑救石油、有机溶剂等可燃液体、气体和电气设备的初期火灾，而扑救金属火灾时则需使用专用干粉化学灭火剂。

（4）卤代烷型灭火器　1211 灭火器曾是我国生产和使用最广的一种卤代烷型灭火剂，1211 是二氟一氯一溴甲烷（$CF_2ClBr$）的代号，利用筒内氮气压力将 1211 灭火剂喷出灭火，适用于扑救可燃液体、气体、金属及带电设备的初起火灾。1211 灭火器具有灭火效率高、毒性和腐蚀性小、久储不变质、灭火后不留痕迹、不污染被保护物、绝缘性能好等优点。

（5）二氧化碳灭火器　二氧化碳灭火器是利用所充装的液态二氧化碳喷出灭火的灭火器，价格低廉，获取、制备容易，其主要依靠窒息作用和部分冷却作用灭火。二氧化碳灭火器可以用来扑灭图书、档案、贵重设备、精密仪器、600V 以下电气设备及油类的初起火灾，也适用于扑救 B 类火灾、C 类火灾与 E 类火灾。

#### 2. 消火栓

消火栓是一种固定式消防设施，具有从消防给水管网取水的功能，一般由消防箱、消防水带、水枪、接扣、栓和卡子组合而成。在城市轨道交通系统中，消火栓给水贯穿整条线路，其灭火范围为车站本身及其两端 1/2 的区间，并考虑到前后两站增压泵事故情况下向邻站增压送水的需求。为保证供水安全，消防管在车站内连通成环状，站厅层水平成环，站台层纵向成环，每条区间隧道设置一根消防管，由车站环状管网上接出，并在区间中部连通，连通管处设手动电动阀门。由于区间的埋设深度往往较深，在出口压力大于 0.5MPa 的消火栓处应采取减压措施。轨道交通车站站台消火栓如图 3-2-3 所示。

**3. 自动喷水灭火系统**

自动喷水灭火系统由洒水喷头、报警阀组、水流报警装置和管道等组成，并能在发生火灾时喷水的自动灭火系统，一般设置在城市轨道交通地下车站的站厅、站台层公共区、长距离出入口通道等部位。自动喷水灭火系统具有很高的灭火、控火率，能够及时扑灭初起火灾，降低火场温度，并具有报警功能。自动喷水灭火系统喷头如图 3-2-4 所示。

图 3-2-3 轨道交通车站站台消火栓

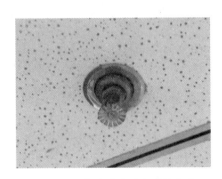
图 3-2-4 自动喷水灭火系统喷头

**4. 气体灭火系统**

自动气体灭火系统布置在城市轨道交通系统重要的设备用房，如高低压室、通信设备室、环控电控室和信号设备室等，能够实现火灾信号采集、系统信息处理、声光报警控制、信息报告、相关环控设备联动控制和气体释放全过程自动控制。气体灭火系统的控制方式一般有自动控制、电气式手动控制和机械操作控制三种。全自动气体灭火系统部分设备如图 3-2-5 和图 3-2-6 所示。

图 3-2-5 气体灭火系统控制器

图 3-2-6 气体灭火系统警告灯

**5. 火灾自动报警系统**

（1）系统的组成 火灾自动报警系统（Fire Alarm System，FAS）一般由火灾报警控制器、火灾探测器和火灾联动控制装置组成，也可根据工程要求与各种灭火设施和通信装置联动，形成中心控制系统。正常情况下，火灾自动报警系统通过监视终端设备，提供城市轨道交通系统内的火灾报警信息以及消防系统设备的监控和管理功能，其系统工作原理图如图 3-2-7 所示。

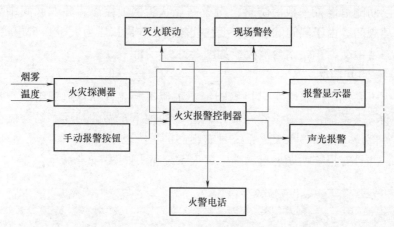

图 3-2-7　火灾自动报警系统的工作原理图

1）火灾报警控制器。火灾报警控制器是火灾自动报警系统的重要组成部分，是系统运行的指挥中心，主要担负着整个系统的监控、报警、控制、显示、信息记录与档案储存等功能，如图 3-2-8 所示。

火灾报警控制器在正常运行条件下，若有火灾发生时，监控探测器及系统自身将接收、转换、处理火灾探测器输出的报警信号，并进行声光报警，而后通过自动灭火控制装置启动自动灭火设备与消防联动控制设备。

2）火灾探测器。火灾探测器是将火灾发生后的温度和烟雾等信息转换成电信号，向火灾报警控制器发送信号报警的一种自动火灾探测装置。一般情况下，火灾探测器可分为感温、感烟、感光、感气、线形和复合式等类型。感温火灾探测器如图 3-2-9 所示。

图 3-2-8　火灾报警控制器

3）手动报警按钮。手动报警按钮如图 3-2-10 所示，分布在公共活动场所墙壁上与消火栓箱内，为红色方形盒体。当发生火灾时，直接按下手动报警按钮面板上的玻璃，即可向火灾报警系统报警。

图 3-2-9　感温火灾探测器

图 3-2-10　手动报警按钮

（2）系统的运行模式　火灾自动报警系统采用中心级和车站级二级监控管理方式，系统的主要监控管理功能设置于车站级，而区间火灾模式的控制权设置于中心级。火灾自动报警系统运行模式，如图 3-2-11 所示。

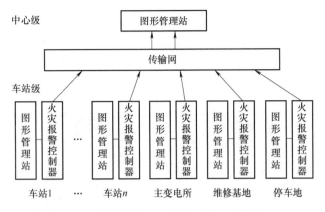

图 3-2-11　火灾自动报警系统运行模式

## 四、城市轨道交通火灾自动报警系统的使用与管理

### 1. 城市轨道交通系统的使用管理

城市轨道交通火灾自动报警系统的使用者是控制中心防灾调度员和车站行车值班员，通过系统对管辖范围内的消防设备进行监视。在使用系统时，应严格按照火灾自动报警系统相关管理与操作规定进行，以防止误操作。在进行交接班时，应对火灾自动报警系统进行认真交接，并通过系统对管辖范围内消防设备的运行状态进行交接。值守期间，应输入用户名及口令字登录火灾自动报警系统；离开调度台时，应退出系统登录。任何人不得无故退出火灾自动报警系统，不得对系统软件设置进行更改。

火灾报警控制器显示/键盘，如图 3-2-12 所示。

当设备离线或设备返讯异常持续 2min 或断续累计 5min 两次及以上、控制中心监视终端无法正常工作时、控制中心监视终端显示的信息与现场设备状态不符、控制中心下达区间火灾模式不成功的情况时，当值防灾调度员应通知维护人员对火灾自动报警系统进行检查，并通知行车值班员加强监视。

### 2. 城市轨道交通系统的运行管理

火灾自动报警系统应 24h 投入运行，遇到设备故障应及时报修，并尽快恢复系统运行。在系统正常运行状态下，严禁擅自改变火灾自动报警系统设

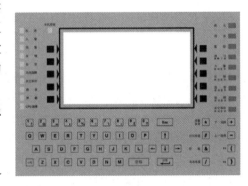

图 3-2-12　火灾报警控制器显示/键盘

备的控制方式和工作模式，不得擅自对报警点进行屏蔽操作或更改系统设置。遇探测器频繁误报警或故障报警暂时无法处理时，行车值班员负责向当值调度员申请屏蔽，经同意后方可进行。屏蔽操作后，行车值班员应通知相关单位对火灾隐患重点部位加强巡视。车站级火灾自动报警系统的报警功能、打印功能及其音响设备应始终处于开启状态。任何人不得随意动用消防广播系统，不得利用火灾自动报警系统工作站进行其他的工作。

正常情况下，火灾自动报警系统通过监视终端设备，为防灾调度员和行车值班员提供火灾报警信息及消防系统设备的监控、管理功能。当列车在地下区间发生火灾，防灾调度员应通过工作站向火灾区间相邻车站下达控制指令，相关车站执行救灾模式，启动相应救灾设备。中心级向车站级下达的控制模式指令具有优先权。当车站发生火灾报警，经现场确认发生火灾时，行车值班员应先对火灾区域进行先期处置，车站火灾自动报警系统控制防救灾设备进入救灾模式运行，并将情况上报当值调度员。当车站发生火灾时，根据火灾发生区域，车站独立启动火灾联动控制模式。火灾自动报警系统监视终端，如图 3-2-13 所示。

图 3-2-13　火灾自动报警系统监视终端

### 3. 城市轨道交通系统事故与应急处理

（1）基本处置原则　在发生事故时应尽快查明事故原因，限制事故发展，消除事故根源，解除由事故引发的潜在威胁，确保人身和设备的安全。在正常运营期间，若遇有系统、设备、火灾等危及人身安全和设备安全的情况，行车值班员应及时按照有关规定先行处置，在处理后或处理告一段落时应及时报告防灾调度员。

在事故发生过程中，对信息的采集应以车站行车值班员报告为准，结合控制中心事件记录、报警表和设备状态等反馈信息，进行事故的核实、判断、处理和报告。

行车值班员发现故障报警时，应核实并报告防灾调度员，并通知维修人员。巡检人员发现车站设备故障时，应通报行车值班员，并由行车值班员报告防灾调度员。行车值班员向防灾调度员报告的故障内容，应做到及时准确，对于一时难以判断清楚的故障，除先报告现场情况外，还应不断了解随时确认、随时报告。若发现报告内容有误时，应立即予以更正。当确认发生火灾或系统设备故障影响安全运营时，当值调度员应及时报告上级领导，并说明故障情况、影响范围或可能造成的影响。当确认发生火灾、火灾报警主机故障、系统故障造成无法监视设备的情况发生时，应立即报告。

（2）系统事故处理　当火灾自动报警系统设备因故障进行检修时，应将相关联动设备置于非联动状态，设备的"自动/手动"转换开关置于"手动"位，以免造成误动，扩大事故范围。

当火灾自动报警系统中央级设备因故障不能监控而各车站系统正常时，防灾调度员应立即将故障情况通报全线车站，命令行车值班员加强对本站火灾自动报警系统进行监控，组织人员对火灾自动报警系统进行抢修，并在故障修复前加强了解全线车站火灾自动报警系统的运行情况。故障期间若发生火灾，防灾调度员立即发令车站执行相应火灾模式。

当车站发生火灾自动报警系统切非情况时，行车值班员应立即根据自动化报警进行判断并到现场确认。视情况进行先期处置，并通知维护人员进行处理，了解造成系统切非的原因后将原因及处理过程报告当值调度员。

（3）火灾事故处理  当火灾自动报警系统发出火灾报警时，行车值班员应立即携带灭火器和手持电话到现场进行火情确认。若现场确有火灾发生，应立即按相关规定进行处理，并报告防灾调度员。若现场未发生火灾，应进行报警确认，并报告防灾调度员。若为系统设备故障，应通知维修人员进行维修。

当车站发生火灾时，火灾自动报警系统的运行状态由现场指挥人决定，行车值班员进行操作，并报告防灾调度员。只有在地下区间列车发生火灾或车站消防水系统需邻站支援时，由防灾调度员启动模式或发布命令。

当车站公共区与附属房间发生火灾事故时，行车值班员根据车站级火灾报警系统报警信息，经现场火灾确认后，独立执行车站火灾运行模式，并将情况上报控制中心及有关部门，防灾调度员监视设备运行。

当列车在区间隧道内发生火灾时，列车司机应按照列车车头、车尾火灾具体位置，组织人员进行紧急疏散，疏散时应统一疏散方向，及时报告控制中心防灾调度员。防灾调度员应根据列车司机的要求配合现场启动相应区间火灾运行模式。若中心启动火灾模式失效，则向火灾区间相邻车站行车值班员下达区间火灾模式指令，车站行车值班员启动相应区间火灾模式，进行区间排烟。当区间排烟完毕并接到现场申请，防灾调度员下达火灾模式停止指令，相应车站行车值班员按指令停止排烟系统运行。

## 五、城市轨道交通火灾处置

### 1. 车站火灾处置

车站相关工作人员必须对车站内部设施和结构布局进行观察，熟悉疏散线路、疏散集合地点与安全出口位置，必要时应按照疏散线路指引乘客迅速、有序撤离车站，车站工作人员能迅速到达预设的疏散集合地点。

若发生火灾报警，车站派相关人员携带无线通信设备前往现场。在证实火灾发生后，应立即报告 119 火警、110 报警中心和控制中心防灾调度员，并根据实际情况报告 120 急救中心。警告并指引乘客与其他人员撤离火灾现场，并在保证自身安全的前提下对火灾进行积极扑救。

紧急情况开展疏散时，应立即停止服务，关闭售票机和充值机，安全处理票款，并通过车站广播等形式通知乘客疏散原因、疏散路线、车票处理等，打开所有闸机提升疏散速度，引导乘客按照预定疏散线路从紧急安全出口撤出车站。引导疏散时，应指导乘客用随身携带的手帕或衣角捂住口鼻，有条件时可用水将其浸湿，采用低姿势撤离，以避免吸入有毒烟雾。若现场视线不清时，应手摸墙壁有序撤离。若乘客身上着火，可就地打滚或用厚重的衣服压灭火苗，同时，对于特殊乘客群体应积极给予帮助。关闭车站除紧急安全出口外的其他出入口，做好车站关闭宣传工作。

消防人员到达后，车站相关工作人员应向其汇报火灾的准确位置、电源切断情况、火灾现场是否有人被困等信息与其他需要关注的情况，并引领消防队员进入现场灭火，积极配合救援工作的开展。

控制中心行车调度员应严禁组织列车进入发生火情的车站。在确定车站火灾完全扑灭且烟雾消散后，车站工作人员应进入车站清理现场，维修人员对设施设备进行检查与维修。待安全隐患彻底消除后，重新开放车站，组织列车运行，恢复正常运营。

**2. 列车火灾处置**

在两节车厢的连接处，均有一处乘客紧急报警按钮（图3-2-14），乘客遇到突发情况可以随时按动该按钮，与列车司机取得联系。在接到火情报告后，列车司机应详细询问起火位置、起火原因、火势及烟雾大小、人员伤亡与设备损毁情况，并立即向控制中心行车调度员报告上述火灾情况、列车车次与所处位置。同时，安抚乘客情绪，指导乘客根据车厢内所贴有的灭火器标记（图3-2-15）获得灭火器进行灭火自救。

图 3-2-14　乘客紧急报警按钮

图 3-2-15　车厢贴有灭火器标记

若发生火灾的列车处于区间，列车司机应尽量将列车驶入前方车站，以便于利用站台疏散乘客，并使用车站消防设施进行灭火。若发生火灾的列车无法驶入前方车站，列车司机应在报告行车调度员后，将列车停在区间，并根据起火位置、烟雾扩散方向等通过车内广播安排乘客从车头或车尾处的应急疏散门依次疏散，下车后迅速前往车站。

紧急情况开展疏散时，应指导乘客用随身携带的手帕或衣角捂住口鼻，有条件时可用水将其浸湿，采用低姿势撤离，以防吸入有毒烟雾。若现场视线不清时，应手摸墙壁有序撤离。若乘客身上着火，可就地打滚或用厚重的衣服压灭火苗。同时，应特别注意特殊乘客群体，以避免造成不必要的伤害。

车站接到列车疏散的命令后，打开安全门，派工作人员携带无线通信设备及防护用品前往事发区间协助乘客撤离列车。在保证自身安全的前提下协助火灾扑救，并启动通风系统排出烟雾。

控制中心行车调度员确定列车发生火灾后，应及时报告119火警、110报警中心和控制中心防灾调度员，并根据实际情况报告120急救中心。应立即组织后续列车及邻线列车驶入就近车站停车，避免驶入发生火情的车站或区间。列车火灾彻底扑灭后，组织开行救援列车，将发生火灾的列车连挂运行至车辆段或停车场。维修人员对线路上的设施设备进行检查与维修，待安全隐患彻底消除后，清理轨道，组织列车运行，恢复正常运营。

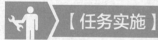

**【任务实施】**

🔍 案例导入

1995年10月28日18时许，一列5辆编组、载有约1500名乘客的地铁列车在刚驶离阿塞拜疆巴库地铁阿尔达斯站200m后，第四节车厢尾部因电气设备故障起火，并产生大量烟雾和有毒气体，列车司机发现事故后紧急停车于隧道中。列车停车时，第一、二、三节车厢还未有烟雾，第四节车厢火势还没有蔓延，乘客开始撤离。不久后出现明火，车厢内照明全部熄灭，由于车内设施多由易燃化学合成材料制成，火势迅速扩大并向第五节车厢蔓延。列车两端紧急出口只能通过人工方式开启，但拥挤的人群抵住了车门，乘客不得不击碎车窗逃生，但随之浓烟也很快进入车厢。因烟雾缘故隧道内能见度极低，乘客秩序混乱并发生踩踏。列车内设施燃烧产生的大量有毒气体造成了许多乘客窒息死亡。由于火灾事故发生在隧道中，致使救援工作和乘客逃生极其困难，大火燃烧了超过10h，直至次日清晨才被完全扑灭，火灾最终造成558人死亡，269人受伤。

事故发生后，巴库地铁管理局立即组织开展救援工作，处置过程如图3-2-16所示。

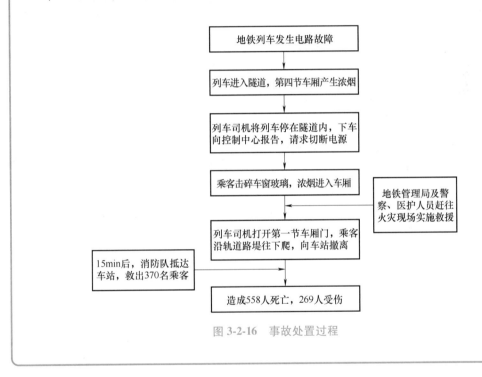

图3-2-16　事故处置过程

## 一、任务目的

阅读上述火灾事件的基本情况与处置过程，根据知识储备，分析讨论造成事故的原因，并探讨总结此次事故的教训及启示。

## 二、任务内容

城市轨道交通火灾事故的教训与启示。

## 三、任务步骤

1. 将学生进行分组，4~5人为一组，小组成员自行查询资料，分析此次火灾事故原因、教训及启示，并进行记录，见表3-2-6。

表 3-2-6　个人结果记录表

| 事故原因 | |
|---|---|
| 教训及启示 | |

2. 小组成员进行相互指导，修改或补充组内各个成员的分析结果，总结完善出本组最终讨论结果，并将结果进行记录，见表 3-2-7。

表 3-2-7　小组结果汇总表

| 事故原因 | |
|---|---|
| 教训及启示 | |

3. 各组成员派代表，以 PPT 形式进行汇报。

## 四、任务评价

开展自评与互评并进行记录，见表 3-2-8。

表 3-2-8　评价表

| 评价项目 | 自评（10分） | 互评（10分） |
|---|---|---|
| 第（　）组 | | |
| 点评记录 | 优点 | |
| | 缺点 | |

## 五、任务总结

_____

_____

_____

## 【学习小结】

1. 燃烧是可燃物与助燃物之间发生的一种剧烈的、发光、放热的化学反应。燃烧发生的必要条件是必须同时具备可燃物、助燃物与点火源。火灾则是指火势失去控制导致蔓延而形成的一种灾害性燃烧现象。

2. 城市轨道交通火灾具有疏散难度大、烟雾危害大、救援难度大和社会影响大等特点，城市轨道交通消防安全危害因素主要包括人员行为不当、电气设备设施故障、环境不稳定因素和管理疏漏等。

3. 城市轨道交通消防设备设施主要包括灭火器、消火栓、自动喷水灭火系统、气体灭火系统和火灾自动报警系统等。火灾自动报警系统通过监视终端设备，提供城市轨道交通系统火灾报警信息与消防系统设备的监控和管理功能。

📝 【知识巩固】 ▶▶▶

一、填空题

1. 燃烧发生的必要条件是必须同时具备_____、_____和_____。
2. 灭火的基本方法一般可分为_____、_____、_____和隔离灭火法四种。
3. 根据内部所充装的灭火剂分类，灭火器一般可分为水基型灭火器、泡沫灭火器、_____、_____和_____五种类型。
4. 火灾自动报警系统采用_____和_____二级监控管理方式。

二、选择题

1. 由液体或可熔化固体可燃物燃烧引发的火灾是（　　）。
A. A 类火灾　　　　B. B 类火灾　　　　C. C 类火灾　　　　D. D 类火灾
2. （　　）的基本原理是将灭火剂直接喷射在燃烧物上，使燃烧物的温度降低到着火点以下，从而使燃烧停止。
A. 抑制灭火法　　B. 隔离灭火法　　C. 冷却灭火法　　D. 窒息灭火法
3. （　　）最适宜用来扑灭图书、档案、贵重设备、精密仪器、600V 以下电气设备及油类的初起火灾。
A. 水基型灭火器　　　　　　　　　　B. 泡沫灭火器
C. 二氧化碳灭火器　　　　　　　　　D. 干粉灭火器
4. 以下哪种防火基本方法属于控制可燃物。（　　）
A. 通过加强通风来降低可燃气体或粉尘在空间内的浓度
B. 对储运爆炸危险物品的容器、设备等充入惰性气体
C. 建筑物间设置足够的防火距离，构筑防火墙等
D. 可能发生火灾、爆炸的场所严禁烟火

三、简答题

1. 如何进行火灾自动报警系统的火灾事故处置？
2. 如何进行城市轨道交通车站火灾处置？
3. 如何进行城市轨道交通列车火灾处置？

## 任务三　城市轨道交通电气安全技术应用

⚙ 【任务描述】 ▶▶▶

通过对本任务的学习，要求掌握城市轨道交通电气作业、触电事故防护技术、雷电安全防护技术、静电防护措施以及高压电气安全知识及技能。

【学习目标】

| 知识目标 | 技能目标 | 素养目标 |
|---|---|---|
| 1. 熟悉电气安全的基本知识<br>2. 掌握触电事故种类及电流对人体的伤害相关知识<br>3. 掌握雷电危害及安全防护技术相关知识 | 1. 能对触电种类进行辨别<br>2. 能辨别电气设备对人体的伤害 | 1. 具备安全用电常识<br>2. 树立规范操作和忧患意识 |

【知识准备】

## 一、电气安全的基本知识

**1. 电气安全常识**

1）不得私拉、乱拉电线，不得私用电炉。

2）不得超负荷用电，不得随意加大熔断器的熔体规格或以铜丝或钢丝代替原有的铝锡金熔丝。

3）装拆电线和电气设备应由电工进行操作，避免发生短路和触电事故。

4）不能在电线上晾晒衣物，以防电线绝缘破损，漏电伤人。

5）不得在架空线路和室外变配电装置附近放风筝，以免造成短路或接地故障。

6）不得用鸟枪或弹弓打停在电线上的鸟，以免击毁电路绝缘子。

7）不得攀登电线杆和变配电装置的构架。

8）移动电器一般应采用带保护接地（PE）的插座。

9）所有可触及的设备外露可导电部分必须接地，或接中性线（PEN线）或保护线（PE线）。

10）当电线断落在地上时，不可走近，不能用手去捡。对落地的高压线，禁止人员进入距离落地点 8~10m 的范围；如果此时已有人在 8~10m 内，不要跨步奔走，应单足或并足跳离危险区，以防跨步电压触电，遇此断线接地故障，应划定禁止通行区，派人看守，并及时通知电工或供电部门前往处理。

11）在打扫卫生、擦拭设备时，严禁用水冲洗，或用湿抹布擦拭电气设施，以防发生短路和触电事故。

12）如遇有人触电，应按规定方法进行急救处理。

13）高温灯具与可燃物保持安全距离，电线之间连接要牢固，严禁虚接或搭挂。

14）禁止用汽油、酒精等易燃液体擦洗运用中设备的电气接点。

15）发现接触网断线及其部件损坏，或在接触网上挂有线头、绳索等物，均不准与之接触，要立即通知有关部门派人处理；在检修人员没有到达之前，要有人现场监护，任何人员均应距已断导线接地处 10m 以外。

16）悬挂接触网或与接触网相连的支柱及金属结构上，当接地线损坏时，禁止与之接触。

17）持木棒、竹竿、彩旗等高长物件通过道口，不准高举挥动，应使物件保持水平状态。

**2. 电气安全工作的任务**

1）研究各种电气事故及其发生的机理、原因、规律、特点和防护措施。

2）研究运用电气方法，即电气监测、电气检查和电气控制等方法来评价电力系统的安全性和解决生产中用电的安全问题。

**3. 电气安全工作的内容**

1）研究并采取各种有效的安全技术措施。

2）研究并推广先进的电气安全技术，提高电气安全水平。

3）制定并贯彻安全技术标准和安全技术规程。

4）建立并执行各种安全管理制度。

5）开展有关电气安全思想和电气安全知识的教育工作。

6）分析事故实例，从中找出事故原因和规律。

**4. 电气事故的特点**

**（1）电气事故所引发的危险难以直接识别**　由于电能看不见、听不到、嗅不着，比较抽象，不具备可直观识别的特征。因此，电能传输和使用过程中引发的危险不易为人们所察觉，电气事故往往来得猝不及防。

**（2）电气事故涉及领域广**　电气事故不仅发生在用电领域，还可能发生在一些非用电场所，这是因为电能的释放也会造成灾害或伤害。电能的使用十分广泛，只要使用电，就有可能发生电气事故，因此必须重视电气安全，考虑电气事故的防护问题。

**（3）电气事故所造成的危害大**　电气事故往往会影响生产、生活，造成财产损失和人员伤害，甚至还可能造成人员死亡，影响社会秩序。

**5. 电气事故的类型**

根据电能的不同作用形式，可将电气事故分为触电事故、雷电灾害事故、静电危害事故、射频电磁场危害和电气系统故障危害事故等。

## 二、触电事故

**1. 触电事故种类及电流对人体的伤害**

**（1）触电**　触电指电流流过人体时对人体产生的生理和病理的伤害。触电事故是由电流及其转换成的能量造成的事故。触电事故分为电击和电伤两种类型。

1）电击。电击是电流直接作用于人体所造成的人体内部组织在生理上的反应和病变伤害，也就是通常说的"触电是最危险的一种伤害"。绝大部分触电事故都是由电击造成的。根据人体触及带电体的方式和电流流过人体的途径，电击可分为单相触电、两相触电、跨步电压触电。

① 单相触电是指当人体直接碰触带电设备其中的某一相时，电流通过人体流入大地。对于高压带电体，人体虽未直接接触，但由于超过了安全距离，高电压对人体放电，造成单相接地而引起的触电，也属于单相触电。

② 两相触电是人体同时接触带电设备或电路中的两相导体，或在高压系统中，人体同时接近不同相的两相带电导体，而发生电弧放电，电流从一相导体通过人体流入另一相导体，构成一个闭合回路。发生两相触电时，作用于人体上的电压等于线电压，这种触电是最危险的。

③ 跨步电压触电是当电气设备发生故障，接地电流通过接地体向大地流散，在地面上形

成电位分布时，若人在接地短路点周围行走，其两脚之间的电位差，就是跨步电压，由跨步电压引起的人体触电，称为跨步电压触电。

2）电伤。电伤是电流的热效应、化学效应、机械效应等对人体造成的伤害，如电弧烧伤、电流灼伤、电烙印、皮肤金属化、机械性损伤、电光等。电弧烧伤是最危险的电伤，因电弧温度高达 8000℃，可造成大面积深度烧伤，甚至烧焦。

（2）电流对人体的危害　电流对人体的危害程度与通过人体的电流大小、通电持续时间、电流的种类、电流通过途径、触电者的健康状况以及作用于人体的电压等因素有关。

1）通过人体的电流大小。通过的电流越大，人体的生理反应就越强烈，病理状态就越严重，对人体的伤害就越大。按照人体呈现的状态，可将通过人体内部的电流分为以下三个级别：

① 感知电流。使人体有感觉的最小电流称为感知电流。感知电流对身体没有大的伤害，但由于突然的刺激，人在高空或在水边或其他危险环境中，可能造成坠落等间接事故。

② 摆脱电流。人体在触电后能自行摆脱带电体的最大电流为摆脱电流。

③ 致命电流（室颤电流）。人体发生触电后，在较短的时间内危及生命的最小电流称为致命电流（室颤电流）。一般情况下，通过人体的工频电流超过 50mA 时，心脏就会停止跳动，出现致命的危险。实验证明：电流大于 30mA 时，心脏就会发生心室颤动的危险，因此 30mA 也是作为致命电流的又一极限。

2）通电持续时间。电流通过人体的持续时间越长，越容易引起心室颤动，触电后果越严重。

3）电流的种类。直流、交流和高频电流对人体的危害程度不同，通常高频电流对人体的危害最为严重。

4）电流通过途径。电流对人体的伤害程度主要取决于心脏受损的程度，不同途径的电流对心脏有不同的损害程度。最危险的电流途径是从左手到前胸。其实，从左手到脚或从右手到左手的电流途径都较危险。

5）触电者的健康状况。触电的危险性与人的健康状况有关。触电者的性别、年龄、健康状况、精神状态和人体电阻都会影响触电后果。触电对心脏病、肺病、内分泌失调及精神病等患者最危险，触电死亡率最高。

6）作用于人体的电压。作用于人体的电压越高，通过人体的电流就越大，对人体的伤害也越严重。我国规定适用于一般环境的安全电压为 36V。

**2. 触电事故防护技术**

触电事故分为直接触电和间接触电两种，这两种事故发生在电路或电气设备的不同状态下，因而防护措施也各不相同。

（1）直接触电防护技术　直接触电防护技术措施主要有绝缘、屏护、间距和安全电压等。

1）绝缘。绝缘是用绝缘材料把带电体封闭起来。电气设备的绝缘应符合其相应的电压等级、环境条件和使用条件。绝缘良好是保证设备正常运行的必要条件；绝缘不良会导致设备漏电短路，从而引发设备损坏及触电事故。因此，绝缘防护是最基本的安全防护措施。

① 常用绝缘材料。绝缘材料又称为电介质，它在直流电压的作用下，只有极小的电流通过。电工技术上将电阻率大于 $107\Omega \cdot m$ 的材料称为绝缘材料。绝缘材料按形态可分为气体绝缘材料、液体绝缘材料和固体绝缘材料，按化学性质可分为无机绝缘材料、有机绝缘材料和混合绝缘材料。

常用的气体绝缘材料有空气、氮气、氢气、二氧化碳和六氟化硫等，常用的液体绝缘材料有矿物油、硅油、蓖麻油、十二烷基苯和二芳基乙烷等，常用的固体绝缘材料有电瓷、云母、玻璃、绝缘纤维制品、绝缘浸渍纤维制品、绝缘漆、绝缘胶、电工薄膜、复合制品、胶粘带、电工用塑料和橡胶等。

② 绝缘破坏。绝缘材料在运行中电气性能逐渐恶化甚至被击穿而发生短路或漏电事故的现象，称为绝缘破坏，主要包括绝缘击穿和绝缘老化两种情况。

a. 绝缘击穿。绝缘材料在强电场等因素作用下发生破坏性放电的现象称为击穿。绝缘击穿的特点是电压作用时间短，击穿电压高。击穿场强与电场均匀程度有密切关系，但与周围温度及电压作用时间几乎无关。

b. 绝缘老化。引起老化的因素很多，主要有热的作用、电的作用（包括局部放电的作用）、机械力的作用以及周围环境的影响，如受潮等。

2）屏护。屏护是采用遮栏、护罩、护盖、箱盒、挡板等把带电体同外界隔离开。屏护装置应与带电体保持足够的安全距离，并根据现场需要配以明显的标志，以引起人们的注意，还应有足够的力学强度和良好的耐火性能。金属材料制造的屏护装置应可靠接地（或接零），遮栏、栅栏应根据需要挂标示牌，遮栏出入口的门上应安装信号装置和联锁装置。

屏护装置的作用如下：

① 防止工作人员意外碰触或过分接近带电体，如遮栏、栅栏、保护网、围墙等。

② 作为检修部位与带电部位的距离小于安全距离时的安全措施，如绝缘隔板等。

③ 保护电气设备不受机械损伤，如低压电器的箱、盒、盖、罩、挡板等。

3）间距。为防止发生人身触电事故和设备短路或接地故障，带电体与带电体之间、带电体与地面之间、带电体与其他设施之间，必须保持一定的距离，称为安全距离或安全间距，可简称间距。安全距离的大小取决于电压的高低、设备状况和安装方式等因素。

安全距离的项目较多，有变配电设备的安全净距离、架空电路的安全距离、电缆电路的安全距离、室内外配线的安全距离、低压进户装置的安全距离、低压用电装置的安全距离、检修时的安全距离、带电作业时的安全距离等。

4）安全电压。在潮湿、狭窄、导电粉尘多而易发生触电危险的场所采用对人体没有损害的安全电压。地铁站台板下通道潮湿、狭窄不通风，采用的就是 36V 安全行灯照明。

**（2）间接触电防护技术**　电气设备在运行中发生漏电或击穿（俗称"碰壳"）时，正常运行时不带电的金属外壳以及与之相连的金属结构便带有电压，此时人体触及这些外露的金属部分所造成的触电，称为间接触电。间接触电防护技术有保护接地、保护接零等。

1）接地和接零。将电气设备外壳与接地装置或接零保护线可靠连接，保证电气连通。遇设备绝缘损坏外壳带电，接地和接零能把泄漏电流导入大地或将电压限制在安全范围内或引起保护开关跳闸切断电源，如插头上的接地插脚、设备上的接地线端子。国家规定接地接零线用黄绿双色区别。

2）漏电保护。主要用于间接接触和直接接触引起的单相触电事故，当发生触电时，漏电开关快速跳闸切断电源。漏电保护仅是附加后备保护不单独使用，其额定动作电流与动作时间在不同场合有不同要求，通常直接保护级的动作电流与动作时间乘积不超过 30mA·s。

**（3）其他触电防护技术**

1）双重绝缘和加强绝缘。双重绝缘是指除基本绝缘（工作绝缘）外，还有一层独立的附加绝缘（保护绝缘），用来保证在基本绝缘损坏时，对操作者进行触电保护。工作绝缘是带电体与不可触及的导体之间的绝缘，是保证设备正常工作和防止电击的基本绝缘；保护绝缘是不可触及的导体与可触及的导体之间的绝缘，是当工作绝缘损坏后用于防止电击的绝缘。加强绝缘是指绝缘材料对力学强度和绝缘性能都加强了的基本绝缘，它具有与双重绝缘相同的触电保护能力。

具有双重绝缘的电气设备工作绝缘电阻不得低于 $2M\Omega$，保护绝缘的绝缘电阻不得低于 $5M\Omega$，加强绝缘的绝缘电阻不得低于 $7M\Omega$。

2）安全电压。安全电压是在一定条件下、一定时间内不危及生命安全的电压。它是根据人体电阻、安全电流、环境条件而制定的电压系列。这个电压系列的上限值为：在任何情况下，两导体间或任一导体与地之间均不得超过交流（50~500Hz）有效值50V。我国规定工频有效值的额定值有 42V、36V、24V、12V 和 6V。

凡在特别危险的环境中使用的携带式电动工具应采用 42V 安全电压，凡在有电击危险的环境中使用的手持照明灯和局部照明灯应采用 36V 或 24V 安全电压，在金属容器内、隧道内、水井内以及周围有大面积接地导体等工作地点狭窄、行动不便的环境中应采用 12V 安全电压，水下作业及接触人体的医疗器械等应采用 6V 安全电压。安全电压是相对安全的电压，而非绝对安全。因此，应用安全电压时应注意以下事项：

① 采用安全隔离变压器的电源，不得采用电阻降压或自耦变压器。安全隔离变压器的一次侧与二次侧之间有良好的绝缘，其他还可用接地的屏蔽进行隔离。安全电压侧应与一次侧保持双重绝缘的水平。

② 安全电压回路必须与其他电气系统和任何无关的可导电部分保持电气隔离，防止接地（不得与大地、中性线和保护零线、水管、暖气管道等连接），但安全隔离变压器的铁心应该接地。

③ 安全电压的插销座不得带有保护插头或插孔，并应有防止与其他电压等级的插销座互相插错的安全措施。

3）电气隔离。电气隔离指工作回路与其他回路实现电气上的隔离。电气隔离是通过1∶1（即一次侧、二次侧电压相等）的隔离变压器来实现的。电气隔离通过阻断在二次侧工作的人员单相触电时电流的通路来确保人身安全。

电气隔离的电源变压器必须是隔离变压器，二次侧必须保持独立，应保证电源电压不超过 500V、电路长度不超过 200m。

4）漏电保护。漏电保护装置主要用于防止由漏电引起的触电事故或防止单相触电事故，也用于防止漏电火灾及监视或切除一相接地故障。以下场所必须安装漏电保护装置：

① 建筑施工场所、临时电路的用电设备。

② 除Ⅲ类设备外的手持式电动工具、除Ⅲ类设备外的移动式生活日常电器、其他移动式机电设备及触电危险性大的用电设备。

③ 潮湿、高温、金属占有系数大的场所及其他导电良好的场所，以及锅炉房、水泵房、浴室、医院等场所。

④ 新制造的低压配电盘、动力柜、开关柜、操作台、试验台等。

漏电保护装置有电压型和电流型两大类，目前我国及世界各国广泛采用电流型。电流型漏电保护装置的动作电流分为 15 个等级。其中，30mA 及其以下的属高灵敏度，主要用于防止触电事故；30mA 以上、1000mA 及其以下的属中灵敏度，用于防止漏电火灾和触电事故；1000mA 以上的属低灵敏度，用于防止漏电火灾和监视一相接地故障。为了避免误动作，漏电保护装置的额定不动作电流不得低于额定动作电流的 1/2。

漏电保护装置的动作时间指动作时的最大分断时间。为了防止各种人身触电事故，漏电保护装置宜采用高灵敏度、快速型的装置，其额定动作电流与动作时间的乘积不超过 $30mA \cdot s$。

### 三、雷电危害及安全防护技术

雷电是自然界的一种大气放电现象。当雷电流流过地表的被击物时具有极大的破坏性，其电压可达数百万伏至数千万伏，电流达几十万安，造成人畜伤亡、建筑物燃烧或炸毁、供电电路停电、电气设备损坏及电子系统中断等严重事故。

**1. 雷电的种类**

1）从危害角度分类，雷电可分为直击雷、感应雷和雷电侵入波三种。

① 直击雷是雷电直接击中电气设备、电路或建筑物，其过电压引起强大的雷电流，通过这些物体放电入地，从而产生破坏性极大的热效应和机械效应，相伴的还有电磁效应和闪络放电。直击雷云放电分为先导放电、主放电、余光三个阶段，约50%的直击雷有重复放电特征。

② 感应雷分为静电感应雷和电磁感应雷。感应雷是雷电未直接击中电气设备、电路或建筑物，而是由雷电对设备、电路或其他物体的静电感应或电磁感应所产生的过电压，造成屋内电线、金属管道和大型金属设备放电，引起建筑物内的易爆危险品爆炸或易燃品燃烧。

③ 雷电侵入波是指雷电在架空线路和金属管道上产生冲击电压，使雷电波沿电路或管道迅速传播。若雷电波侵入建筑物内，可造成配电装置和电路绝缘层击穿，电子系统损坏，或使建筑物内易燃易爆物品燃烧和爆炸。

2）根据雷电的不同形状，雷电可分为片状、线状和球状三种形式，其中，最常见的是线状雷。球状雷是雷电放电时产生的球状发光带电气体。

**2. 雷电的危害**

雷电有很大的破坏力，有电性质、热性质和机械性质等多方面的破坏作用，它会造成设备或设施的损坏，造成大面积停电和生命财产损失。

（1）火灾和爆炸  直击雷放电的高温电弧、巨大的雷电流、球状雷侵入、二次放电都可直接引起火灾和爆炸。电气设备的绝缘若被雷电波产生的冲击电压击穿，也可间接引起火灾和爆炸。

（2）触电  雷云可直接对人体放电、二次放电和球状雷打击，雷电流产生的接触电压和跨步电压等都可以直接使人触电。因雷击，电气设备绝缘被击穿，也可使人遭到电击。雷击时产生的火花、电弧还可以使人遭到不同程度的烧伤。

（3）设备和设施毁坏  雷击产生的高电压、大电流伴随的汽化力、静电力、电磁力可毁坏重要电气装置、建筑物及其他设施。

（4）大面积停电  雷电放电产生极高的冲击电压，可击穿电气设备的绝缘，损坏电气设施和电路，可能导致大面积停电。

**3. 设备和设施防雷设备**

（1）直击雷的防护  直击雷防护的主要措施是采取防直击雷的措施，如装设避雷针、避雷线、避雷网、避雷带。一般来说，建筑物的易受雷击部位，遭受雷击后果比较严重的设施或堆料，高压架空电力线路、发电厂和变电站等，应采取防直击雷措施。

（2）二次放电的防护  防雷装置遭受雷击时，其接闪器、引下线和接地装置都出现很高的冲击电压，可能击穿邻近导体之间的绝缘，造成二次放电。为了防止二次放电，必须保证邻近导体与接闪器、引下线、接地装置之间有足够的安全距离。在任何情况下，防雷建筑物防止二次放电的最小距离要满足要求，不能满足间距要求时应予以跨接，带电体可加装避雷器或保护间隙。

（3）感应雷的防护　为了防止静电感应雷，应将建筑物内不带电的金属装备、金属管道、结构钢筋连成整体并予以接地。为了防止电磁感应雷，应将平行管道、相距不到 100mm 的管道用金属线跨接起来，管道接头、弯头等接触不可靠的地方，也应用金属线跨接。

（4）雷电冲击波的防护　为了防止雷电冲击波侵入变配电装置，可在电路引入端安装避雷器。

**4. 人身防雷**

1）发生雷暴时，尽量减少在户外或野外逗留；在户外或野外最好穿塑料等不浸水的雨衣、胶鞋；如有条件，可进入有宽大金属构架或有防雷设施的建筑物、汽车或船只。

2）雷暴时，应尽量离开小山、小丘、隆起的小道、水面及水陆交界处，应尽量避开钢丝网、金属晒衣绳及旗杆、烟囱附近，不宜躲在大树底下，不宜进入没有防雷保护的低矮建筑物内。

3）若突然遇到雷雨，当头发变硬并竖起来时，应该蹲下，降低自己的高度，同时将双脚并拢，减少电压带来的危害。

4）雷雨天气时要注意关闭门窗。

5）雷暴时，在户内应离开照明线、动力线、电话线、广播线、收音机和电视机天线以及与其相连的各种金属设备。

6）打雷时，应停止地面段及高架段接触轨区域的作业，禁止在露天段接触轨设备或与露天段接触轨设备有电气相连的设备上作业。

7）若在高架、地面电路上遇到打雷时，应尽量远离接触轨设备，双脚并拢蹲下，尽可能使人体高度低于周围设备设施，利用打雷的间隙，及时回到室内避雷、避雨。

## 四、高压电气安全

运用中的电气设备是指全部带有电压、一部分带有电压或一经操作即带有电压的电气设备。电压等级在 1000V 及以上的电气设备称为高压电气设备，电压等级在 1000V 以下的电气设备称为低压电气设备。

**1. 一般安全规定**

1）变电所的所有电气设备自第一次受电开始即认定为带电设备，之后上述设备的一切作业必须按安全工作规程严格执行。

2）若有停电的甚至是因事故停电的电气设备，在未断开有关断路器和隔离开关并按规定做好安全措施前，不得进入相关的设备区，且不得触摸该设备，以防突然来电。

3）任何人发现有违反规程的情况应立即制止，经纠正后才能恢复作业。各类作业人员有权拒绝违章指挥和强令冒险作业；在发现直接危及人身、电网和设备安全的紧急情况时，有权停止作业或者在采取可能的紧急措施后撤离作业场所，并立即报告。

4）在设备因事故停电时，若已派出人员到现场巡查，在未与现场人员取得联系前，不得对停电设备重新送电。

5）当作业人员进入电容器室（柜）内或在电容器上工作时，要将电容器逐个放电，并进行接地和做好其他安全措施后方可作业。

6）当电气设备着火时，要立即将该设备电源切断，然后按规定采取有效措施灭火。

7）在变电所内作业时，带电部分严禁用棉纱和酒精等物品擦拭，以防起火。

8）在所有供电设备附近搬动梯子或长大工具、材料、部件时，要时刻注意与带电设备部分保持足够的安全距离，并防止碰坏六氟化硫封闭式组合电器等设备的外壳。

9）在室内给设备充装六氟化硫气体时，周围环境的相对湿度应不大于80%，同时必须开启通风系统，并避免六氟化硫气体泄漏到工作区。工作区空气中六氟化硫气体含量不得超过 $1000\mu L/L$。

**2. 安全教育规定**

1）对从事供电运行和检修工作的人员每年要进行一次安全考试。因故间断电气工作连续3个月以上或者因职务或工作岗位变更而需提高安全等级的人员，应重新学习安全工作规程，并经考试合格后方能恢复工作。

2）新参加变电所运行和检修工作的人员、实习人员和临时参加劳动的人员（管理人员、临时工等），应经过安全知识教育后，方可下现场参加指定的工作，并且不得单独工作。

**3. 高压设备巡视规定**

一般情况下，变电所的巡视需两人同时进行，只有安全等级不低于三级的人员才可单独巡视。当一人单独巡视时，无论高压设备是否带电，不得进行其他作业，禁止打开高压设备。如要打开变压器室的防护栅，要注意与带电部分保持足够的安全距离，并要有安全等级不低于三级的人员在场监护。

**4. 倒闸操作规定**

1）由电力调度员管辖的设备的倒闸操作，必须要由电力调度员发布倒闸操作命令。遇有危及人身和设备安全的紧急情况，值班人员（巡检人员）可先行断开有关的断路器和隔离开关再报告电力调度员，但再次合闸时，必须有电力调度员的命令。

2）倒闸操作必须由两人同时进行，一人操作，另一人监护。就地操作时，操作人和监护人必须穿绝缘靴，同时，操作人还要戴绝缘手套。

**5. 电气设备作业规定**

在运用中的高压设备上的工作可分为高压设备的停电作业、高压设备不停电作业、低压设备作业三类。

**（1）高压设备的停电作业** 高压设备的停电作业是指在停电的高压设备上进行的作业及在低压设备和二次回路、照明回路、消防等设备上进行的需要高压设备停电的作业。

高压设备停电作业应停电的设备如下：

1）需检修的设备。

2）在进行停电作业时，工作人员正常活动范围与带电设备的距离小的设备。

3）在二次回路上作业，可能引起一次设备中断供电或影响其安全运行的有关设备。

4）带电部分在工作人员后面、两侧、上下，且无可靠安全措施的设备。

**（2）高压设备不停电作业** 高压设备不停电作业是指当作业人员与高压设备的带电部分之间保持规定的安全距离和没有偶然触及导电部分的危险，许可在带电设备外壳和附近进行的工作。

**（3）低压设备作业** 低压设备作业分为在低压设备上进行的停电与不停电作业，在此不进行详细介绍，具体可参考《电业安全操作规程（发电厂和变电所电气部分）》或《国家电网公司电力安全操作规程（变电站和发电厂电气部分）（试行）》的相关内容。

**6. 二次系统上的工作规定**

1）在检修中进行下列工作时，需填用二次工作安全措施票：

① 在运行设备的二次回路上进行拆、接线工作。

② 在对检修设备执行隔离措施时，需拆断、短接和恢复同运行设备有联系的二次回路工作。

③ 在继电保护装置、自动装置、联锁回路及联跳回路上的工作。

2）电流互感器二次侧严禁断路，电压互感器二次侧严禁短路。防止直流回路接地或短路。

**7. 保证安全的组织措施和技术措施**

电气作业的一般安全措施包括保证安全的组织措施和保证安全的技术措施。组织措施和技术措施是《变电所（站）安全工作规程》的核心部分，也是人们活动最活跃的内容。为保证电气作业人员的人身安全，防止触电伤害，应采取以下组织措施和技术措施：

（1）保证安全的组织措施　保证安全的组织措施是指在进行电气作业时，将与检修、试验、运行有关的部门组织起来，加强联系，密切配合，在统一指挥下，共同保证电气作业的安全。在电气设备上工作，保证人身安全的电气作业组织措施包括四个方面的内容：工作票制度，工作许可制度，工作监护制度，工作间断、转移和终结制度。

（2）保证安全的技术措施　保证安全的技术措施是指工作人员在电气设备上工作时，为防止人身触电而采取的技术措施。

为了防止停电检修设备突然来电，防止工作人员由于身体或使用的工具接近邻近设备的带电部分而超过允许的安全距离，防止人员误走带电间隔和带电设备而造成触电事故，在全部停电或部分停电的设备上作业时，必须采取下列保证安全的技术措施：停电、验电、装设接地线、挂标示牌和装设遮栏。上述技术措施由值班员（或工作许可人）执行。

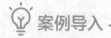 【任务实施】

💡 **案例导入**

> 2020 年，某地铁车辆段，在进行变压器室小修维保时，工作人员明知 6032 刀闸带电，却单独架梯登高作业，由于梯子离 6032 刀闸过近，遭电击从高处坠落撞击变压器，终因开放性颅骨骨折、肋骨排列性骨折、双上肢电灼伤等，抢救无效死亡。

**一、任务目的**

阅读上述事故案例，根据知识储备，分析讨论造成事故的原因，并探讨总结此次事故的教训及启示。

**二、任务内容**

电气安全意识。

**三、任务步骤**

1. 将学生进行分组，4~5 人为一组，小组成员自行查询资料，分析此次事故原因、教训及启示，并进行记录，见表 3-3-1。

表 3-3-1　个人结果记录表

| 事故原因 | |
| --- | --- |
| 教训及启示 | |

2. 小组成员相互学习，修改或补充组内各个成员的分析结果，总结完善出本组最终讨论结果，并将结果进行记录，见表 3-3-2。

表 3-3-2　小组结果汇总表

| 事故原因 | |
| --- | --- |
| 教训及启示 | |

3. 各组成员派代表，以 PPT 形式进行汇报。

## 四、任务评价

开展自评与互评并进行记录，见表 3-3-3。

表 3-3-3　评价表

| 评价项目 | 自评（10 分） | | 互评（10 分） |
| --- | --- | --- | --- |
| 第（　）组 | | | |
| 点评记录 | 优点 | | |
| | 缺点 | | |

## 五、任务总结

## 【学习小结】

**1. 电气安全工作的内容**

1）研究并采取各种有效的安全技术措施。

2）研究并推广先进的电气安全技术，提高电气安全水平。

3）制定并贯彻安全技术标准和安全技术规程。

4）建立并执行各种安全管理制度。

5）开展有关电气安全思想和电气安全知识的教育工作。

6）分析事故实例，从中找出事故原因和规律。

**2. 触电事故分为电击和电伤两种类型**

1）电击。电击是电流直接作用于人体所造成的人体内部组织在生理上的反应和病变伤害，也就是通常说的"触电是最危险的一种伤害"。

2）电伤。电伤是电流的热效应、化学效应、机械效应等对人体造成的伤害，如电弧烧伤、电流灼伤、电烙印、皮肤金属化、机械性损伤、电光等。

**3. 相关概念**

1）接触网。沿轨道线路架设，向电客车供给电能的特殊形式的输电电路，包括架空柔性接触网、架空刚性接触网和接触轨。

2）牵引轨。用来流回牵引电流的钢轨。

3）隔离开关。用来在接触网无负荷情况下切断或闭合供电回路的电气设备。

4）接触线。接触悬挂中与受电弓接触的传导电流的导线。

5）承力索。接触悬挂中用来承受接触悬挂重力的缆索。

6）接触轨区域。安装有接触轨的轨行区。

### 📝 【知识巩固】

**一、填空题**

1. _____是电流直接作用于人体所造成的人体内部组织在生理上的反应和病变伤害，也就是通常说的"触电是最危险的一种伤害"。

2. _____主要用于防止由漏电引起的触电事故或防止单相触电事故，也用于防止漏电火灾及监视或切除一相接地故障。

3. 最常见产生静电的方式是接触—分离起电。当两种物体接触，其间距小于_____时，将发生电子转移，并在分界面两侧出现大小相等、极性相反的两层电荷。

4. 运用中的电气设备是指全部带有电压、一部分带有电压或一经操作即带有电压的电气设备。电压等级在_____及以上的电气设备称为高压电气设备。

5. 对从事供电运行和检修工作的人员每年要进行一次安全考试。因故间断电气工作连续_____个月以上或者因职务或工作岗位变更而需提高安全等级的人员，应重新学习安全工作规程，并经考试合格后方能恢复工作。

**二、选择题**

1. （    ）是用来在接触网无负荷情况下切断或闭合供电回路的电气设备。

A. 隔离开关　　　　　　B. 接触线　　　　　　C. 承力索　　　　　　D. 牵引轨

2. 电流对人体的危害程度与通过人体的电流大小、（    ）以及作用于人体的电压等因素有关。

A. 通电持续时间　　　　　　　　　　　　B. 电流的种类

C. 电流通过途径　　　　　　　　　　　　D. 触电者的健康状况

3. 我国规定工频有效值的额定值有 42V、（    ）和 6V。

A. 36V　　　　　　　B. 24V　　　　　　　C. 18V　　　　　　　D. 12V

**三、简答题**

1. 倒闸操作规定有哪些?

2. 高压设备停电作业应停电的设备有哪些？

3. 电流对人体的危害与哪些因素有关？

## 任务四　城市轨道交通施工作业安全技术应用

### 【任务描述】

城市轨道交通系统构成复杂，专业设备数量庞大，从宏观上讲，车站构筑物、隧道结构、机电设备、装饰装修和水电管路等都属于城市轨道交通系统的范畴。在如此众多的系统中，若出现信号系统、供电系统和轨道系统等关键设备故障，将可能影响城市轨道交通的继续运营，从而对市民出行产生较大影响。因此，城市轨道交通系统的各类设备稳定运行十分重要。而城市轨道交通系统的稳定运行除设计合理外，还主要依靠有效的维护。在实践中，一些维修、改建、变更和调整等工程行为无法避免。为了确保上述维修与维护工作及相应工程施工安全有序开展，一般将其归入施工作业中统一管理。如果施工组织不当，就有可能引起一些安全事件或事故，或者造成设备状态不良而影响正常运营秩序。例如，在施工作业安排中将一些作业安排到列车移动区域实施，就会给作业人员人身安全带来极大隐患；在轨行区施工作业完毕，未及时出清现场，遗留物品侵限，就可能发生碰撞，甚至造成列车颠覆等重大安全事故。因此，施工安全在城市轨道交通运营安全管理中十分重要。

### 【学习目标】

| 知识目标 | 技能目标 | 素养目标 |
| --- | --- | --- |
| 1. 了解城市轨道交通运营施工的特点<br>2. 掌握城市轨道交通施工计划的分类 | 1. 能说出城市轨道交通运营施工时间安排规定内容<br>2. 能说出城市轨道交通运营施工管理的内容 | 1. 培养安全作业意识<br>2. 树立规范操作和岗位责任意识 |

### 【知识准备】

施工安全管理从广义的角度来讲是指运用行政和技术等手段，对人、设备、环境、管理等对象施加影响和控制，排除不安全因素，以达到安全生产的目的。

#### 一、城市轨道交通运营施工的特点

**1. 施工情况复杂**

城市轨道交通运营线路行车设备的施工作业管理是个复杂的系统工程，具有点多、线长、施工作业时间短、交叉作业多、施工量大、一般在夜间运营结束后施工等特点。

**2. 施工专业多**

在城市轨道交通系统运营中，与行车相关的设备由安全门、轨道线路、供电、机电、信

号、通信等多个专业组成，各专业都要按照本专业设备的检修周期与工作内容对其设备进行检修和维护。

### 3. 施工时间短

运营线路的维修施工作业都集中在夜晚运营结束至第二天首班车运营前 1h 内进行，根据运营时间的长短不同，作业时间一般为 3~5h。

### 4. 配合作业多

由于检修工作都集中在同一个有限的时间、空间和工作平面内，在检修过程中有的需要停电，有的需要工程车配合，有的需要各专业配合，有的需要封锁区间等。

## 二、城市轨道交通运营施工的分类

城市轨道交通运营施工可以按是否影响正常行车、施工地点和施工性质进行分类。

### 1. A 类

影响正线、辅助线行车的施工为 A 类，其中，区间开行工程车、电客车的施工为 A1 类；区间不开行工程车、电客车的施工为 A2 类；车站、主变电所、控制指挥中心范围内影响行车设备设施的作业为 A3 类。所有的 A 类施工作业均须经行车调度员批准方可进行；对影响出入段线行车的施工，行车调度员须通知车场调度员。

### 2. B 类

在车辆段的施工为 B 类，其中，开行电客车、工程车的施工（不含车辆部电客车、工程车的检修作业）为 B1 类，不开行电客车、工程车但在车辆段线路限界、影响接触网停电、在车辆段线路限界外 3m 内搭建相关设施及影响车辆段行车的施工为 B2 类；车辆段内除 B1、B2 外其他影响行车设备设施的施工为 B3 类，B3 类施工主要包括供电、通信、信号、机电等与行车有关设备的检修。B 类施工作业经车场调度员同意方可进行，如影响正线行车须报行车调度员批准。属于 B 类的其他施工：按部门职责明确施工管理，在车辆段内绿化、道路整改、围墙护栏及生活、办公区等与行车无关的施工由综合部负责管理，房建及附属设备由设施部负责；检修线、洗车线库内车辆工艺设备检修由车辆部负责，且以上施工作业不需要申报施工计划和施工登记，由设备专业归属部门进行管理，属地部门配合。

### 3. C 类

在车站、主变电所、控制指挥中心行车设备区范围内不影响行车施工的为 C 类，其中，大面积影响客运、消防设备正常使用，需动用 220 V 以上电力及需动火的作业（含外单位进入变电所、通信设备房、信号设备房、环控电控室、照明配电室、蓄电池室、水泵房、其他气体灭火保护房内作业）为 C1 类；其他局部影响客运，但经采取措施影响不大且动用简单设备设施（如动用 220V 及以下的电力钻孔等，不违反安全规定）的施工为 C2 类。对于 C 类施工作业，运营管理部门内部的施工项目经车站批准后方可施工，外部单位施工作业按外单位施工作业管理规程进行，经车站批准后方可施工。

## 三、城市轨道交通运营施工时间的安排

城市轨道交通运营期间如果要进行施工作业，在施工时间安排上必须遵守以下规定：

1）每日末班车离开起点站后，可由车站根据施工登记表向行车调度员请点。

2）在施工期间，当有施工车运行时须等工程车过后才能开始施工。

3）严格按照施工计划按时完成施工作业。

4）车场内施工（作业）时间安排应严格按照施工计划的要求执行，车场调度员、维修调度员、派班员应根据当日施工计划提前做好线路空闲、车辆和司机配合准备。

## 四、城市轨道交通运营施工管理的概念和内容

城市轨道交通运营施工管理是根据城市轨道交通行车与施工共存的特点，规范城市轨道交通施工的日常施工管理工作，是对城市轨道交通运营施工的管理机制、施工现场、人员活动及作业纪律等内容进行的管理。

### 1. 城市轨道交通运营施工管理的概念

城市轨道交通运营施工管理是指基层的技术、组织、管理人员在施工现场具体解决施工组织设计和现场关系的一种管理。组织设计中要靠施工人员在现场监督、测量、编写施工日志，上报施工进度、质量，处理现场问题。

### 2. 城市轨道交通运营施工管理的内容

（1）施工前　施工前的组织工作包括人员安排、组织学习施工作业计划、施工前的准备、施工请点等。

（2）施工过程中　施工过程中的组织工作包括进入施工地点的组织、各专业沟通协调配合、施工进度的控制等。

（3）施工结束　施工结束的组织工作包括撤除防护、出清线路、人员离场和销点。

## 五、城市轨道交通施工计划的分类及编制

城市轨道交通施工计划是指对施工组织工作进行的科学合理的提前安排。

### 1. 城市轨道交通施工计划的分类

（1）按时间进行分类

1）临时补修计划。临时补修计划是指在运营时间内对设备进行临时抢修后，必须在停运后继续进行设备维修的作业。

2）月计划。对属于正常修程的作业提报月计划，主要分为以下几种情况：城市轨道交通电客车在正线调试作业；开行工程车（含轨道车）的检查、维修、施工、运输作业；影响行车的设备检修施工作业；需要进入正线及辅助线的检查、维修施工作业和安全门的检修作业；需要接触网停电的检查、维修施工作业；车辆段内的行车设备检修作业；不进入轨行区，但需要有关部门配合的作业等。

3）周计划。凡不属于按规定列入月计划的，因设备检修需要，对在月计划内未列入的进行补充的计划，或月计划中需调整变更的计划，均称为周计划。

4）日补充计划。不属于按规定列入月计划和周计划的，但对行车有一定影响的检查维修计划，或月计划、周计划内日作业项目的变更计划，称为日补充计划。

（2）按施工作业地点和性质进行分类

1）影响正线、辅助线行车的施工。影响正线、辅助线行车的施工可分为开行工程车的施工、不开行工程车的施工和在车站范围内影响行车设备的施工。

2）在车辆段内的施工。在车辆段内的施工可分为开行工程车的施工（不含车辆段内部）、不开行工程车但在车辆段线路界限内及影响接触网停电的施工和不开行工程车也不在车辆段线路限界内的施工。

3）在车站内不影响行车的施工。在车站内不影响行车的施工可分为车站内大面积影响客

运及需要动火的施工和其他局部影响客运但采取措施后影响不大且动用简单设备的施工。

**2. 编制施工计划时的注意事项**

1）在确保安全的前提下，尽可能地考虑均衡安排，避免集中作业。

2）处理好列车的开行时间与密度、施工封锁等方面的关系，避免抢时、争点现象的发生。

3）经济、合理地使用城市轨道交通车辆，避免浪费资源。

**3. 施工进场作业令**

1）凡进行计划施工，都必须领取施工进场作业令，以此作为请点施工的凭证。

2）施工计划编制部门负责施工进场作业令的管理工作。

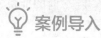【任务实施】

案例导入

　　某日，中铁十四局在 11 号线崂山隧道进行中隔墙撑靴整改、裂缝修补及伸缩缝封堵施工作业完成后，出清不彻底，将施工材料遗留在轨行区，影响压道车运行，后续行车调度员组织压道车司机对遗留施工物料进行处理，该事件造成压道车停车 13min。

**一、任务目的**

阅读上述事故案例，根据知识储备，分析讨论造成事故的原因，并探讨事故的整改措施。

**二、任务内容**

增强施工作业安全意识。

**三、任务步骤**

1. 将学生进行分组，4~5 人为一组，小组成员自行查询资料，分析此次施工事故原因及整改措施，并进行记录，见表 3-4-1。

表 3-4-1　个人结果记录表

| 事故原因 | |
| --- | --- |
| 整改措施 | |

2. 小组成员相互学习，修改或补充组内各个成员的分析结果，总结完善出本组最终讨论结果，并将结果进行记录，见表 3-4-2。

表 3-4-2　小组结果汇总表

| 事故原因 | |
| --- | --- |
| 整改措施 | |

3. 各组成员派代表，以 PPT 形式进行汇报。

## 四、任务评价

开展自评与互评并进行记录，见表 3-4-3。

表 3-4-3　评价表

| 评价项目 | 自评（10 分） | | 互评（10 分） |
|---|---|---|---|
| 第（　）组 | | | |
| 点评记录 | 优点 | | |
| | 缺点 | | |

## 五、任务总结

_____

_____

_____

### 【学习小结】

1. 动火作业是指工艺设置以外能直接或间接产生明火、火焰、火花和炽热表面的非常规作业。

2. 城市轨道交通运营期间如果要进行施工作业，在施工时间安排上必须遵守以下规定：

1）每日末班车离开起点站后，可由车站根据施工登记表向行车调度员请点。

2）在施工期间，当有施工车运行时须等工程车过后才能开始施工。

3）严格按照施工计划按时完成施工作业。

4）车场内施工（作业）时间安排应严格按照施工计划的要求执行，车场调度员、维修调度员、派班员应根据当日施工计划提前做好线路空闲、车辆和司机配合准备。

3. 城市轨道交通运营施工可以按是否影响正常行车、施工地点、施工性质进行分类，主要有 A 类、B 类、C 类。

### 【知识巩固】

### 一、判断题

1. A2 类施工作业无须组织停电，A1 类施工作业必须停电挂地线后，方可组织施工。（　　）

2. 检修作业防护标志牌昼间为红色方牌，夜间为红闪灯。（　　）

3. 在车站的施工作业，车站应安排人员对防护设置情况进行不定时检查，以确保施工防护设置有效与完好。（　　）

4. 城市轨道交通系统的施工作业，尤其是正线范围内的施工作业，往往安排到夜间停运后进行。（　　）

5. 城市轨道交通运营企业对施工作业的分类方法都是相同的。（　　）

## 二、填空题

1. 施工作业需要进入气体保护房间的，必须在进入气体保护房间前将气体灭火系统手自动开关转至_____位，避免施工作业时气体保护系统误启动而造成危险。

2. A2类施工作业设置红闪灯时，必须在作业现场两端轨道中央各设置_____盏红闪灯，遇多个作业需要在同一地段设置红闪灯时，相邻两个红闪灯之间至少有_____ m 以上的距离。

3. 影响正线、辅助线行车的施工为_____类施工，其中，不开行工程列车、电客车的施工为_____类施工。

4. 在车辆段或停车场的施工为_____类施工，其中，开行电客车、工程列车的施工为_____类施工。

5. 在车站、主变电所和控制中心范围内不影响行车的施工为_____类施工。

# 项目四

## 城市轨道交通安全管理

【情境导入】

　　元旦小长假的早晨，随着地铁 2 号线一列车驶入站台，车门打开后，只见最后一节车厢的几位乘客匆匆冲出车门，跑向站务员并焦急地喊道："车厢里着火了！"正在接发列车的站务员立即转身按压紧急停车按钮汇报车控室并跑至乘客所指的车门处，但此时列车已经关门，站务员迅速呼叫车控室要求司机重新开门。车门重新打开后，他立即上车确认，发现座椅上有一部手机正在自燃，他当机立断取出车厢内的灭火器进行灭火。与此同时，值班站长赶到现场确认火情已灭，安排其他站务员跟车维护车厢内秩序。在汇报行车调度员事件处理完毕后，列车关门动车，线路恢复运营。

　　短短 4min，从发现火情到恢复运营，站务员反应迅速、沉着冷静、措施得当，体现出了优秀的专业素养。此外，各岗位密切配合、有效协调，避免了事态扩大，保障了乘客安全，体现了良好的团队协作与岗位责任意识。

# 任务一　城市轨道交通人员安全管理

【任务描述】

　　在城市轨道交通运营系统中，存在有因人为的差错而导致的事故或隐患的情况。人员安全管理是保障安全生产的一个重要环节，应该正确掌握哪些基本的人员安全管理知识呢？在城市轨道交通系统内，该如何科学开展城市轨道交通运营中的人员安全管理？

【学习目标】

| 知识目标 | 技能目标 | 素养目标 |
| --- | --- | --- |
| 1. 能掌握职业危害与职业病的基础知识<br>2. 能掌握安全心理保障的基础知识<br>3. 能掌握劳动保护的基础知识 | 1. 能够正确开展城市轨道交通运营职业病防治<br>2. 能够正确开展城市轨道交通运营安全心理保障<br>3. 能够正确采取城市轨道交通运营中的劳动保护措施 | 1. 树立严谨的岗位安全责任意识<br>2. 培养科学的人员安全管理能力 |

【知识准备】

## 一、职业危害与职业病

### 1. 职业性有害因素

职业性有害因素又称为生产性有害因素，是指能对职工健康和劳动能力产生有害作用并导致疾病的生产因素。按其来源和性质可分为生产过程中的有害因素、劳动过程中的有害因素和与作业场所有关的有害因素。各类有害因素对人体产生不良影响并显现病状，是要满足一定条件的，如有害因素的强度（数量）、人体接触有害因素的时间和程度、个体因素及环境因素等。

（1）生产过程中的有害因素　生产过程中的有害因素主要包括化学因素、物理因素和生物因素，见表 4-1-1。

表 4-1-1　生产过程中的有害因素

| 因素分类 | 有害因素 | |
|---|---|---|
| 化学因素 | 生产性毒物 | 窒息性毒物 | 如硫化氢、一氧化碳、氢化物等 |

| 因素分类 | 有害因素 | | |
|---|---|---|---|
| 化学因素 | 生产性毒物 | 窒息性毒物 | 如硫化氢、一氧化碳、氢化物等 |
| | | 刺激性毒物 | 如光气、氨气、二氧化硫等 |
| | | 徊液性毒物 | 如苯、苯的硝基化合物等 |
| | | 神经性毒物 | 如铅、汞、锰、有机磷农药等 |
| | 生产性粉尘 | 无机性粉尘 | 如石棉、煤、金属性粉尘、水泥等 |
| | | 有机性粉尘 | 如烟草、麻、棉、人造纤维等 |
| | | 混合性粉尘 | 如金属研磨尘、合金加工尘等 |
| 物理因素 | 指不良的气候条件；异常气压；生产性噪声、振动；电离辐射，如 α 射线、β 射线、γ 射线或中子流等；非电离辐射，如紫外线、红外线、微波、高频电磁场等 | | |
| 生物因素 | 主要指病原微生物和致病寄生虫，如炭疽杆菌、布氏杆菌、森林脑炎病毒等 | | |

目前，引发职业病的最主要职业性有害因素被公认为是化学因素。其中，生产性毒物主要通过呼吸道、消化道或皮肤侵入人体，对人体组织和器官产生毒害作用，除出现局部刺激和腐蚀作用及中毒现象外，还可产生致突变、致癌、致畸作用等；生产性粉尘主要被劳动者吸入体内，并在肺内逐渐沉积到一定程度时，会引起以肺组织纤维化为主的病变，如尘肺病。

（2）劳动过程中的有害因素　劳动过程中的有害因素主要包括劳动时间过长、劳动强度过大、作业安排与劳动者的生理状态不相适应、长时间处于某种不良体位、长时间从事某一单调动作的作业或身体的个别器官和肢体过度紧张等。

（3）与作业场所有关的有害因素　与作业场所有关的有害因素主要包括作业场所的设计不符合卫生标准和要求，厂房狭小、厂房建筑及车间布置不合理等；缺乏必要的卫生技术设施，如通风设施、供暖设施、防尘防毒设施、防暑降温设施、防噪防振设施、防射线设施等；安全防护设施不完善，个人防护用具方法使用不当或防护用具本身缺陷等。

2. 职业病及其预防

广义上的职业病泛指劳动者在生产劳动及其他职业活动中，由于职业性有害因素的影响而引起的疾病。而狭义上的职业病，即法定职业病，是指职工因受职业性有害因素的影响而引起的，由国家以法规形式规定并经国家指定的医疗机构确诊的疾病。

（1）职业病的特点　与其他职业伤害相比，职业病虽被列入因工伤残范围，但其又区别于工伤伤残，主要特点如下：

1）起因是劳动者在职业性活动过程中或长期受到来自职业性危害因素的影响。这些因素及影响可能直接或间接地、个别或共同地发生作用。

2）非突发性伤病，经较长形成期或潜伏期后显现病症，属缓发性伤残。

3）多表现为体内生理器官或生理功能的损伤，只见"疾病"，不见"外伤"。

4）属不可逆性损伤，很少有痊愈的可能。

（2）**职业病的预防** 除促使患者远离致病源自然痊愈外，没有更为积极的治疗方法，可通过改善作业环境、改进作业方法、注意劳动者健康等管理手段降低患病率。因此，职业病的预防包括作业环境管理、作业管理和健康管理三个方面。

1）作业环境管理。作业环境即生产环境，其不仅影响工作效率，更会直接影响职工安全与健康。因此，必须考虑有效的作业环境管理对策，见表 4-1-2。

表 4-1-2 作业环境管理

| 预防内容 | 预防措施 |
|---|---|
| 作业环境管理 | 设置换气、排气设备，并进行经常的维护、检查或改进。另外，还应设置必要的排出物收集、集尘装置 |
| | 从最重要的环境因素开始，对作业的特性以及有害物质的发生源、发生量及其随时间、空间的改变而变化的情况进行环境测定 |
| | 采用封闭系统，探讨自动化或替代物品的使用 |
| | 建立休息室，配置卫生设施等 |

2）作业管理。作业管理是指在给定的作业环境范围内，为安全、舒适、高效地作业而采取的保证措施，见表 4-1-3。

表 4-1-3 作业管理

| 预防内容 | 预防措施 |
|---|---|
| 作业管理 | 坚持不懈地进行卫生教育，特别是以使作业者对与之相关的作业对象充分认识为目的的卫生教育尤为重要 |
| | 标准化及协调性作业。必须对机械的配置、清洁、整顿，有害物的标示及处理方法，作业程序、作业姿势，应当使用的器具等内容进行管理和监督 |
| | 责任者的选任及其职责权限的明确 |
| | 个人防护用品、用具的选用及维护管理 |

3）健康管理。健康管理是指对职工的健康状况进行定期检查，并依据检查结果对其进行适当处置的过程，主要包括建立健康检查制度和健康检查事后处理两个方面，见表 4-1-4。

表 4-1-4 健康管理

| 预防内容 | | 预防措施 |
|---|---|---|
| 健康管理 | 建立健康检查制度 | 对新员工（包括因调动工作新上岗的人员）进行岗前健康检查，根据检查结果对其从事该岗位工作的适宜性做出评价 |
| | | 应定期组织从事有害工种作业的职工进行健康检查，并建立健康档案 |
| | 健康检查事后处理 | 根据健康检查结果，观察职工群体健康指标变化，评价职工个体健康状况，并对其进行适当健康指导和治疗。当职工被确认患有职业病后，其所在单位应根据诊断意见，安排其医治和疗养。对在医治和疗养后被确认不宜继续从事原有害工种作业的职工，应在确认之日起两个月内调离原工作岗位，另行安排工作 |

**3. 城市轨道交通运营职业病防治**

（1）城市轨道交通职业病有害因素　城市轨道交通运营生产岗位主要存在的职业病有害因素，见表 4-1-5。

表 4-1-5　职业病有害因素

| 序号 | 岗位 | 有害因素 | 序号 | 岗位 | 有害因素 |
|---|---|---|---|---|---|
| 1 | 车辆检修 | 粉尘、噪声、化学毒物（苯系物）、射频辐射 | 6 | 自动化维修 | 噪声、工频电磁辐射、油漆 |
| 2 | 车辆设备维修 | 粉尘、噪声 | 7 | 供电维修 | 粉尘、噪声、工频电磁辐射 |
| 3 | 工建维修 | 粉尘、噪声 | 8 | 客运服务 | 射频辐射、工频电磁辐射 |
| 4 | 通信信号维修 | 工频电磁场 | 9 | 乘务 | 粉尘、噪声、工频电磁辐射、射频辐射 |
| 5 | 机电维修 | 噪声、工频电磁辐射 | 10 | 调度 | 工频电磁辐射 |

（2）城市轨道交通职业病防治措施　城市轨道交通运营中职业病的防治措施主要包括化学毒物危害的防治、粉尘危害的控制、噪声危害的控制与电磁辐射危害的控制。

1）化学毒物危害的防治。在运营日常检修维护中，对于机械化及自动化控制的检修作业，员工应按照规程进行操作；加强有毒岗位作业通风，保证固定防毒设施正常运行；加强个人职业卫生防护，对于接触化学危害因素的作业人员，按国家有关规定安排职业健康检查。

2）粉尘危害的控制。在运营生产的过程中，必须进行必要的个人防护，工作后及时冲洗。对于接触粉尘作业的人员，按国家有关规定安排职业健康检查，以便及早发现肺部病变。

3）噪声危害的控制。个别工作场所噪声强度有超标现象时，对于接触噪声危害因素的作业人员，在工作过程中必须进行必要的个人防护（如佩戴耳塞等），按国家有关规定定期安排职业健康检查。

4）电磁辐射危害的控制。在进行电焊作业时，应严格按操作规程进行作业，使用防护眼罩，防止紫外线辐射对眼睛的伤害。车站人员使用符合射频辐射标准的对讲机，尽量缩短接触时间，降低对人体的危害。在设备投入使用后，各工作场所的工频电场强度应符合职业卫生接触限值。对于接触电磁辐射的作业人员，按国家有关规定安排职业健康检查。

## 二、安全心理保障

在城市轨道交通运营"人-设备-环境"系统中，人的心理现象及其规律性与运营安全有着密切相关，因此，研究和揭示运营生产过程中人的心理现象及其规律性已越来越受到高度重视。

**1. 心理现象与运营安全的关系**

心理现象是人的大脑对客观现实的反映，包括心理过程和个性心理特征两个相互联系又相互制约的方面，且各自都包含一些复杂的心理要素和具体表现形式。影响运营安全的心理要素主要有感觉、知觉、记忆、思维、注意、情绪、能力、疲劳、动机、意识和性格等。

在运营生产活动中，人的操作过程主要有辨认接收信息、操纵控制设备、观察调整运作三个环节，其均受心理现象的影响。当人的心理现象处于积极状态时，感知快速、思维敏捷、动作可靠，则能保证系统正常运转；否则，可能导致差错增多，事故发生的可能性增大。因此，积极的心理现象是保证运营安全的内在依据，消极的心理现象及由此产生的侥幸、麻痹、惰性、烦闷、自满和好奇等心理倾向，是人的差错引发事故的深层次原因。

2. 心理要素与运营安全

（1）感觉、知觉与运营安全　感觉是人通过感觉器官对客观事物个别属性的直接反映。知觉是客观事物的各种表面现象和诸多属性通过人的各种感官在大脑中的综合反映。知觉不仅依赖现实的感觉，还依赖以往感觉经验的积累。感觉和知觉密不可分，人们通常将这两种心理现象称为感知或感知觉。在运营过程中，有些事故是由于人的感知觉发生错误而造成的。引起错觉的原因很复杂，既有心理因素，也有生理因素。

（2）记忆、思维与运营安全　记忆是人脑对所经历过的人和事的识记、保持和重现。思维是大脑在感知和记忆的基础上，对客观信息进行分析、综合、判断和推理的心理过程。记忆和思维是城市轨道交通员工重要的心理要素，没有较好的记忆能力，就不能很好地执行计划，按章办事；没有较强的思维能力，就难以对各种非正常作业进行妥善处理。

（3）注意与运营安全　注意是一种心理活动状态，按其作用或功能可分为注意集中、注意分配和注意转移三种情况。注意是保证城市轨道交通运营安全的基本心理条件。任何一项工作都是由多个作业环节组成的，作业人员的注意不集中，或过分集中而不能及时转移，或注意分配不当等都有可能导致城市轨道交通运营事故的发生。

（4）情绪与运营安全　情绪是人对客观事物是否满足自身需要，或是否符合自己的愿望和观点而表现出来的肯定或否定的态度体验。按其程度不同，情绪可分为心境、激情和热情三种状态。情绪和情感状态有积极和消极之分，良好的情绪和情感是保证城市轨道交通运营安全的必要条件；情绪不稳、心境不佳则是事故发生的重要原因。

（5）气质、性格与运营安全　气质是指人的心理过程在强度、速度、灵活性和稳定性等方面的心理动力特征。性格是人对周围人和事的稳定态度与行为方式的心理特征。两者相互渗透、相互影响。从事运营生产人员的气质、性格与运营安全直接相关。良好的气质和性格是作业人员实现自控的心理保证。

（6）能力与运营安全　能力是完成某种活动所必需的并直接影响活动效率的身心发展基本品质。能力可分为一般能力和特殊能力。员工能力的强弱直接关系到运营安全，如细心观察、牢靠记忆、沉着应变、思维敏捷、准确判断及清楚表达等能力是从业人员高质量完成运营任务的重要保证。反之，则会使运营事故发生的可能性增加。

（7）疲劳与运营安全　疲劳是人在连续工作一定时间后，体力和精力消耗超过正常限度所出现的肌肉酸痛、视力模糊、心率加快等生理机能下降和注意力分散、感知觉失调、记忆力减退等心理机能衰退的现象。由于城市轨道交通运营工作性质特殊、管理要求严格，从业人员心理压力大，耗费身心能量多，减轻疲劳对保证运营安全具有重要意义。

（8）需要、动机与运营安全　需要是人为了生存发展而产生的生理需求和对社会的需要在大脑中的反映。动机是人由于某种需要或愿望而引起的一种心理活动，是激励人们通过行为达到目的的内因和动力。人的安全行为是在一定条件下受安全动机指使的主观努力结果，如何强化人的安全意识和动机来促进安全行为是运营安全心理保障的核心问题。

3. 城市轨道交通运营安全心理保障

（1）增强安全意识　牢固的安全意识是运营安全的重要前提和保证。增强从业人员安全意识可确保安全自控，增强群体安全意识可实现安全互控和联控。增强安全意识的主要途径见表4-1-6。

表 4-1-6　增强安全意识的主要途径

| 序号 | 主要途径 | 具体措施 |
|------|----------|----------|
| 1 | 坚持正面教育 | 不断进行安全教育和定期培训，使广大员工正确认识并处理好安全与效率、效益的关系，安全与国家、集体、个人之间的关系，安全与自控、互控、联控之间的关系，充分发挥安全意识的能动性 |
| 2 | 强化管理意识 | 一是人本意识，人是安全生产中最富有主观能动性、创造性和积极性的要素；二是长远意识，长治久安是安全运营的根本所在，不得有半点松懈和麻痹，应警钟长鸣；三是辩证意识，加强硬性制度、严格检查和奖惩力度，还要提高员工综合素质及养成安全习惯行为 |
| 3 | 坚持典型示范 | 通过典型示范，使班组成员学、比有榜样，赶、超有对象，牢固树立"安全生产光荣，违章违纪可耻"的观念，自觉为安全生产多做贡献 |
| 4 | 利用从众心理 | 利用从众心理，充分发挥班组优良作风和集体荣誉的作用，加大制度和纪律的约束力，增强群体一致向上的凝聚力，形成从"要我安全"变成"我要安全"的氛围 |

（2）激励安全动机　对安全生产进行激励的目的是通过激励引导员工的安全需要，强化安全动机，促成安全行为。运用多元化激励手段，鼓励员工在安全生产上取得成绩并获得应有的奖励。激励安全动机的主要途径见表 4-1-7。

表 4-1-7　激励安全动机的主要途径

| 序号 | 主要途径 | 具体措施 |
|------|----------|----------|
| 1 | 奖励与惩罚 | 鼓励员工忠于职守、努力工作，从而使他们在精神和物质上得到暂时的满足。如果因违章违纪造成事故损失，就应在受到惩罚后，通过认真总结经验教训，避免事故再次发生 |
| 2 | 竞赛与升级 | 全面保持安全生产稳定持久、健康发展的良好势头，并通过竞赛、升级或奖励相结合等有效途径，提高广大员工安全生产积极性 |
| 3 | 民主管理与监督 | 进一步充实安全公开内容，规范民主决策程序，强化安全管理的监督制约机制，保障员工的知情权、决策权、参与权和监督权 |

另外，还要注意遏制不安全的动机，如消除少数员工为图省事而简化作业程序，为逞强好胜而故意违章违纪，为逃避事故惩罚而推卸责任或隐瞒事故等消极心态。

（3）提高业务能力　能力是个人比较稳定的心理特征，与知识、技能关系密切。为了提高员工的技术业务能力，必须坚持教育和实践等工作。提高技术业务的主要途径见表 4-1-8。

表 4-1-8　提高技术业务的主要途径

| 序号 | 主要途径 | 具体措施 |
|------|----------|----------|
| 1 | 开展技术业务学习 | 持续开展全员业务知识、安全知识和安全技能教育，尤其要将新员工、班组长作为培训重点，强化非正常情况下的作业应变能力，进行系统超前培训，严格执行"先培训、后上岗"的制度 |
| 2 | 坚持工作操作实践 | 对员工教育应坚持"重现场需要、重实际操作、重实际成效"的原则，大力改进培训方式、方法。结合工作实际，将各业务工种的实际操作技能分解成单项模块式教学内容，进行组合式培训 |
| 3 | 学标、对标、达标 | 经常性地开展学标、对标、达标活动。本着"干什么学什么"的原则，组织各工种所有在岗员工按照作业标准，反复学、反复教、反复练，直到熟知熟练为止 |

（4）改善运营安全环境　改善运营安全环境主要包括改善工作环境和改善内部社会环境，见表 4-1-9。

表 4-1-9　改善运营安全环境

| 序号 | 主要途径 | 具体措施 |
|---|---|---|
| 1 | 改善工作环境 | 应根据人的感知、注意、记忆、思维、反应能力在不同环境因素下的变化规律，从对人的心理产生积极影响的效果出发，对不同作业场所的照明、色彩、温度、湿度、粉尘、布局等进行设计和安排 |
| 2 | 改善内部社会环境 | 在运营过程中，各级组织对安全工作的领导必须坚持"严字当头、严格要求、严肃管理"的原则，正确处理好人与人之间的关系。其中，协调干群关系的关键在于树立廉洁奉公的领导形象，切实转变领导作风，重点解决好作风不实、官僚主义、形式主义和好人主义等问题，真心实意地关心员工生活，体察员工的思想、情感和困难，尽可能满足员工多层次的需要，帮助员工解除后顾之忧，促使广大员工身体健康、精力充沛、情绪饱满地投身运营生产中 |

另外，非从业人员的不安全行为也可导致不安全事件的发生。安全意识强的人能及时发现事故隐患，通过采取有效措施果断应对，而安全意识差的人就不能及时发现事故隐患，或发现后处置不当，最终酿成事故，甚至使事故损失扩大。因此，对非从业人员进行安全管理，也可在一定程度上减少或避免事故的发生。

### 三、劳动防护

在生产劳动过程中，尽管采取了必要的工艺改革和防护装置，但仍有一些不安全因素无法用技术和设备排除。此时，应使用劳动防护用品保护人身安全。

#### 1. 劳动防护用品

劳动防护用品，是指由用人单位为劳动者配备的，使其在劳动过程中免遭或者减轻事故伤害及职业病危害的个体防护装备，见表 4-1-10。

表 4-1-10　常用劳动防护用品

| 序号 | 劳动防护用品类别 | 按防护功能分类 |
|---|---|---|
| 1 | 头部防护用品：为防御头部不受外来物体打击和其他因素危害而配备的劳动防护装备 | 可分为一般防护帽、防尘帽、防水帽、防寒帽、安全帽、防静电帽、防高温帽、防电磁辐射帽、防昆虫帽 9 类 |
| 2 | 呼吸器官防护用品：为防御有害气体、蒸汽、尘、烟、雾从呼吸道吸入，直接向劳动者供氧或清洁空气，保证尘、毒污染或缺氧环境中劳动者正常呼吸的防护用品 | 可分为防尘类和防毒类 |
| 3 | 眼（面）部防护用品：为预防烟雾、尘粒、金属火花和飞屑、热辐射、电磁辐射、激光、化学飞溅等伤害眼或面部的防护用品 | 可分为防尘、防水、防冲击、防高温、防电磁辐射、防射线、防化学飞溅、防风沙、防强光 9 类 |
| 4 | 听觉器官防护用品：为防止过量的声能侵入外耳道，使人耳避免噪声的过度刺激，减少听力损失，预防由噪声对人身引起不良影响的个体防护用品 | 可分为耳塞、耳罩和头盔式噪声耳罩 3 类 |

（续）

| 序号 | 劳动防护用品类别 | 按防护功能分类 |
| --- | --- | --- |
| 5 | 手部防护用品：具有保护手和手臂的功能，供劳动者在劳动时使用的劳动防护手套 | 可分为一般防护、防水、防寒、防毒、防静电、防高温、防X射线、防酸碱、防油、防振、防切割、电绝缘手套等 |
| 6 | 足部防护用品：防止生产过程中有害物质和能量损伤劳动者足部的防护用品 | 可分为防尘、防水、防寒、防冲击、防静电、防高温、防酸碱、防油、防烫、防滑、防穿刺、电绝缘、防振13类 |
| 7 | 躯干防护用品：即通常所指的防护服 | 可分为一般防护、防水、防寒、防砸、防毒、阻燃、防静电、防高温、防电磁辐射、耐酸碱、防油、水上救生、防昆虫、防风沙14类 |
| 8 | 护肤用品：为防止皮肤免受化学和物理等因素危害的防护用品 | 可分为防毒、防腐蚀、防射线、防油漆及其他5类 |
| 9 | 防坠落用品：为防止劳动者从高处坠落而受到伤害的防护用品 | 主要有安全带和安全网 |
| 10 | 其他防御危险、有害因素的劳动防护用品 | |

### 2. 劳动防护用品管理

各单位应制订劳动防护用品的管理制度和发放标准，建立健全劳动防护用品的购买、验收、保管、发放、更换、报废等管理制度，监控劳动防护用品的质量。应根据安全生产、防止职业性伤害的需要，按照不同工种和劳动条件，为员工免费提供符合国家标准或者行业标准规定的劳动防护用品，并监督、教育、指导员工在作业时正确佩戴、使用。

各单位在新员工上岗前，应为新员工配置劳动防护用品，新员工应按照劳动防护用品的使用规则和防护要求，正确使用劳动防护用品。未按规定佩戴和使用劳动防护用品的，不得上岗作业。劳动防护用品的选定应遵循"安全、实用、经济、美观"的原则，质量必须符合国家相关规定要求。若使用进口劳动防护用品，其防护性能不得低于我国的相关标准。

各单位应教育员工，使员工做到"三会"，即"会检查劳动防护用品的可靠性""会正确使用劳动防护用品"和"会正确维护劳动防护用品"。员工不得使用判废后的劳动防护用品。特种劳动防护用品在使用前要仔细进行外观检查，发现疑点应暂停使用，并及时报告部门负责人进行调剂，以保障生产。员工在作业过程中，应当按照规章制度和相关规则，正确佩戴和使用劳动防护用品。

### 3. 城市轨道交通运营中的劳动防护用品

常用的城市轨道交通劳动防护用品，见表4-1-11。

表4-1-11　常用的城市轨道交通劳动防护用品

| 类型 | 举例 |
| --- | --- |
| 头部防护用品 |  |

防尘帽　　　　安全帽

（续）

| 类型 | 举例 |
|------|------|
| 呼吸器官防护用品 | 防尘口罩　　　　　　　防毒口罩 |
| 眼（面）部防护用品 | 焊接护目镜　　　专业焊接面罩　　　防热辐射面罩 |
| 听觉器官防护用品 | 耳塞　　　　　耳罩　　　头盔式噪声耳罩 |
| 手部防护用品 | 防护手套　　　　　　绝缘手套 |
| 足部防护用品 | 防水鞋　　　　　　防静电鞋 |
| 躯干防护用品 | 反光背心　　　防水服　　　防寒服 |

（续）

| 类型 | 举例 |
|------|------|
| 防坠落用品 | 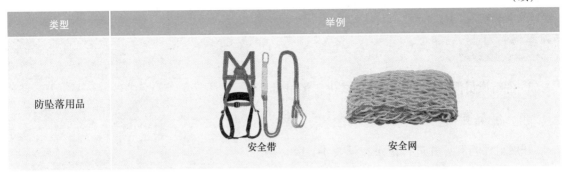<br>安全带　　　　　　　　安全网 |

 【任务实施】

案例导入

2020 年 6 月 22 日 19 时许，某建筑劳务公司负责深圳地铁 8 号线盐田路站 C 口施工的电气代班组长，根据工程进度和工作需要，安排两名组员连接 C 口应急照明和大厅广告灯箱插座等工作。组员甲在双电源切换箱旁边开始应急照明接线，组员乙在大厅进行广告灯箱插座接线。19 时 10 分，组员甲在接线操作时，不慎触电倒地，送往医院后，经抢救无效死亡。

一、任务目的

为了深刻汲取上述事故教训，加强安全风险管控和隐患排查，A 市城市轨道交通企业准备对所属维保公司组织一次特种作业安全教育。你作为安全技术员，请你组建一支团队完成此次特种作业安全教育的基础内容编制工作，并进一步探究城市轨道交通人员安全管理。

二、任务内容

编制城市轨道交通特种作业人员安全教育基础内容。

三、任务步骤

1. 将学生进行分组，4~5 人为一组，小组成员自行查询资料，分析此次触电事故原因、教训及启示，并进行记录，见表 4-1-12。

表 4-1-12　个人结果记录表

| 事故原因 | |
|------|------|
| 教训及启示 | |

2. 小组成员相互学习，修改或补充组内各个成员的分析结果，总结完善出本组最终讨论结果，并将结果进行记录，见表 4-1-13。

表 4-1-13　小组结果汇总表

| 事故原因 | |
|---|---|
| 教训及启示 | |

3. 各组成员派代表，以 PPT 形式进行汇报。

## 四、任务评价

开展自评与互评并进行记录，见表 4-1-14。

表 4-1-14　评价表

| 评价项目 | 自评（10 分） | | 互评（10 分） |
|---|---|---|---|
| 第（　）组 | | | |
| 点评记录 | 优点 | | |
| | 缺点 | | |

## 五、任务总结

_____

_____

_____

### 【学习小结】

1. 职业病泛指劳动者在生产劳动及其他职业活动中，由于职业性有害因素的影响而引起的疾病。除促使患者远离致病源自然痊愈外，还可通过改善作业环境、改进作业方法、注意劳动者健康等管理手段降低患病率。城市轨道交通运营职业病有害因素防治主要包括化学毒物、粉尘、噪声与电磁辐射等危害的控制。

2. 人的心理现象及其规律性与运营安全有着密切相关。可通过增强安全意识、激励安全动机、提高业务能力、改善运营安全环境等有效措施，来加强城市轨道交通运营从业人员的安全心理保障。另外，对非从业人员进行安全管理也可在一定程度上减少或避免事故的发生。

3. 在生产劳动中，员工应使用劳动防护用品保护人身安全与健康。常用的劳动防护用品分为头部、呼吸器官、眼（面）部、听觉器官、手部、足部、躯干、护肤、防坠落等类别。同时，企业应建立健全劳动防护用品的购买、验收、保管、发放、更换、报废等管理制度，并监督、教育、指导员工在作业时正确使用劳动防护用品。

### 【知识巩固】

### 一、填空题

1. 职业性有害因素，又可称为生产性有害因素，根据其来源和性质可以分为_____、

_____和_____。

2. 职业病的预防主要包括_____、_____和_____三个方面内容。

3. 在劳动保护管理过程中，各企业单位应教育、指导员工做到"三会"，即_____，_____，_____。

4. 能力是个人比较稳定的心理特征，与知识、技能密切相关。提高员工技术业务能力的主要途径有_____、_____和_____。

## 二、选择题

1. 以下哪一种职业性有害因素，不属于生产过程有害因素中的生产性毒物。（    ）

A. 二氧化硫　　　　　　　　　　B. 光气

C. 有机磷农药　　　　　　　　　D. 金属研磨尘

2. （    ）是人脑对所经历过的人和事的识记、保持和重现。

A. 记忆　　　　　　　　　　　　B. 注意

C. 能力　　　　　　　　　　　　D. 气质

3. 在城市轨道交通运营安全心理保障的内容中，以下哪一项不属于增强安全意识范围。（    ）

A. 坚持正面教育

B. 强化管理意识

C. 坚持典型示范

D. 奖励与惩罚

4. 为防御有害气体、蒸汽、尘、烟、雾从呼吸道吸入，直接向劳动者供氧或清洁空气，保证尘、毒污染或缺氧环境中劳动者正常呼吸的防护用品是（    ）。

A. 防尘帽　　　　　　　　　　　B. 防毒面具

C. 专业焊接面罩　　　　　　　　D. 防护服

## 三、简答题

1. 如何进行城市轨道交通运营职业病的防治？

2. 如何进行城市轨道交通运营安全心理保障？

3. 如何进行城市轨道交通运营中的劳动保护？

# 任务二　城市轨道交通设备安全管理

## 【任务描述】

城市轨道交通的安全运营离不开车辆、轨道、信号、通信、供电等系统设施设备的安全、稳定运行。在城市轨道交通系统安全管理过程中，应如何科学进行设备维护保障与更新改造？针对城市轨道交通系统中的特种设备，又应如何开展安全管理？

【学习目标】

| 知识目标 | 技能目标 | 素养目标 |
|---|---|---|
| 1. 能熟知城市轨道交通设备运行监测相关知识<br>2. 能掌握城市轨道交通设备维护与更新基础知识<br>3. 能掌握城市轨道交通特种设备安全管理基础知识 | 1. 能够根据实际情况，正确开展城市轨道交通设备维护保障<br>2. 能够根据实际情况，正确开展城市轨道交通设备更新改造<br>3. 能够根据实际情况，正确开展城市轨道交通特种设备安全管理 | 1. 树立严谨的岗位安全责任意识<br>2. 培养科学的城市轨道交通设备安全管理能力 |

【知识准备】

一、设施设备运行监测

城市轨道交通设施设备主要是指为安全有效地输送乘客，组织开展的一系列活动而投入使用的运营设备和设施。对城市轨道交通设施设备进行监测的目的是随时掌握其运行状态，及时发现运行中可能出现的影响城市轨道交通安全的因素，并为排除这些影响因素提供依据。

**1. 设施设备运行监测的基本要求**

城市轨道交通运营单位应组织编制各类设备的操作手册，操作手册的发布、修订及废止应经充分技术论证后方可实施。其中，操作手册应至少包括启用前的状态检查、启停程序、操作流程、异常情况处置程序、安全作业管理规定等内容。

根据城市轨道交通运营实际，运营单位应合理制订设备运行计划。每日运营前，应对轨行区行车环境、车辆系统、供电系统、通信系统、信号系统、自动售检票系统、乘客信息系统、安全门等直接影响行车安全和客运服务的设备，以及其他重新开机启用的设备进行检查，确认正常后方可投入运营。

运营单位应密切监控设施设备的运行状态，对于设备异常情况报警，应进行分级、分类，及时检查确认并处理。若无法继续维持运营或继续运营将危及行车安全，应停运抢修并尽快恢复运营。若可继续维持运营，应视情采取区间限速、添乘检查、安全防护等措施，尽快完成故障修复。其他不影响运营的故障，应明确故障修复方案，在具备条件后及时组织故障处理。

**2. 设施的巡查和监测**

对桥梁、隧道、轨道、路基等设施应进行定期巡查和监测，设施的巡查和监测要求见表 4-2-1。

表 4-2-1　设施的巡查和监测要求

| 设施类型 | 具体要求 |
|---|---|
| 桥梁 | 混凝土桥梁巡查频率不低于 3 个月 1 次，钢桥、钢混组合桥梁、钢混混合桥梁巡查频率不低于 1 月 1 次。桥梁墩台基础沉降与梁体竖向变形等在交付运营后第一年内监测频率不低于 6 个月 1 次，第二、三年监测频率不低于 1 年 1 次，第三年之后频率不低于 3 年 1 次 |

（续）

| 设施类型 | 具体要求 |
|---|---|
| 隧道 | 巡查频率不低于1个月1次。隧道结构变形、联络通道等地下区间附属设施变形等第一年内监测频率不低于6个月1次，第二年监测频率不低于1年1次，第二年之后监测频率不低于3年1次 |
| 轨道 | 巡查频率不低于1周1次，对轨距、水平、高低、三角坑等轨道静态几何尺寸的监测频率不低于3个月1次，定期对轨道动态几何尺寸、车体垂直振动加速度和横向振动加速度等进行监测 |
| 路基 | 巡查频率不低于1个月1次，对路基本体、排水设施以及防护加固设施的检查频率不应低于1年1次 |
| 接触网 | 巡查频率不低于1个月1次，定期对接触网导高、拉出值、磨耗等进行监测 |

设施存在病害、遇不良地质地段、发现变形较大地段及其他需要重点关注的地段，应根据实际情况加密监测点并加密监测次数。

**3. 设备的监测和诊断**

应利用车辆、供电、信号等设备自有的监测和诊断功能，对相关关键部位进行实时监控。设备监测和诊断的关键部位见表4-2-2。

表4-2-2 设备监测和诊断的关键部位

| 设备类型 | 关键部位 |
|---|---|
| 车辆 | 牵引系统、制动系统、受流装置、走行系统等 |
| 供电 | 断路器、继电保护装置、干式变压器、再生储能装置、UPS电源等 |
| 通信 | 电源、传输设备、网络设备等 |
| 信号 | 应答器、转辙机、电源系统等 |
| 机电 | 通风空调与供暖、给水与排水、自动售检票系统、火灾自动报警系统、乘客信息系统、安全门等 |

应做好有关设施设备的运行测试、管理和安全防护，部分设备运行测试、管理和安全防护的频率要求见表4-2-3。

表4-2-3 部分设备运行测试、管理和安全防护的频率要求

| 设备类型 | 具体要求 |
|---|---|
| 区间消防电话、应急照明、区间联络通道、区间疏散平台、车站、区间人防门（防淹门）、区间防排烟系统和风阀等设施设备 | 至少每年进行1次检查和功能测试 |
| 信号系统降级功能、接触网（轨）单边供电和大双边供电功能 | 至少每年进行1次测试 |
| 备用控制中心相关设施设备的完好性 | 至少每年进行1次倒切测试 |

另外，定期对供电、通信、信号、综合监控、安全门等存在接口关系的设备系统时钟进行监测和校准，确保各系统与主时钟服务器同步。对列车门紧急解锁装置、站台紧急停车按钮、安全门应急解锁装置以及电扶梯紧急停梯按钮等紧急操作设备，通过粘贴警示标签、视频监控、安排巡查等方式加强防护。若认为有必要、确需在运营阶段增设在线监测设备，应经过充分论证、评审后加装，但加装的设备不得影响设施设备正常运行。

## 二、设施设备维护

设施设备的常规维护，是指为维持设备设施正常状态而实施的清扫、外观检查、状态检查、功能检查、润滑、调整、损耗件更换、系统优化以及数据备份等常规性维护作业。设施设备的定期检修，则是指为恢复设备设施的性能而实施的全面检查、性能测试、修理、部件更换以及系统调试等周期性检修作业。

**1. 设施设备维护的模式与策略**

（1）维护模式　原则上，设备设施的维护应采用"计划修"模式，对于具备运行状态监测的设备设施可选择"状态修"模式。"计划修"和"状态修"两种模式应以故障纠正性维修作为必要的补救手段，以满足系统的整体可靠性要求。维护管理不宜采用"故障修"模式，设施设备维护的模式见表4-2-4。

表 4-2-4　设施设备维护的模式

| 类型 | 具体含义 |
| --- | --- |
| 计划修 | 以预防为主，根据零件磨损、老化和使用寿命的规律，按照维修规程规定的周期、内容和要求，对设备进行有计划的维修 |
| 状态修 | 根据先进的状态监测和诊断技术提供的设备状态信息，判断设备的性能状态是否正常，在故障发生前进行的维修 |
| 可靠性维修 | 按照以最少的资源消耗保持设备固有可靠性和安全性的原则，应用逻辑决断的方法，确定设备预防性维修要求的过程或方法 |
| 均衡修 | 在充分掌握列车可靠度和零部件故障周期的基础上，把维修停时较长的维修内容均衡分拆实施，充分地利用列车运行的天窗期，提高列车可用上线率 |
| 故障修 | 为恢复设备设施的正常使用功能而进行维护修理工作 |
| 预防性维修 | 为保持设备设施使用正常而按计划例行进行的维护修理工作 |

（2）设施设备维护的策略　负责设备设施正常运行的运营单位应针对相应的设备设施制订维护策略，制订原则应包括但不限于以下策略。设施设备维护的策略见表4-2-5。

表 4-2-5　设施设备维护的策略

| 序号 | 具体策略 | 序号 | 具体策略 |
| --- | --- | --- | --- |
| 1 | 提高设备设施的运行效率 | 6 | 降低维护成本 |
| 2 | 避免重大故障的重复发生 | 7 | 修程与修制 |
| 3 | 消除所有可能出现的缺陷 | 8 | 备件准备和储存 |
| 4 | 设备设施在运营生产中的重要度 | 9 | 依据的技术参数和要求 |
| 5 | 缩短停机时间 | 10 | 运行文件 |

城市轨道交通设备设施维护策略宜采用定期维护、故障维护、状态修、均衡修、可靠性维修等。维护策略应根据全面质量管理程序持续改进。

**2. 设施设备维护的基本要求**

设施设备的维护工作应将城市轨道交通运营安全指标与设备运行指标紧密结合，确保运营设施设备处于良好有效的运行状态。负责设施设备正常运行的运营单位，应对其承担的设施设备进行常规维护和定期维护，根据运营设施设备的实际状态，安排定期或不定期的日常巡视检查工作。

（1）**设施设备维护规程**　运营单位应组织编制设施设备维护规程，并经充分技术论证后，方可实施发布、修订与废止。设施设备维护规程应包括但不限于维护项目、维修周期、维护流程、维护工艺及技术标准、质量与安全控制要求、维护验收等内容，对关键工序的作业程序、注意事项及检查标准等应详细规定，并可根据设备设施的实际状态及表现发生变化、厂家对设备设施常规维护和定期检修的明确要求以及其他需要调整的情况，做出适度调整。其中，车辆、信号等关键设备维护要求，见表 4-2-6。

表 4-2-6　关键设备维护要求

| 关键设备 | 具体要求 |
| --- | --- |
| 车辆系统 | 列检间隔不超过 15 天，月检间隔不超过 3 个月，架修间隔不超过 5 年或 80 万车 km，大修间隔不超过 10 年或 160 万车 km，整体使用寿命一般不超过 30 年或 480 万车 km |
| 信号系统 | 维护间隔不超过 7 天，整体使用寿命一般不超过 20 年 |

另外，还应制订设备设施的维修与维护作业指导文件，其主要内容不应少于指导作业的工艺、标准、方法、流程，以及需配置的人员、工具和设备等要求。

（2）**设施设备维护施工**　根据设施设备维护规程，应编制设施设备的维护计划并组织实施。其中，正线或车辆基地咽喉区关键道岔、正线接触网（轨）、正线轨道、车辆关键部件等重要设施设备的维护工作应严格按照维护计划执行。另外，运营线每日非运营时间内的设备设施检修施工预留时间不宜少于 4h。在维护施工过程中，应严格落实施工区域管理、请销点登记等制度，加强安全防护和质量监控，轨行区等重点区域或关键设施设备施工作业应有专业人员监督。若施工过程中动用其他设施设备，施工完毕后应及时复原并检查确认。若由委外单位施工作业，运营单位应加强安全管理，在办理相关施工手续后，方可进行施工。在轨行区等重点区域施工时，应安排专人旁站监督。

**3. 设施设备维护的质量保障**

为了保障城市轨道交通设备设施的维护质量，应定期开展检修维护的质量考核工作，周期可根据设备设施的使用情况确定。质量保障的主要内容包括设备运行指标评定、作业现场检查以及维修信息记录情况检查等。

（1）**运行指标评定与现场检查**　在检修维护后，设备设施的运行指标应定期进行考核和量化分析，确保考核项目及标准符合质量目标的要求。设置具有层级的现场管理、检查机制，并及时对检修维护过程以及结果进行现场检查。根据检修维护后的质量考核结果，持续优化检修维护方法和流程、适度调整检修维护周期、修订检修维护相关程序文件。

（2）**备品备件及周转件管理**　应建立备品备件及周转件管理制度，明确备品备件采购、存放、验收、领用和维护等要求，并结合设施设备故障统计分析情况，合理配备备品备件，避免因存放过久导致功能失效。同时，维修返回的周转件与备品备件应区分管理，建立周转件履历资料，对其维修和流转使用情况进行跟踪记录。

（3）**维修工具、装备及仪器仪表管理**　应建立维修工具、装备和仪器仪表的管理办法与档案管理制度。对维修工具、装备和仪器仪表进行定期检查、监控、测量、试验、校准与维护等工作，仪器仪表等计量工器具应检验校准并标注质量审核合格标签。涉及强制检定的工具、装备、仪器仪表等设施设备，必须按照有关规定执行；未经检测或检测不合格的工具、装备、仪器仪表严禁使用。

（4）维护作业信息管理　建立检修维护信息记录、签批以及检查制度，确保维护信息记录完整、规范。管理信息包括日期、时间、地点、检修人，被检修维护设备名称、编号、位置及部位，检修维护的项目和内容，使用的计量器具，设备维护前、后的技术运行状态，故障统计及分析，按有关要求建立有效的信息安全管理制度和操作规程等内容。

## 三、设施设备更新改造

设施设备更新改造，是指以新建、新购固定资产替换需报废、拆除的原固定资产，而进行的综合性技术改造和采取的重大技术措施，以及对既有固定资产进行系统性技术改造、改良的升级更新，可分为整体更新改造、子系统更新改造和局部设备更新改造。

### 1. 设施设备的更新条件

运营单位应根据设施设备使用年限、运行状况监测评估结果、备品备件供应以及维护成本等情况，确定设施设备的更新改造项目。设备设施使用年限和报废条件应依据国家标准、行业标准等确定。标准规范中未规定使用年限和报废条件的，应以采购时供应商提供的使用年限和报废条件或采购合同的约定为准。

在常态下，设备设施经过检修维护仍无法恢复原设计的使用功能或者对运营生产造成严重影响时；在达到物理寿命时；到达合同约定的使用年限，经分析评估与论证不宜继续使用时，应进行更新。

设备设施未达到使用年限，但由于故障率高而严重影响正常运营，经维修后安全方面存在的重大风险仍不能消除，原设计的功能、性能不能满足当前运营要求，备品备件严重短缺导致维修质量难以保证，或者属于国家、行业、地方标准规定淘汰的设备设施，应由运营单位职能部门或政府主管部门组织对设备设施进行评估与论证，并应向运营单位职能部门或由运营单位职能部门向政府主管部门提出提前更新的申请。

设备设施已达到使用年限，经由运营单位职能部门组织检测与评估仍可继续使用的，可延后更新，延后时间根据评估结果确定。延后更新设备设施可根据评估建议做正常使用或降级使用。

### 2. 设施设备的更新程序

（1）更新改造规划与方案　运营单位应根据设备设施的使用寿命、经济寿命、技术寿命、运行状况和更新条件等要求制订更新改造规划。在更新规划的基础上，应结合实际使用情况组织技术评估与论证，并提出更新改造方案。设施设备更新改造方案包含可行性论证、设计文件、运营组织调整方案和安全保障措施等内容。城市轨道交通运营主管部门应加强对更新改造方案编制工作的监督，以满足安全运营需求。

更新改造的实施应按计划和程序、有组织地逐项落实更新任务。在城市轨道交通项目改建、扩建时，运营单位应对改扩建设计方案、技术方案、施工方案、安全保障方案等文件进行事前审核，后办理施工手续。实施过程中应采取安全和检查措施保障运营安全。改扩建工程涉及既有设施设备、影响正常行车或运营服务的，应在非运营时段进行。当施工结束后，运营单位应对影响设施设备的使用功能进行检查确认，不得影响正常运行。更新前和更新过程中应组织技术核查及质量检验，更新后应进行检查验收并提交验收报告。

（2）关键设施设备的更新改造　新购置列车或转厂生产的首列车，应先行开展试验验证车辆性能。新购置列车均应开展动态功能测试，测试应先在试车线进行，并做好安全防护措施。在满足冲突点防护、车门与动车互锁、溜车防护和超速防护等安全功能要求后，进行正线测试。测试合格后，应开展不少于2000列公里的不载客运行，方可投入运营。正线测试应在非运营时段进行。测试期间发现可能危及行车安全的故障或突发事件时，应立即停止，待故障或突发事件处理完毕后方可继续进行。

信号系统整体更新前，运营单位应组织设计单位、设备供应商等对更新工程的可行性进行充分论证，确保新信号系统选型能与车辆、供电、通信、综合监控、安全门、乘客信息系统等原有设备接口兼容，尽量减少对原接口设备的升级改造。信号系统整体更新应在非运营时段进行，实施全过程监控管理，确保既有信号系统在过渡期间正常运行，并对设备安装工艺和标准进行卡控。当新旧信号系统兼容运行，在对两列列车进行升级并上线试用不少于1个月后，方可对其他列车分批次更新升级。新旧信号系统倒切前，应在非运营时段开展不少于3次的实战演练，新信号系统经过累计不少于144h的不载客运行后方可投入运营。

对于关键设施设备运行过程中暴露出来的软件安全隐患或缺陷，运营单位应及时组织供应商升级修复。对于新增功能或其他优化性的软件升级需求，应对功能变化和其他功能模块受影响情况进行充分论证后方可施行。软件升级前，运营单位应要求供应商在实验室进行充分试验，并进行技术交底。升级时应组织供应商共同做好安全防护。

更新改造过程中，轨道、车辆、供电、通信、信号等关键设施设备的主要部件批量采用新技术、新材料或新产品的，运营单位应在更新改造前对其安全性、可靠性、可维护性等进行充分评估，并小范围试用不少于3个月，确认满足设施设备功能要求后方可逐步推广应用。

**3. 设施设备的更新验收与报废处理**

设备设施更新前和更新过程中，实施单位应组织技术核查及质量检验，更新后应进行检查验收并提交验收报告。

**（1）设施设备的更新验收**　在更新后，设备设施应符合相关设计要求和标准，应消除原有设备存在的弊端并达到更新预期的性能和经济效益，其运行的安全性和可靠性指标应满足城市轨道交通运营安全和服务要求，低耗环保性能应符合国家、行业及地方标准，整体技术水平应与相关系统的技术水平相协调，技术接口标准应满足与路网调度指挥系统接入的要求，满足路网调度、应急调度指挥、清分清算、运量运力评估及统计分析等的要求。另外，设备选型及设施的设置应在满足原有设备设施性能的基础上，结合运营线路的实际情况，选择技术成熟、安全可靠、便于管理、便于维修、符合技术发展趋势的设备设施。设备选型及设施的设置应满足既有线路的运营要求，并充分考虑与其他线路的运营兼容性。设备选型及设施的设置还应具有可靠性、经济性和适度先进性。

**（2）设施设备报废处理**　经更新审核确需报废的设备设施，运营单位应提出报废申请。由运营单位职能部门主持报废审查，并报政府主管部门审批。政府主管部门已做出明确规定的报废处置方案，应按政府规定执行。设备报废可通过拆迁、废品变卖、零部件利用、回炉等方式完成清理折旧、收回残值、注销固定资产账、注销台账、清理卡片和档案等工作。

## 四、监督管理

运营单位具体负责并组织开展设施设备运行维护工作，确保设施设备性能良好、状态稳定。委托外单位开展设施设备运行维护服务工作的，运营单位应与服务商签订书面协议，明确服务项目、监测及维护周期、需求响应时间、质量要求、安全作业要求和违约责任等。委外服务不免除或减轻运营单位应承担的主体责任，委外服务商依据委外服务合同承担相应责任。运营单位应建立委外服务评价体系，对服务商响应及时性、故障处理速度、维护计划完成率、监测和维护质量等进行综合评价，加强委外服务管理。

运营单位应按月统计设施设备故障情况，定期开展设施设备故障发生次数、平均无故障运行时间、故障发生率等重点指标分析，对设施设备运行状况和服役能力进行持续评估，为设施设备维护及更新改造提供支持。

运营单位应当依托城市轨道交通智能管理系统，对设施设备运行维护工作实施全生命周期的信息化、痕迹化管理，实现设施设备履历管理、运行监测、运维工单流转、故障记录和统计分析等功能，提高设施设备运行维护的科学管理水平。

城市轨道交通运营主管部门应对运营单位设施设备运行维护情况开展监督检查，对监督检查中发现的问题要及时督促整改并纳入相关考核。

### 五、特种设备安全管理

特种设备是指涉及生命安全、危险性较大的压力容器（含气瓶）、压力管道、电梯、起重机械、客运索道、大型游乐设施。特种设备使用单位应当严格执行《特种设备安全监察条例》和有关安全生产的法律、行政法规的规定，保证特种设备的安全使用。

**1. 特种设备安全管理基础**

（1）安全生产责任制  特种设备使用单位应建立安全生产责任制，成立以总经理为第一责任人的安全生产领导小组，建立安全生产管理体系，实行"班组、分公司、公司机关"三级管理，层层设置特种设备安全管理员。

（2）登记备案  特种设备在投入使用前或者投入使用后30天内，应向特种设备安全监督管理部门登记。登记标志应置于或者附着于该特种设备显著位置。

（3）定期检验  特种设备使用单位应当对在用特种设备进行经常性日常维护，并定期自行检查。特种设备使用单位应当按照安全技术规范定期检验的要求，在安全检验合格有效期届满前1个月向特种设备检验检测机构提出定期检验要求。未经定期检验或者检验不合格的特种设备不得继续使用。

（4）安全技术档案  特种设备使用单位应当建立特种设备安全技术档案，档案内容包括特种设备设计文件、制造商、产品质量合格证明、使用维护说明等文件以及安装技术文件和资料，特种设备定期检验和定期自行检查记录，特种设备日常使用状况记录，特种设备及其安全附件、安全保护装置、测量调控装置以及有关附属仪器仪表日常维护记录，特种设备运行故障和事故记录。

（5）使用与维护保养  任何特种设备都有一定的使用范围和特定的工作条件，只有在规定范围和条件下使用，才能够保障安全运行。特种设备可由使用单位进行简单的日常维护，也可由具有专业维修资质的单位进行维修。若特种设备出现故障或者发生异常，经全面检查维修后，其仍存在严重安全隐患、无改造与维修价值，或者超过使用年限，应当及时报废，并向原登记的特种设备安全监督管理部门办理注销。

**2. 特种设备作业人员安全管理**

（1）教育与培训  特种设备使用单位应当对特种设备作业人员进行特种设备安全教育、技能培训和考核监管，保证特种设备作业人员具备必要的特种设备安全作业能力。

（2）持证上岗  特种设备作业人员和管理人员应持证上岗，按照国家有关规定，经安全监察部门考试合格后，取得特种设备作业资格证书，方可从事相应的作业或安全管理工作。

（3）**主要职责**　特种设备作业人员应对特种设备运行状况进行经常性检查，发现问题应当立即处理。发生紧急情况时，可决定停止使用特种设备，并及时报告本单位有关负责人。应监督检查不使用无证制造、无证安装、无证使用的特种设备。及时办理特种设备使用登记、停用、过户、注销、检验等手续，配合质量监督检验部门的日常检查工作，发现特种设备事故隐患应及时报告。负责管理特种设备安全技术档案。

【任务实施】

案例导入

7月5日18时16分，上海地铁2号线中山公园站上行列车正常进行乘客乘降作业。当列车蜂鸣器关门警示响起，一名乘客欲强行上车并将手伸入车门，致使手腕被夹。车站工作人员发现后，立即上前帮助向外拉拽乘客，但并未成功。列车启动后，造成该乘客撞击安全护栏，并跌落站台。此次事故造成1人死亡，上行方向列车短暂中断运营。

事故发生后，车站值班员立即通知120急救中心，报告车站所在辖区派出所，并向总调度员上报事故基础信息、已采取措施以及运营受影响情况。接到报告后，总调度员立即转报控制中心与相关部门单位，控制中心及时调整列车运行方案。站务员在值班站长的指挥下，进行现场处置并做好站台监护，同时保护现场与挽留目击证人。公安人员抵达现场后，立即开展现场勘查检验和取证工作。事故处置过程如图4-2-1所示。

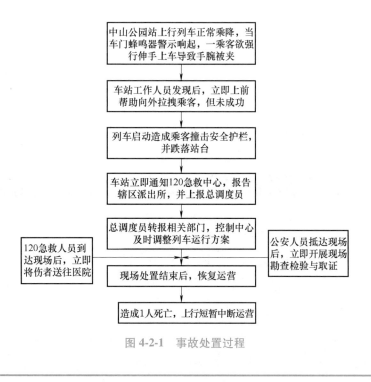

图4-2-1　事故处置过程

## 一、任务目的

A市城市轨道交通企业为了加强安全风险管控和隐患排查，提升员工设备安全管理意识，决定开展一次城市轨道交通设备事故案例分析会。你作为A市轨道交通安全技术员，积极响应公司号召，组织团队以上述事故或其他设备事故案例完成设备事故案例分析，并进一步做好城市轨道交通设备安全管理。

## 二、任务内容

探究城市轨道交通设备安全管理。

## 三、任务步骤

1. 将学生进行分组，4~5人为一组，小组成员自行查询资料，分析此次设备事故原因、教训及启示，并进行记录，见表4-2-7。

表4-2-7　个人结果记录表

| 事故原因 | |
|---|---|
| 教训及启示 | |

2. 小组成员相互学习，修改或补充组内各个成员的分析结果，总结完善出本组最终讨论结果，并将结果进行记录，见表4-2-8。

表4-2-8　小组结果汇总表

| 事故原因 | |
|---|---|
| 教训及启示 | |

3. 各组成员派代表，以PPT形式进行汇报。

## 四、任务评价

开展自评与互评并进行记录，见表4-2-9。

表4-2-9　评价表

| 评价项目 | 自评（10分） | 互评（10分） |
|---|---|---|
| 第（　）组 | | |
| 点评记录 | 优点 | |
| | 缺点 | |

## 五、任务总结

📁 【学习小结】 ▸▸

1. 针对城市轨道交通设施设备的运营监测，是为了能够随时掌握系统中设施设备的运行状态，及时发现运行中可能出现的影响城市轨道交通运营安全的因素，并为排除这些影响因素提供依据。

2. 为维持设备设施正常状态，通过计划修、状态修、可靠性维修、均衡修、故障修与预防性维修等形式，实施清扫、检查、润滑、调整、损耗件更换、系统优化以及数据备份等设备设施的常规性维护作业，并要求保障设备维护的质量与其他要求。

3. 设备设施的更新可代替技术上不能继续使用或经济上不宜继续使用的设备设施，可分为整体更新、子系统更新和局部设备更新。根据设备设施的更新条件，按照相应程序进行更新改造，并在更新改造后进行验收。若设备设施不满足更新条件，应及时报废处理。

4. 特种设备的制造质量、技术状态直接关系到国家财产和群众生命安全。特种设备安全管理以及特种设备作业人员安全管理，应严格遵照《特种设备安全监察条例》和有关安全生产的法律、行政法规的规定，保证特种设备的安全使用。

📝 【知识巩固】 ▸▸

一、填空题

1. 城市轨道交通列车控制与管理系统能够实现对车辆上所有重要设备之间的＿＿＿＿＿、＿＿＿＿＿与＿＿＿＿＿功能。

2. 设备维护的类型可主要分为＿＿＿＿＿、＿＿＿＿＿、＿＿＿＿＿、＿＿＿＿＿、故障修以及预防性维修。

3. 设备设施的更新可分为＿＿＿＿＿、＿＿＿＿＿和＿＿＿＿＿三种类型。

4. 按照国家有关规定，经安全监察部门考试合格后，取得＿＿＿＿＿，方可从事相应的作业或安全管理工作。

二、选择题

1. 以下哪一个选项为城市交通轨道检测的方法之一。（　　　）

A. 轨道电路　　　　　　B. 钢轨探伤车　　　　　C. ATP 系统　　　　　D. TCMS 系统

2. 以下哪一个选项不属于设备维护的策略。（　　　）

A. 设备设施在运营生产中的重要度　　　　B. 消除所有可能出现的缺陷

C. 降低设备设施的运行效率　　　　　　　D. 避免重大故障的重复发生

3. 以下哪一种情况不属于设备设施的更新条件。（　　　）

A. 在常态下，经过检修维护仍无法恢复原设计的使用功能

B. 达到物理寿命时

C. 到达合同约定使用年限，经分析评估与论证仍可继续使用时

D. 未达到使用年限，但属于国家、行业、地方标准规定淘汰的设备设施

4. 特种设备使用单位应当按照安全技术规范定期检验的要求，在安全检验合格有效期届

满前（　　）个月向特种设备检验检测机构提出定期检验要求。

A. 1　　　　　　　　B. 2　　　　　　　　C. 3　　　　　　　　D. 6

### 三、简答题

1. 如何进行城市轨道交通列车超速防护监测？
2. 如何保障城市轨道交通设备维护的质量？
3. 如何进行城市轨道交通设备设施的更新验收？
4. 如何进行城市轨道交通特种设备安全管理？

## 任务三　城市轨道交通环境安全管理

### 【任务描述】

除人员因素与设备因素外，环境也是影响城市轨道交通运营安全的重要因素之一，应该正确掌握哪些基本的环境安全管理知识？在城市轨道交通系统安全管理过程中，应如何正确辨识与使用安全色与安全标识？如何科学建立并完善安全文化体系？城市轨道交通安全运营的相关法律法规有哪些？

### 【学习目标】

| 知识目标 | 技能目标 | 素养目标 |
| --- | --- | --- |
| 1. 能概括安全色与安全标志的基础知识<br>2. 能概括安全文化的基础知识<br>3. 能熟知安全法律法规的基础知识 | 1. 能正确识别城市轨道交通运营生产中的安全标志<br>2. 能够根据实际情况，分析城市轨道交通企业安全文化体系 | 1. 树立严谨的岗位安全责任意识<br>2. 培养科学的环境安全管理能力 |

### 【知识准备】

### 一、安全色与安全标志

**1. 安全色与对比色**

（1）**安全色**　安全色是被赋予安全意义而具有特殊属性的颜色，用于表示禁止、警告、指令和指示等信息，能够使人们迅速注意到影响安全、健康的对象或场所，提醒人们注意，防止发生事故。本任务所说的安全色适用于公共场所、生产经营单位和交通运输、建筑、仓储等行业以及消防等领域所使用的信号和标志的表面色，不适用于灯光信号、荧光颜色和航空、航海、内河航运以及为其他目的而使用的颜色。

《安全色》（GB 2893—2008）规定，其种类与用途见表4-3-1。

表 4-3-1  安全色的种类与用途

| 安全色 | 含义 | 用途 |
|---|---|---|
| 红色 | 传递禁止、停止、危险或提示消防设备、设施的信息 | 各种禁止标志，交通禁令标志，消防设备标志，机械的停止按钮、制动及停车装置的操纵手柄，机械设备转动部件的裸露部位，仪表刻度盘上极限位置的刻度，各种危险信号旗等 |
| 蓝色 | 传递必须遵守规定的指令性信息 | 各种指令标志，道路交通标志中的指示标等 |
| 黄色 | 传递注意、警告的信息 | 各种警告标志，道路交通标志中的警告标，警告信号旗等 |
| 绿色 | 传递安全的提示性信息 | 各种提示标志，机器启动按钮，安全信号旗；急救站、疏散通道、避险处、应急避难场所等 |

注：1. 蓝色只有与几何图形同时使用时才表示指令。

　　2. 城市道路提示标志采用蓝色，不采用绿色，以免与道路两旁的绿色树木混淆。

（2）对比色  对比色是使安全色更加醒目的反衬色，包括黑色和白色两种。其中，黑色用于安全标志的文字、图形符号和警告标志的几何边框；白色用于安全标志中红、蓝、绿的背景色，也可用于安全标志的文字和图形符号。安全色与对比色的组合见表 4-3-2。

表 4-3-2  安全色与对比色的组合

| 序号 | 安全色 | 对比色 | 序号 | 安全色 | 对比色 |
|---|---|---|---|---|---|
| 1 | 红色 | 白色 | 3 | 黄色 | 黑色 |
| 2 | 蓝色 | 白色 | 4 | 绿色 | 白色 |

注：黑色与白色互为对比色。

（3）安全色与对比色的相间条纹  相间条纹为等宽条纹，斜度与基准面成 45°，宽度一般为 100mm，但可根据设备大小和安全标志位置不同采用不同宽度。在较小的面积上，宽度可适当缩小，但每种颜色不能少于两条。通常使用的相间条纹组合有红白相间、黄黑相间、蓝白相间、绿白相间四种，见表 4-3-3。

表 4-3-3  安全色与对比色的相间条纹

| 相间条纹 | 含义 | 用途 |
|---|---|---|
| 红白相间 | 表示禁止或提示消防设备、设施位置的安全标记 | 应用于交通运输等方面所使用的防护栏杆及隔离墩，液化石油气汽车槽车的条纹，固定禁止标志的标志杆上的色带等 |
| 黄黑相间 | 表示危险位置的安全标记 | 应用于各种机械在工作或移动时易碰撞部位，如移动式起能机外伸腿、起重臂端部、起重吊钩及配重、剪板机压紧装置、冲床滑块等有暂时或永久性危险的场所或设备，固定警告标志的标志杆上的色带等 |
| 蓝白相间 | 表示指令的安全标记 | 应用于道路交通指示性导向标志及固定指令标志的标志杆上的色带 |
| 绿白相间 | 表示安全环境的安全标记 | 应用于固定提示标志的标志杆上的色带 |

设备所涂条纹的倾斜方向应以中心线为轴线对称，如图4-3-1所示。两个相对运动棱边上条纹的倾斜方向应相反，如图4-3-2所示。

 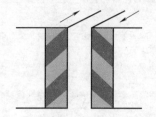

图4-3-1 设备上条纹倾斜方向　　　　　图4-3-2 相对运动棱边上条纹倾斜方向

**2. 安全标志**

（1）安全标志的定义　安全标志是用于表达特定安全信息的标志，由图形符号、安全色、几何形状（边框）或文字构成。辅助标志是安全标志的文字说明或补充。辅助标志必须与安全标志同时在一个矩形载体上使用，称为组合标志。

（2）安全标志的作用　安全标志的作用是引起人们对不安全因素的注意，以达到预防事故发生的目的。值得一提的是，安全标志不能代替安全操作规程和安全防护措施。

（3）安全标志的类型　《安全标志及其使用导则》（GB 2894—2008）规定，安全标志分为禁止标志、警告标志、指令标志和提示标志四类。

1）禁止标志。禁止标志是禁止人们不安全行为的图形标志，基本形式为带斜杠的红色圆框，图形符号为黑色，背景为白色，如图4-3-3所示。

a) 禁止吸烟　　b) 禁止烟火　　c) 禁止跳跃　　d) 禁止依靠

图4-3-3 禁止标志

2）警告标志。警告标志是提醒人们对周围环境引起注意，以避免可能发生危险的图形标志，基本形式为黑色三角形边框，图形符号为黑色，背景及衬边为黄色，如图4-3-4所示。

a) 注意安全　　b) 当心火灾　　c) 当心触电　　d) 当心缝隙

图4-3-4 警告标志

3）指令标志。指令标志是强制人们必须做出某种动作或采用防范措施的图形标志，基本形式为圆形边框，图形符号及衬边为白色，背景为蓝色，如图4-3-5所示。

4）提示标志。提示标志是向人们提供某种信息（如标明安全设施或场所等）的图形标志，基本形式为矩形边框，图形符号及衬边为白色，背景为绿色，如图4-3-6所示。

a) 必须戴防护眼镜　　b) 必须戴防尘口罩　　c) 必须系安全带　　d) 必须接地

图 4-3-5 指令标志

a) 紧急出口　　b) 应急避难场所　　c) 可动火区　　d) 应急电话

图 4-3-6 提示标志

（4）文字辅助标志　文字辅助标志的基本形式为矩形边框。横写时，文字辅助标志写在标志下方，可与标志连在一起或分开。禁止标志、指令标志为白字，衬底色为标志的颜色；警告标志为黑字，衬底色为白色，如图 4-3-7 所示。

竖写时，文字辅助标志写在标志杆上部。禁止标志、警告标志、指令标志、提示标志均为黑字、白色衬底。标志杆下部色带颜色应和标志颜色相一致，如图 4-3-8 所示。

图 4-3-7 横写文字辅助标志　　　　图 4-3-8 竖写文字辅助标志

（5）其他安全色标　除了上述规定的安全色和安全标志外，还有一些色标与安全有关，常见的有气瓶、管道和电气设备等方面的漆色，通过不同漆色的含义，使人们能够识别出提供的信息，见表 4-3-4。

表 4-3-4 其他安全色标

| 其他安全色标 | 安全色标含义 |
| --- | --- |
| 气瓶色标 | 气瓶外表面涂敷的涂膜颜色、字样、字色、色环等组合内容，可作为识别瓶装气体的标志 |
| 管道色标 | 水管道为艳绿色，蒸汽管道为大红色，空气管道为浅灰色，气体管道为中黄色，酸或碱管道为浅紫色，可燃液体管道为深棕色，其他液体管道为黑色，氧气管道为淡蓝色 |
| 电气相别色标 | 交流 A 相为黄色，B 相为绿色，C 相为红色，地线为黄绿双色；直流正极为棕色，负极为蓝色 |

### 3. 城市轨道交通常用标志

除上述基本的安全标志外，城市轨道交通系统内还有一些常用标志，如线路标志、信号标志等。

（1）线路标志　线路标志主要有公里标、百米标、曲线要素标、竖曲线标、坡度标、水准基标和限速标等，如图 4-3-9 所示。

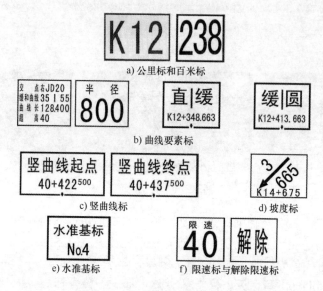

a) 公里标和百米标

b) 曲线要素标

c) 竖曲线标　　　　d) 坡度标

e) 水准基标　　　f) 限速标与解除限速标

图 4-3-9　城市轨道交通线路标志

（2）信号标志　信号标志主要有分界标、警冲标、停车标和警示标，如图 4-3-10 所示。

隧道内，百米标、限速标、停车位置标应设在行车方向右侧；警冲标应设在两汇合线间，根据设备限界及安全确定其位置；隧道外，标志可按国家规定设置。

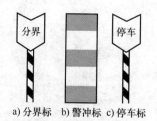

a) 分界标　b) 警冲标　c) 停车标

图 4-3-10　城市轨道
交通信号标志

## 二、安全文化

### 1. 安全文化概述

（1）安全文化的定义　广义的安全文化，是指人类在生产生活的实践过程中，为保障身心健康安全而创造的一切安全物质财富和安全精神财富的总和。狭义的安全文化，是存在于单位和个人中的种种素质和态度的总和，是个人和集体的价值观、态度、能力和行为方式的综合产物，它取决于健康安全管理上的承诺、工作作风和精通程度。

安全文化是安全生产工作基础中的基础，是安全生产工作的精神指向，其他安全生产要素都应该在安全文化的指导下展开。倡导安全文化，其目的就是在现有技术和管理条件下，使人类生活与工作更加安全和健康。因此，预防事故的发生，不仅需要安全技术和安全管理手段，还需要运用安全文化手段。

（2）安全文化的特征　安全文化的特征包括人本性、群体性、继承性、时代性与系统性。

1）人本性特征。安全文化所要解决的问题是生产、生活领域人们从事一切活动的安全和健康问题，体现了尊重人权、关爱生命、珍惜人生、以人为本的思想。

2）群体性特征。安全文化是组织内的共同性文化，是全体成员所认同的安全理念、安全目标、安全行为规范等，或者说是全体成员达成的安全共识。安全的保障有赖于组织中全体成员而非某部分人员的积极参与。

3）继承性特征。任何时代、任何地域的安全文化，都是经过传播、继承、优化、融合、发展而成的，都具有历史继承性，都能体现人们长期生活和生产的方式及痕迹。

4）时代性特征。任何安全文化的内容都不是固定不变的，而是随着社会的进步、经济的发展和人们需求的变化而不断地增添新的内容，表现出强烈的时代性特征，反映了人们的最新安全需求。

5）系统性特征。安全文化以辩证的观点系统分析安全问题，将安全事故的发生看成自然和人为多种因素发生作用所致，将安全事故的预防和安全问题的解决不仅依赖于科学的安全设施、设备、环境和方法，更取决于人们的态度和行为。

（3）安全文化的功能　安全文化通过强化人的观念、道德、伦理、态度、情感等深层次人文因素，利用领导、教育、宣传、奖惩、创建群体氛围等手段，不断提高人的安全素质，改进人的安全意识和行为，使人由"被动服从安全管理制度"变成"主动按照安全要求行动"。

1）凝聚功能。安全文化是大家的共识，体现着一种强烈的整体意识。具体表现为全体成员在安全的观念、目标和行为准则等方面保持一致，有利于形成强烈的心理认同力量，表现出强大的凝聚力和向心力。

2）导向功能。安全文化具有巨大的感召力，通过教育培训和安全氛围的烘托，通过潜移默化的作用，使员工的注意力逐步转向企业所提倡、崇尚的方向，接受共同的价值观念，从而将个人的目标引导到企业目标上来。

3）激励功能。企业安全文化能通过发挥人的积极性、主动性、创造性，使员工从内心产生高昂、奋发、进取的情绪。未获得激励时，人发挥的只是物质力量；获得激励后，人的精神力量就得到开发，激励越大，所开发的力量就越大。

4）约束功能。企业安全文化对员工的思想和行为具有约束和规范作用，与传统管理理论不同，其虽有成文的硬制度约束，但更强调不成文的软约束。通过文化作用使信念在员工心理深层形成一种定式，构造出一种响应机制，只要有诱导信号发生，即可得到积极响应，并迅速转化为预期行为。

5）协调功能。安全文化是协调矛盾的尺度和准则。安全文化的形成使人们对安全有了共识，有了共同的价值观、态度和信念，不仅便于相互间的沟通，也便于团结协作。

（4）安全文化的层次　安全文化的构成要素具有层次性，由表及里表现为器物层、行为层、制度层和精神层四层，见表4-3-5。

表4-3-5　安全文化的层次

| 安全文化层次 | | 层次概念 |
| --- | --- | --- |
| 器物层 | 安全物质文化 | 为了保证人们的安全生活和安全生产而以物质形态存在的条件、环境和设施的总和，或者是能够满足人们安全需求的各种物质要素或物质财富的总称 |
| 行为层 | 安全行为文化 | 在安全精神文化和安全制度文化指导下，人们借助一定的安全物质文化，在生活和生产过程中的安全行为表现，是安全文化的中间层次。安全行为文化既是安全精神文化和安全制度文化的反映，同时又反作用于安全精神文化和安全制度文化 |

（续）

| 安全文化层次 | | 层次概念 |
|---|---|---|
| 制度层 | 安全制度文化 | 指安全文化中一切制度化的法规、法令、标准、社会组织形式，是安全文化中重要的、带有强制性的组成部分。安全制度文化是协调生产关系、规范组织和个体行为的各项法规和制度，处于安全物质文化和安全精神文化之间，是安全文化的中间层次，发挥着协调、保障、制约和促进作用 |
| 精神层 | 安全精神文化 | 安全文化的内层，是为全体成员所共同遵守、用于指导和支配人们安全行为的以价值为核心的意识观念的总称 |

以上四个层次构成了安全文化的整体结构，它们相互联系、相互影响、相互渗透、相互制约。其中，安全物质文化是根本保障和基础，是安全文化的物质载体，居于安全文化的表层或最外层；安全精神文化是核心和精髓，对安全制度文化、安全行为文化和安全物质文化起主导和决定性作用；作为中介的安全行为文化和安全制度文化是安全精神文化通向安全物质文化的桥梁和纽带。

**2. 安全文化建设**

（1）企业安全文化建设的内容　与安全文化的构成要素相对应，企业安全文化建设的内容包括物质、行为、制度和精神四个方面。

1）建立安全物质文化。安全物质文化建设的主要内容见表4-3-6。

表4-3-6　安全物质文化建设内容

| 建设方向 | 具体内容 |
|---|---|
| 作业环境安全 | 控制生产场所中噪声、高温、尘毒和辐射等有害因素在规定的标准范围内，创造舒适、安全的工作条件，使环境条件符合人的心理和生理要求 |
| 工艺过程安全 | 工艺过程主要指对生产操作、质量等方面的控制过程。工艺过程安全应做到操作者了解物料的性质，正确控制好温度、压力和质量等参数 |
| 设备控制过程安全 | 对生产设备和安全防护设施进行管理，从设备设计、制造等方面全面考虑其防护能力、可靠性和稳定性，要正确使用、精心养护和科学维修设备，开发、应用并推广安全新技术、新产品和新设施 |

2）建立安全行为文化。安全行为文化建设的主要内容见表4-3-7。

表4-3-7　安全行为文化建设内容

| 建设方向 | 具体内容 |
|---|---|
| 安全知识与操作技能 | 要求员工在掌握安全知识的基础上，熟练掌握各种安全操作技能 |
| 安全操作规程 | 要求员工严格执行安全操作规程 |

3）建立安全制度文化。安全制度文化建设的主要内容见表4-3-8。

4）建立安全精神文化。安全精神文化建设的主要内容见表4-3-9。

（2）企业安全文化的建设方式　企业安全文化建设的根本内涵是将企业安全理念和安全价值观表现在决策者与管理者的态度和行动中，落实在企业的管理制度中，将安全管理融入企业的整个管理实践中，将安全法规、制度落实在全体职工的行为方式中，将安全标准落实在生产工艺、技术和过程中，形成良好的安全生产氛围。企业安全文化的建设方式见表4-3-10。

表 4-3-8　安全制度文化建设内容

| 建设方向 | 具体内容 |
| --- | --- |
| 企业安全管理机制 | 1）建立起切实执行企业职责，各方面、各层次责任落实，横向到边、纵向到底，高效运作的企业安全管理网络<br>2）建立起切实履行群众监督职责，奖惩严明，上下结合，对各层次进行有效监督的企业劳动保护监督体系 |
| 企业安全管理规章和奖惩制度 | 建立完善的企业安全管理规章制度和奖惩制度，使企业安全管理规章制度和奖惩制度规范化、科学化、适用化，并严格执行 |

表 4-3-9　安全精神文化建设内容

| 建设方向 | 具体内容 |
| --- | --- |
| 员工安全保护意识 | 应通过多种形式的宣传教育提高员工的保护意识，包括应急安全保护意识、间接安全保护意识和超前安全保护意识，并进行生产作业安全知识、生活安全知识等的教育培训 |
| 安全伦理道德教育 | 对普通员工、各级管理人员和技术人员进行安全伦理道德教育，从他人和集体的安全考虑，自觉约束个人行为，承担起应尽的责任和义务 |

表 4-3-10　企业安全文化的建设方式

| 建设对象 | 具体方式 |
| --- | --- |
| 班组及员工 | 传统建设方式：三级教育、特殊教育、日常教育、全员教育、持证上岗、班前安全活动、标准化岗位和班组建设、技能演练等 |
| | 现代建设方式："三群（群策、群力、群观）"对策、班组建小家活动、事故判定技术、危险预知活动、风险抵押制、"仿真"演习等 |
| 管理层及决策者 | 传统建设方式：全面安全管理责任制、"三同时""五同时""三同步"监督制、定期检查制、有效的行政管理手段、常规的经济手段等 |
| | 现代建设方式："三同步原则""三负责制"、意识及管理素质教育、目标管理法、无隐患管理法、系统科学管理、人机环境设计、系统安全评价、应急预案对策、事故保险对策、三因（人、物、环境）安全检查等 |
| 生产现场 | 传统建设方式：安全标语（旗）、安全标志（禁止标志、警告标志、指令标志）、事故警示牌等 |
| | 现代建设方式：技术及工艺的本质安全化、现场"三标"建设、"三防"管理（尘、毒、烟）、"四查"工程（岗位、班组、车间、厂区）、"三点"控制（事故多发点、危险点、危害点）等 |
| 企业人文环境 | 传统建设方式：安全宣传墙报、安全生产周（日、月）、安全竞赛活动、安全演讲比赛、事故报告会等 |
| | 现代建设方式：安全文艺活动、安全文化月（周、日）、事故祭日、安全贺年活动、安全宣传"三个一"工程（一场晚会、一幅标语、一块墙报）、青年员工"六个一"工程（查一个事故隐患、提一条安全建议、创一条安全警语、讲一件事故教训、当一周安全监督员、献一笔安全经费）等 |

### 3. 城市轨道交通安全文化建设

1）安全文化应作为城市轨道交通企业的核心文化来建设。城市轨道交通企业的安全文化建设既有一般企业安全文化建设的共性，也有作为运输行业安全文化建设的特性。城市轨道交通系统运营的作用、性质和特点，决定了城市轨道运输必须把安全生产摆在各项工作的首要位置，因此，城市轨道交通企业安全文化建设是企业文化建设的首要任务。

2）城市轨道交通企业安全文化建设应树立"大安全"的观念。城市轨道交通运营系统是由轨道交通设备设施、行车组织、员工、乘客和周边环境等众多因素组成的一个庞大的"联动机"，运营过程中的各个环节和因素均会对运营安全产生影响，因此，城市轨道交通企业应树立"大安全"的观念。

3）城市轨道交通企业安全文化建设应树立"以人为本"的观念。作为公共交通工具，确保运输对象安全是城市轨道交通企业最基本、最重要的要求。以"以人为本、尊重生命、促进发展"为内涵的安全文化，在城市轨道交通运营安全管理中发挥着规范人员安全行为、协调安全管理机制、促使生产良性循环等重要作用。

4）城市轨道交通企业安全文化建设应树立"全员、全社会安全管理"的观念。城市轨道交通运营安全直接关系到乘客的人身安全和财产安全，与广大人民群众的切身利益息息相关。要实现城市轨道交通运营安全有序，在加强员工安全教育的基础上，必须对广大乘客进行宣传教育，督促其遵守轨道交通安全管理制度，提高全民的安全防范意识。

## 三、安全法规

### 1. 安全法规概述

（1）安全法规的结构　安全法规结构是指形成安全法规内容的各要素及其相互关系，可以分为条件、行为模式和后果三要素，见表4-3-11。

表4-3-11　安全法规结构三要素

| 要素 | 具体含义 |
|---|---|
| 条件 | 指适用该规范的必要条件，只有当这种条件出现的情况下才能适用该规范 |
| 行为模式 | 指规范本身的基本要求，也就是规定人们应该做什么、允许做什么、禁止做什么，是规范的中心部分 |
| 后果 | 指对违反规范所导致的法律后果的规定 |

安全法规的法律规范是通过一定的法律条文来表现的，但法律条文并不等于法律规范。构成安全法规规范的三要素，并不一定都明确规定在同一法律条文或同一法律文件中，也不是任何一条安全法规规范都必须具备三个要素。

（2）安全法规的种类　安全法规规范从不同的角度，按不同的特征，有不同的分类方法，见表4-3-12。

表4-3-12　安全法规的种类

| 法规种类 | | 具体含义 |
|---|---|---|
| 按照调整的性质和方式 | 义务性规范 | 要求人们必须做出一定行为的法律规范 |
| | 禁止性规范 | 禁止人们做出一定行为的法律规范 |
| | 授权性规范 | 规定人们有权做出一定行为的法律规范 |

（续）

| 法规种类 | | 具体含义 |
|---|---|---|
| 按照表现形式和强制程度 | 强制性规范 | 规定人们必须做出或禁止做出一定行为的法律规范 |
| | 任意性规范 | 允许人们在规定范围内自行确定权利和义务具体内容的法律规范 |
| 按照内容的明确程度 | 确定性规范 | 明确规定某一行为规则的内容和制裁方式的法律规范 |
| | 非确定性规范 | 没有明确规定行为规则内容，而只是指出由某一专门机关来加以规定的法律规范 |

（3）安全法规的效力　正确理解安全法规的效力，是正确运用安全法规的必要条件。安全法规规范的效力就是指其适用的范围，见表4-3-13。

表4-3-13　安全法规的效力

| 要素 | 具体含义 |
|---|---|
| 时间效力 | 指安全法规何时生效、何时失效等问题 |
| 空间效力 | 指安全法规适用的地域范围：一是指国家的全部领域；二是指拥有立法权的地方国家机关所管辖的行政区域 |
| 对人的效力 | 指安全法规对什么人有效的问题 |

（4）安全法规的解释　安全法规的解释就是指对其内容以及使用的术语、概念和定义所做的解说、注释。安全法规是概括的、原则的，不可能对生产活动中所涉及的一切安全情况都做出详尽的规定。同时，在具体实施过程中，各地、各企业的具体情况不同，人们对它的理解也不尽一致。因此，安全法规的解释对于正确运用是十分必要的。按解释的主体和效力不同，安全法规的解释可分为有权解释和无权解释。

（5）安全法规的法律关系　安全法规的法律关系就是安全法规规范所确认的人与人之间的权利和义务关系，它是一种特殊的社会生产关系。安全法规的法律关系必须具有主体、客体和内容三要素，见表4-3-14。

表4-3-14　法律关系三要素

| 要素 | 具体含义 |
|---|---|
| 主体 | 指安全法规的法律关系的参加者，也就是在法律关系中享有权利并承担义务的人 |
| 客体 | 指安全法规的法律关系主体的权利和义务所指的对象。如果没有客体，权利和义务就失去了目标，成为无实际内容，不能落实的东西。其主要包括物、行为、精神产品 |
| 内容 | 指安全法规的法律关系主体所享有的权利和应尽的义务 |

（6）安全法规的法律责任　安全法规的法律责任就是指违法者应该承担的具有强制性的法律上责任。法律责任是因违法行为而引起的法律后果，追究法律责任只能由国家专门机关进行，任何人、任何团体都没有这个权力。

法律责任和违法、法律制裁具有内在的联系。法律责任和法律制裁都是以违法为前提的。对违法行为要追究法律责任，而追究法律责任一般导致法律制裁。法律责任是法律制裁的根据。根据违法行为的性质、情节和法律责任不同，法律制裁可分为刑事制裁、民事制裁、经济制裁和行政制裁。

**2. 城市轨道交通安全相关法律法规**

涉及城市轨道交通的法律、法规与规章数量非常多，列举主要几部，见表4-3-15。

表4-3-15　城市轨道交通安全相关法规

| 类型 | 相关法律 | 制定主体 |
|---|---|---|
| 涉及城市轨道<br>交通的法律 | 《中华人民共和国刑法》 | 全国人民代表大会 |
| | 《中华人民共和国安全生产法》 | 全国人民代表大会常务委员会 |
| | 《中华人民共和国特种设备安全法》 | 全国人民代表大会常务委员会 |
| | 《中华人民共和国治安管理处罚法》 | 全国人民代表大会常务委员会 |
| | 《中华人民共和国突发事件应对法》 | 全国人民代表大会常务委员会 |
| | …… | …… |
| 涉及城市轨道<br>交通的法规 | 《特种设备安全监察条例》 | 中华人民共和国国务院 |
| | 《城市轨道交通运营管理办法》 | 中华人民共和国国务院 |
| | 《国家城市轨道交通运营突发事件应急预案》 | 中华人民共和国国务院 |
| | 《生产安全事故报告和调查处理条例》 | 中华人民共和国国务院 |
| | 《上海市轨道交通管理条例》 | 上海市人民代表大会常务委员会 |
| | …… | …… |
| 涉及城市轨道<br>交通的规章 | 《城市轨道交通运营管理规定》 | 中华人民共和国交通运输部 |
| | 《城市轨道交通运营期间安全评估规范》 | 中华人民共和国交通运输部 |
| | 《城市轨道交通初期运营前安全评估技术规范》 | 中华人民共和国交通运输部 |
| | 《城市轨道交通正式运营前和运营期间安全评估管理暂行办法》 | 中华人民共和国交通运输部 |
| | 《城市轨道交通客运组织与服务管理办法》 | 中华人民共和国交通运输部 |
| | 《城市轨道交通行车组织管理办法》 | 中华人民共和国交通运输部 |
| | 《城市轨道交通运营险性事件信息报告与分析管理办法》 | 中华人民共和国交通运输部 |
| | 《城市轨道交通运营突发事件应急演练管理办法》 | 中华人民共和国交通运输部 |
| | 《城市轨道交通设施设备运行维护管理办法》 | 中华人民共和国交通运输部 |
| | 《城市轨道交通运营安全风险分级管控和隐患排查治理管理办法》 | 中华人民共和国交通运输部 |
| | …… | …… |

 【任务实施】

 案例导入

为深入贯彻落实《国务院办公厅关于保障城市轨道交通安全运行的意见》（国办发〔2018〕13号，以下简称《意见》）和《城市轨道交通运营管理规定》（交通运输部令2018年第8号，以下简称《规定》）有关要求，进一步规范城市轨道交通客运组织工作，保障城市轨道交通安全运行，不断提升城市轨道交通服务质量，日前，交通运输部印发《城市轨道交通客运组织与服务管理办法》（交运规〔2019〕15号，以下简称《办法》），将于2020年4月1日起施行。现就《办法》出台背景及主要内容解读如下：

一、出台背景

近年来，我国城市轨道交通快速发展。截至 2018 年年底，据不完全统计，我国共有 24 个省份的 35 个城市开通运营轨道交通，运营线路 171 条，运营里程 5295km，2018 年城市轨道交通客运量约 212.8 亿人次。为广大乘客提供安全、便捷的出行服务，始终是城市轨道交通工作的根本出发点和落脚点。从国家层面出台城市轨道交通客运组织与服务的管理制度，贯彻落实《意见》和《规定》关于加强服务质量监管的有关要求，对于推动提高城市交通服务质量，提升广大乘客出行满意度、获得感，具有重要作用。

二、《办法》的主要内容

《办法》共 7 章 43 条，包括总则、基础管理、客运组织、客运服务、乘客行为规范、服务监督与提升、附则等章节。主要内容如下：

一是明确了客运组织的基础要求。从客运组织与服务质量管理体系、客运人员岗位设置和配备、车站标志标识、客运组织方案和应急预案、工作协调机制等方面，提出了对运营单位客运组织的基础要求。

二是明确了客运组织的具体要求。从城市轨道交通客运组织全过程，对车站客流流线安排、车站开闭、车站巡视、站台秩序维护、客流控制提出了具体要求，明确了车站公共区域施工作业，越站、列车因故在车站停留等非正常情况，以及突发事件下的客运组织要求。

三是明确了客运服务相关要求。围绕乘客出行全过程，明确了城市轨道交通全天运营时间、信息服务、进出站服务、购检票服务、候车服务、问询服务、环境卫生、救助服务、无障碍服务、倡议服务、服务承诺和投诉处理等的具体要求。

四是明确了乘客行为规范的具体要求。规定乘客应遵守票务管理规定，明确了影响运营安全的 10 类禁止性行为，以及影响秩序的 7 类约束性行为，要求乘客在疏散时服从工作人员指挥和引导，提倡文明乘车美德等。

五是建立健全服务提升机制。从内部管理、社会监督和行业监督等方面，建立健全服务提升机制。要求城市轨道交通运营主管部门和运营单位建立健全乘客沟通机制，城市轨道交通运营主管部门每年组织开展服务质量评价，向社会公布服务质量评价结果，不断促进服务提升。

## 一、任务目的

采用知识竞赛的方式组织一次安全教育活动，增强安全意识与知识。请你组建一支团队，设计一份本次安全知识竞赛的题库，题库分别从安全色与安全标志、安全文化和安全法规三个方面进行设计，并完成本次安全教育知识竞赛活动。

## 二、任务内容

设计安全教育知识竞赛题库。

## 三、任务步骤

1. 将学生进行分组，4~5 人为一组，小组成员自行选择（□安全色与安全标志 □安全文化 □安全法规）作为"安全知识竞赛题库"的设计方向，并将相关信息进行记录，见表 4-3-16。

表 4-3-16　出题方向记录表

| 设计方向 | |
|---|---|
| 主要内容 | |

2. 题库包含单选题 7 道和判断题 3 道，并附带答案与解析。设计过程中，小组成员可相互指导，修改或补充组内各个成员的题目设计，总结完善出本组最终出题结果，选出小组成员代表，并将结果进行记录，见表 4-3-17。

表 4-3-17　竞赛题库汇总表

| 序号 | 题干 | 选项 A | 选项 B | 选项 C | 选项 D | 标准答案 | 解析 |
|---|---|---|---|---|---|---|---|
| 1 | | | | | | | |
| 2 | | | | | | | |
| 3 | | | | | | | |
| …… | | | | | | | |

3. 各组成员派代表，以 PPT 形式进行汇报，并协助老师开展安全知识竞赛。

## 四、任务评价

开展自评与互评并进行记录，见表 4-3-18。

表 4-3-18　评价表

| 评价项目 | 自评（10 分） | | 互评（10 分） |
|---|---|---|---|
| 第（　）组 | | | |
| 点评记录 | 优点 | | |
| | 缺点 | | |

## 五、任务总结

_____

_____

_____

【学习小结】

1. 安全色是被赋予安全意义而具有特殊属性的颜色。安全标志是用于表达特定安全信息的标志，由图形符号、安全色、几何形状（边框）或文字构成，能够引起人们对不安全因素的注意，以达到预防事故发生的目的。安全标志分为禁止标志、警告标志、指令标志和提示标志四类。

2. 安全文化是安全生产工作基础中的基础，是安全生产工作的精神指向，其他安全生产要素都应在安全文化的指导下展开。倡导安全文化的目的就是在现有技术和管理条件下，使员工生活与工作更加安全和健康。其构成要素具有层次性，由表及里表现为器物层、行为层、制度层和精神层四层。

3. 法律是由国家制定和认可的，调整人与人之间行为的规范，其明确行为人之间的权利和义务，是由国家强制力保证实施的规范总和。涉及安全的相关法律法规有安全生产法、刑法、消防法、劳动法、职业病防治法、工伤保险条例、生产安全事故报告和调查处理条例等。

### 【知识巩固】

#### 一、填空题

1. 安全标志由_____、_____、_____或文字构成，用于表达特定安全信息。
2. 安全文化由表及里表现为_____、_____、_____和精神层四层。
3. 企业安全文化的建设对象主要包括_____、_____、_____和企业人文环境四方面。
4. 安全法规规范的效力是指其适用范围，主要包括_____、_____和对人的效力。

#### 二、选择题

1. 在《安全色》（GB 2893—2008）中规定，（　　）传递禁止、停止、危险或提示消防设备、设施的信息。
　　A. 红色　　　　　　　B. 蓝色　　　　　　　C. 黄色　　　　　　　D. 绿色
2. 警告标志的基本形式为（　　）边框。
　　A. 矩形　　　　　　　B. 圆形　　　　　　　C. 三角形　　　　　　D. 八边形
3. 建立安全文化过程中，以下哪一项不属于安全物质文化建设内容。（　　）
　　A. 作业环境安全　　　　　　　　　B. 工艺过程安全
　　C. 设备控制过程安全　　　　　　　D. 企业安全管理机制
4. 以下哪一项规范性文件的效力等级最高。（　　）
　　A. 宪法　　　　　　　B. 行政法规　　　　　C. 法律　　　　　　　D. 地方性法规

#### 三、简答题

1. 安全标志分类有哪些?
2. 简述城市轨道交通安全文化建设的重要性。

## 任务四　城市轨道交通应急安全管理

### 【任务描述】

突发事件可能造成严重的社会危害，因此提高城市轨道交通的应急管理能力是保障系统运营安全的重要任务，应该正确掌握哪些城市轨道交通突发事件的基本知识呢？在城市轨道交通应急安全管理中，应如何科学进行应急组织指挥与应急预案管理？若发生突发事件，又应如何进行应急响应与处置？

| 知识目标 | 技能目标 | 素养目标 |
|---|---|---|
| 1. 能概括城市轨道交通突发事件的基础知识<br>2. 能概括城市轨道交通突发事件应急组织指挥的基础知识<br>3. 能掌握城市轨道交通应急预案和应急处理的基础知识 | 1. 能正确进行城市轨道交通突发事件的分类与分级<br>2. 能正确管理城市轨道交通突发事件应急预案<br>3. 能够根据实际情况，正确开展城市轨道交通突发事件的应急处理 | 1. 树立严谨的岗位安全责任意识<br>2. 培养良好的城市轨道交通应急安全管理能力 |

【知识准备】

## 一、城市轨道交通突发事件

**1. 突发事件的定义**

突发事件是指突然发生，造成或者可能造成严重社会危害，需要采取应急处置措施予以应对的自然灾害、事故灾难、公共卫生事件和社会安全事件。

对于城市轨道交通系统来说，突发事件是指在系统运营场所内，因不可预见的或不可控制的因素造成以下一种或几种后果，须立即处理的偶然性事件：事态发展可能或已经导致人员伤亡，严重影响城市轨道交通运营生产，需要依靠外部支援进行处理。

突发事件具有突发性、紧迫性、复杂性、不确定性、危害性等特点。随着突发事件的发生与演变，其所造成的损失也可能会越来越大。因此，需要通过建立和完善应急管理体系，以提高应急管理能力，实现突发事件应对处置。

**2. 突发事件的分类**

突发事件可分为自然灾害、事故灾难、突发公共卫生事件和突发社会安全事件，见表4-4-1。

表4-4-1 突发事件的分类

| 事件类型 | 具体事件 |
|---|---|
| 自然灾害 | 主要包括强台风、强降雨、地震灾害、地质灾害等由自然因素引发的相关灾害事件 |
| 事故灾难 | 主要包括火灾、爆炸、列车脱轨、列车冲突、列车颠覆、接触网断线、严重水浸、大面积停电、城市轨道交通构筑物坍塌等 |
| 突发公共卫生事件 | 主要包括恶性传染病疫情、群体性不明原因疾病、食品安全、职业危害以及其他严重影响公共健康的突发事件等 |
| 突发社会安全事件 | 主要包括突发性大客流事件、恐怖袭击事件（爆炸、纵火、毒气等），以及其他重大刑事案件等 |

**3. 突发事件的分级标准**

按照事件严重性和受影响程度，城市轨道交通运营突发事件可分为四级，见表4-4-2。

表 4-4-2 突发事件的分级标准

| 事件分级 | 分级标准 |
|---|---|
| 特别重大运营突发事件 | 应具备下列条件之一：<br>1）造成 30 人（含）以上死亡<br>2）造成 100 人（含）以上重伤<br>3）直接经济损失 1 亿元（含）以上 |
| 重大运营突发事件 | 应具备下列条件之一：<br>1）造成 10 人以上 30 人以下死亡<br>2）造成 50 人以上 100 人以下重伤<br>3）直接经济损失 5000 万元（含）以上 1 亿元以下<br>4）连续中断行车 24h（含）以上 |
| 较大运营突发事件 | 应具备下列条件之一：<br>1）造成 3 人以上 10 人以下死亡<br>2）造成 10 人以上 50 人以下重伤<br>3）直接经济损失 1000 万元（含）以上 5000 万元以下<br>4）连续中断行车 6h（含）以上 24h 以下 |
| 一般运营突发事件 | 应具备下列条件之一：<br>1）造成 3 人以下死亡<br>2）造成 10 人以下重伤<br>3）直接经济损失 50 万元（含）以上 1000 万元以下<br>4）连续中断行车 2h（含）以上 6h 以下 |

## 二、城市轨道交通突发事件应急组织指挥

### 1. 应急基本机制

（1）统一指挥　统一指挥是应急活动的最基本原则。无论应急救援活动参与单位级别高低和隶属关系如何，都必须在救援指挥中心的统一组织协调下开展工作，既能充分发挥各单位的作用，又能相互配合，提高整体效能。

（2）分级响应　在应急救援过程中实行分级响应，主要依据事故灾难危险程度、影响范围和控制事态能力提高应急响应级别，而事故灾难的控制事态能力是"升级"最基本条件。

（3）属地为主　属地为主是强调"第一反应"的思想和现场指挥为主的原则，即强化属地部门在应急救援体制管理工作中的主导作用，以提高应急救援工作的效率。

（4）公众动员　公众动员是应急机制的基础，也是最薄弱、最难以控制的环节，即现场应急机构组织调动所能动用的资源进行应急救援工作，当事故超出本单位处置能力时，向其他社会力量寻求支援的一种方式。

### 2. 应急组织指挥体系

《国家城市轨道交通运营突发事件应急预案》按照统一领导、属地负责、条块分割、协调联动的原则，明确了国家、地方的组织指挥体系架构及其相应职责。城市轨道交通运营突发事件应急组织指挥体系由国家层面组织指挥机构、地方层面组织指挥机构、现场指挥机构、

运营单位以及专家组构成。

（1）**国家层面组织指挥机构**　交通运输部负责运营突发事件应对工作的指导协调和监督管理。根据运营突发事件的发展态势和影响，交通运输部或事发地省级人民政府可报请国务院批准，或根据国务院指示，成立国务院工作组，负责指导、协调、支持有关地方人民政府开展运营突发事件应对工作。

（2）**地方层面组织指挥机构**　城市轨道交通所在地城市及以上地方各级人民政府负责本行政区域内运营突发事件应对工作，要明确相应组织指挥机构。地方有关部门按照职责分工，密切配合，共同做好运营突发事件的应对工作，成员单位及其职责见表4-4-3。

表 4-4-3　地方有关部门成员单位及其职责

| 成员单位 | 具体职责 |
| --- | --- |
| 城市轨道交通运营主管部门 | 负责指导、协调、组织运营突发事件监测、预警及应对工作，负责运营突发事件应急工作的监督管理；牵头组织完善城市轨道交通应急救援保障体系，协调建立健全应急处置联动机制；指导运营单位制订应急疏散保障方案；指定或协调应急救援运输保障单位，组织事故现场人员和物资的运送；参与事件原因分析、调查与处理 |
| 公安部门 | 负责维护现场治安秩序和交通秩序；参与抢险救援，协助疏散乘客；监督指导重要目标、重点部位治安保卫工作；依法查处有关违法犯罪活动；负责组织消防力量扑灭事故现场火灾；参与相关事件原因分析、调查与处理 |
| 安全监管部门 | 负责组织指挥专业抢险队伍对运营突发事件中涉及的危险化学品泄漏事故进行处置，负责组织安全生产专家组对涉及危险化学品的运营突发事件提出相应处置意见，牵头负责事件原因分析、调查与处理 |
| 住房和城乡建设部门 | 负责组织协调建设工程抢险队伍，配合运营单位抢险队伍开展工程抢险救援；监督事后工程质量检测工作；参与相关事件原因分析、调查与处理 |
| 卫生计生部门 | 负责组织协调医疗卫生资源，开展伤员现场救治、转运和医院收治工作，统计医疗机构接诊救治伤病员情况；根据需要做好卫生防病工作，视情况提出保护公众健康的措施建议，做好心理援助 |
| 质检部门 | 负责牵头特种设备事故调查处理，参与相关事件原因分析、调查与处理 |
| 新闻宣传部门 | 负责组织、协调运营突发事件的宣传报道、事件处置情况的新闻发布、舆情收集和舆论引导工作，加强对网络信息的管理。各处置部门负责发布职责范围内的工作信息，处置工作牵头部门统筹发布抢险处置综合信息 |
| 通信部门 | 负责组织协调基础电信运营单位做好运营突发事件的应急通信保障工作，参与相关事件原因分析、调查与处理 |
| 武警部队 | 负责协同有关方面保卫重要目标，制止违法行为，搜查、抓捕犯罪分子，开展人员搜救、维护社会治安和疏散转移群众等工作 |
| 其他有关部门 | 负责组织协调供电、水务、燃气等单位，做好运营突发事件的应急供电保障、地下管网抢修工作；视情况参与相关事件原因分析、调查与处理 |

各地方可根据实际情况对成员单位组成及职责做适当调整。必要时可在组织指挥机构中设置工作组，协同做好应急处置工作。另外，对跨城市运营的城市轨道交通线路，有关城市

人民政府应建立跨区域运营突发事件应急合作机制。

（3）现场指挥机构　负责运营突发事件处置的人民政府根据需要成立现场指挥部，负责现场组织指挥工作。参与现场处置的有关单位和人员应服从现场指挥部的统一指挥。

（4）运营单位　城市轨道交通运营单位在运营突发事件应急综合预案中，对其应急组织机构及其职责做出明确规定。由于运营单位情况不同，仅以某城市地铁运营单位为例，其应急组织机构由应急指挥机构、应急管理日常机构和现场处置机构组成，如图4-4-1所示。

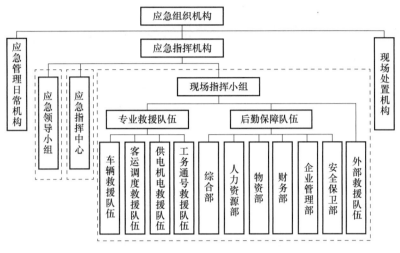

图 4-4-1　某运营单位运营突发事件应急组织机构

1）应急指挥机构。应急指挥机构由应急领导小组、应急指挥中心、现场指挥小组三部分组成，各部分主要领导、成员及职责见表4-4-4。

表 4-4-4　应急指挥机构的主要领导、成员及职责

| 应急指挥机构 | 主要领导及成员 | 主要职责 |
| --- | --- | --- |
| 应急领导小组 | 总指挥为运营单位总经理，副总指挥为运营单位分管安全的领导及其他领导，成员为运营单位各部门负责人 | 为运营单位突发事件应急救援工作的全面领导、指挥、协调和决策机构。负责参与、配合集团公司、主管部门及上级部门牵头组织的地铁运营突发事件的应急救援工作 |
| 应急指挥中心 | 设在运营控制中心，指挥为分管调度部副总经理，副指挥为调度部经理，成员为调度部副经理、运营控制中心负责人 | 为应急领导小组的辅助机构。负责收集、传达、汇报突发事件信息；负责启动和终止突发事件的应急响应；负责协调运营单位范围内各项应急救援工作；在应急领导小组领导下负责应急响应期间的应急指挥工作；负责及时联系社会力量参与应急救援，统筹管理内外部应急资源 |
| 现场指挥小组 | 现场指挥原则上由现场最高职位领导担任，职位相同则由现场处置关键专业部门负责人担任，成员为各专业救援队伍和前期处置负责人 | 为现场应急指挥机构。负责运营突发事件救援现场的指挥协调工作；负责与应急指挥中心联系，及时反馈运营突发事件的救援现场情况 |

2）应急管理日常机构。运营单位安全保卫部为运营单位应急管理日常机构，承担公司日

常应急管理相关工作，主要包括负责组织运营单位应急管理专题会议，督促落实有关决定事项；负责运营单位突发事件应急预案体系建设；负责指导、督促各部门应急机制建设工作；负责接收和办理向上级应急机构、外部接口单位报送的紧急事项。

3）现场处置机构。现场处置机构由专业救援队伍、后勤保障队伍和外部救援队伍等相关应急救援队伍组成，负责现场应急救援处置工作，为救援工作提供支持，并做好应急终止前期各项工作，尽力恢复运营服务，具体职责见表4-4-5。

表 4-4-5　现场处置机构的主要领导、成员及职责

| 现场处置机构 | 主要领导及成员 | 主要职责 |
|---|---|---|
| 专业救援队伍 | 由车辆、客运、调度、供电、机电、工务、通号等救援队伍组成。各部门救援队伍组长由各部门经理担任，副组长由各部门副经理担任 | 在应急领导小组统一指挥下，负责本部门各项应急准备工作，并根据专业成立相应的专业救援队伍，突发事件发生后实施具体的救援行动。应急情况发生后根据应急领导小组的决策意见，开展各项具体救援工作 |
| 后勤保障队伍 | 由综合部、党群工作部、人力资源部、财务部、物资部以及其他部门可调动的救援力量组成 | 根据职能分工不同，负责应急救援过程中相应后勤保障工作，如开展现场秩序维护，协助有关救援事宜，做好应急救援物资、备品准备，保障应急救援资金，负责处置期间交通、饮食等后勤保障，负责处理媒体采访、报道、新闻发布会 |
| 外部救援队伍 | 由能为运营突发事件应急响应提供救援支持的外部单位组成，如公安、医疗、消防、武警、公交、电力、水务、燃气等社会单位 | 加强与社会力量沟通协调，建立与持有救援机械设备、装备（如起重机、挖掘机、轨道起复设备等）等有关单位和个人联络机制 |

各队伍要不断调整运行状态、协调关系，形成一个有机整体，使系统快速、高效地实施现场应急救援行动。

（5）专家组　各级组织指挥机构及运营单位根据需要设立运营突发事件处置专家组，由线路、轨道、结构工程、车辆、供电、通信、信号、环境与设备监控、运输组织等方面的专家组成，对运营突发事件处置工作提供技术支持。

**3. 应急体系建设内容**

应急体系建设与发展是安全生产系统工程的一个组成部分，应着重从事故预防、应急预案准备、应急机构组建、应急培训演练、应急救援行动、事故恢复善后六个方面开展。

（1）事故预防　由于事前预防比事后纠正更容易实施，在城市轨道交通新线设计与旧线改造中，必须设计必要的安全装置和设施，提高运营系统的安全程度。同时，还应注重建立操作规程、应急规程和管理策略并定期培训。

（2）应急预案准备　应预测可能出现的城市轨道交通突发事件类型及其影响程度，制订紧急状态下的应急响应方案，保障系统在紧急情况下具有充足的准备，定期进行人员培训和演练，定期更新应急预案并重新评价其有效性。

（3）应急机构组建　在应急组织指挥体系建设中，应根据实际情况，建立各层级的城市轨道交通应急组织指挥机构，并要求系统中的各运作机构能够建立良好的协调机制，保障应急事故处理得迅速、有效。

（4）应急培训演练　通过培训与演练，测试应急救援预案的充分程度、应急培训的有效性和人员的熟练性、现有应急装备供应的充分性，确定训练的类型和频率，提高与外部应急部门的协调能力，识别和改正应急救援预案缺陷。

（5）应急救援行动　事故发生时，要及时调动人力、物资、设备等应急资源，并合理投入现场救援行动；视情况选择适当的应急对策和行动方案，迅速有效进行应急救援行动，在最短时间内控制事故，将伤害和损失降至最低。

（6）事故恢复善后　应急阶段结束后，要进行事故现场清理、恢复期间的管理、事故调查、现场的警戒与安全、安全和应急系统的恢复、人员的救助、法律问题的解决、损失状况的评估、保险与索赔、相关数据收集、公共关系等。

### 三、城市轨道交通突发事件应急预案

**1. 应急预案概述**

（1）应急预案的概念　应急预案又称为应急计划，是针对潜在的重大事件，在辨识和评估其发生的可能性及发生过程、事故后果及影响程度的基础上，为保证迅速、有序、有效地开展应急救援行动，减少重大事件损失而预先制订的对应急机构、人员、技术、装备、设施（备）、物资以及救援行动的指挥与协调等方面的具体计划或方案。

（2）应急预案的作用　应急预案在应急管理中能够明确应急救援范围和体系，使应急准备和管理有据可依、有章可循；能够有利于及时做出应急响应，降低突发事件危害程度；能够成为各类突发事件的应急基础，起到基本应急指导作用，而针对特定危害编制的专项应急预案，则能够有针对性地采取应急措施；能够在发生超过应急能力的重大事件时，便于与上级应急部门协调；能够有利于提高各级人员的风险防范意识。

**2. 应急预案管理**

（1）应急预案的分类　从保证预案文件体系的层次清晰及开放性角度考虑，应急预案可分为综合应急预案、专项应急预案和现场处置方案，如图 4-4-2 所示。

1）综合应急预案。是预案体系的顶层，是企业的整体预案，在一定的应急方针、政策指导下，以集中指挥为主，侧重应急救援活动的组织协调，从总体上分析危险源、应急资源、应急能力，明确企业应急组织结构及相关应急职责，应急行动、措施及保障等基本要求和程序，清晰企业应急管理体系概况。综合应急预案是应对各类突发事件的综合性文件。

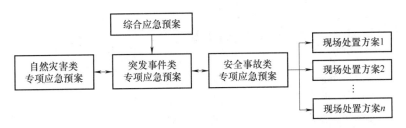

图 4-4-2　应急预案的分类

2）专项应急预案。专项应急预案是指针对具体的不同突发事件类别、危险源和应急保障而制订的计划或方案，是在综合应急预案的基础上充分考虑某种特定危险的特点，对应急的形式、机构、程序和措施等内容进行具体阐述，以达到最大限度地调动和使用资源，发挥最佳应急救援效果。专项应急预案是综合应急预案的组成部分，应与综合应急预案相互衔接，

按照综合应急预案的程序和要求组织制订。

3）现场处置方案。现场处置方案是在专项应急预案的基础上，针对在营运过程中发生或有可能发生的各种不同的具体事故或险情制订的应急处置和预防措施。现场处置方案具有更强的针对性，对现场具体救援活动具有更具体的操作性，根据风险评估及危险性控制措施逐一编制，做到具体、简单、针对性强，并通过应急演练，保证参与应急的人员做到应知应会、熟练掌握、反应迅速、正确处置。

（2）应急预案的基本内容　一个完整的应急预案应包括以下基本内容：

1）运营单位应急指挥领导小组的人员组成及相关职责。

2）运营突发事件抢险信息的报告程序。

3）现场处置过程中各部门（单位）的组织原则及相关职责。

4）不同种类运营突发事件下的抢险救援策略和人员疏散方案。

5）提供人员、通信、物资、医疗救护和生活保障。

（3）应急预案的演练与评价　应急预案的演练是检验、评价和保持应急能力的一种重要手段，可在事前发现预案中存在的问题和缺陷，从而改善应急部门、机构和人员之间的协调关系，提高应急人员的熟练程度和应急能力，增强各级应急体系的协调性和反应力。

1）应急预案的演练。应急预案在编制完成后，应注意事先发放给应急处置指挥人员、可能与事故直接有关人员、可能会受到事故影响人员等相关工作人员进行模拟演练和培训强化，加强多单位、多部门间相关人员的配合与应急物资的运用。应急预案演练一般可分为桌面演练、功能演练和全面演练。

2）演练效果的评价。应急演练结束后，应对演练效果做出评价，并提交演练报告，详细说明演练中存在的问题，按照对应急救援工作的影响程度，可将演练中发现的问题分为改进项、不足项和整改项。通过及时改进完善应急预案，从而避免因此导致的事故扩大，确保应急预案的高效性。

## 四、城市轨道交通突发事件应急处理

### 1. 城市轨道交通突发事件的应急响应

（1）响应分级　根据运营突发事件严重程度和影响范围，可将应急响应设定为Ⅰ级、Ⅱ级、Ⅲ级、Ⅳ级四个等级，分别用红、橙、黄和蓝四色标示，具体内容见表4-4-6。

表4-4-6　响应分级

| 响应分级 | 标示颜色 | 初判事件 | 应对层级 |
| --- | --- | --- | --- |
| Ⅰ级 | 红色 | 特别重大运营突发事件 | 事发地省级人民政府 |
| Ⅱ级 | 橙色 | 重大运营突发事件 | |
| Ⅲ级 | 黄色 | 较大运营突发事件 | 事发地城市人民政府 |
| Ⅳ级 | 蓝色 | 一般运营突发事件 | |

运营突发事件发生在易造成重大影响的地区或重要时段时，可适当提高响应级别。应急响应启动后，可视事件造成损失情况及其发展趋势调整响应级别，避免响应不足或响应过度。

（2）响应机制　发生突发事件后，为降低各类损失、减少事故影响、缩短救援时间，城市轨道交通运营人员与机构应迅速对突发事件进行应急响应。城市轨道交通突发事件的应急响应机制如下：

1）当发生Ⅲ级、Ⅳ级运营突发事件时，以城市轨道交通企业为主进行处置，应及时启动本单位制订的专业应急预案，视情况拨打 110、119、120 等主动协同救援；同时向市应急指挥中心报告。

2）当发生Ⅰ级、Ⅱ级运营突发事件时，运营单位应及时向市应急指挥中心报告；市应急指挥中心启动应急预案，并向上级主管部门报告。各专业指挥组工作人员接到命令后，迅速赶赴现场进行处置。交通运输部立即派出工作组赴现场指导督促当地开展应急处置、原因调查、运营恢复等工作，并根据需要协调有关方面提供队伍、物资、技术等支持。当需要国家层面协调处置运营突发的事件时，成立国务院工作组。根据事件应对工作需要和国务院决策部署，在需要时，成立国家城市轨道交通应急指挥部，统一领导、组织和指挥运营突发事件应急处置工作。

### 2. 城市轨道交通突发事件的应急信息报告

发生运营突发事件后，城市轨道交通运营单位应向当地运营主管部门和相关部门报告，并通告可能受到影响的单位和乘客。

在接到或监测到运营突发事件信息后，事发地城市轨道交通运营主管部门应进行核实并初步判定事件性质和类别。按照规定向上级主管部门和同级人民政府报告，并通报同级其他相关部门（单位）。若事件已经或可能涉及相邻行政区域，还应及时通报相邻区域城市轨道交通运营主管部门。

初判发生重大以上运营突发事件时，由有关省级人民政府向国务院或由有关省级城市轨道交通运营主管部门向交通运输部提出请求。

城市轨道交通突发事件的应急信息报告流程，如图 4-4-3 所示。

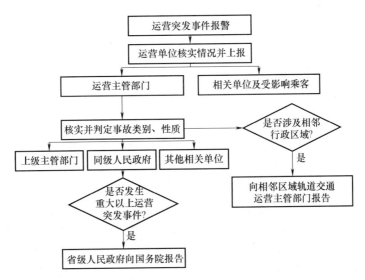

图 4-4-3　城市轨道交通突发事件的应急信息报告流程

### 3. 城市轨道交通突发事件的应急响应措施

发生运营突发事件后，按照"统一领导、属地负责，条块结合、协调联动，快速反应、科学处置"的原则，运营单位立即实施先期处置，全力控制事件发展态势。各有关地方、部门和单位根据需要协助配合。

（1）**人员搜救** 调派专业力量和装备，在运营突发事件现场开展以抢救人员生命为主的应急救援工作。现场救援队伍之间要加强衔接和配合，做好自身安全防护。

（2）**现场疏散** 按照预先制订的紧急疏导疏散方案，迅速引导现场人员撤离事发地点，疏散受影响城市轨道交通沿线站点乘客至车站出口；对城市轨道交通线路实施分区封控、警戒，阻止乘客及无关人员进入。

（3）**乘客转运** 根据疏散乘客数量和发生运营突发事件的城市轨道交通线路运行方向，及时调整城市公共交通路网客运组织，利用城市轨道交通其余正常运营线路，调配地面公共交通车辆运输，加大发车密度，做好乘客转运工作。

（4）**交通疏导** 设置交通封控区，对事发地点周边的地面交通秩序进行维护疏导，防止出现交通瘫痪的情况；开通绿色救援通道，为应急救援车辆提供有力的通行保障。

（5）**医疗救援** 迅速组织当地医疗资源和力量对伤员进行救治，安全转运重症伤员到有条件的医疗机构加强救治。视情况，增派医疗卫生专家和医疗应急队伍，调配急需医药物资。提出保护公众健康措施建议，做好伤病员心理援助。

（6）**抢修抢险** 组织相关专业技术力量与抢险队伍，开展设施设备等抢修作业，及时排除故障；开展土建设施、轨道线路、车辆、供电、通信、信号等抢险作业。

（7）**维护社会稳定** 根据事件影响范围和程度划定警戒区，做好事发现场及周边环境保护和警戒，维护治安秩序；严厉打击借机造谣传谣等违法犯罪行为；做好各类矛盾纠纷化解和法律服务工作，防止出现群体性事件，维护社会稳定。

（8）**信息发布和舆论引导** 通过政府授权发布、新闻通稿、媒体采访、新闻发布会、专家解读等方式，借助传统媒体途径与新媒体平台，向社会持续发布运营突发事件和应对工作信息，回应关切，澄清不实，正确引导社会舆论。

（9）**运营恢复** 在运营突发事件现场处理完毕、次生灾害后果基本消除后，及时组织评估；当确认具备运营条件后，运营单位应尽快恢复正常运营。

## 【任务实施】

### 案例导入

2010年10月18日，伦敦地铁发生大规模停电事故，数千乘客出行受到影响。8时50分，由于供电系统故障，朱比利线芬奇利路站和伦敦塔桥站间的双向线路中断。事故导致5列地铁列车被迫停在隧道内，其中，三列停在贝克街和圣约翰伍德站之间，一列停在斯维思考特街附近，一列停在威斯敏斯特附近，造成多名乘客被困数小时，超过4000人出行受影响。

此次停电事故造成列车停运，大量乘客被困在隧道或站内列车上，应进行乘客疏散、避免踩踏并尽快恢复供电。伦敦地铁公司和伦敦交通局执行事故的主要救援工作，伦敦警察局及医疗部门现场协同疏散救援与医疗救助。伦敦地铁公司安全和运输组织部门相关人员赶赴现场疏散乘客，并在伦敦交通局等相关单位组织下成立调查小组，供电、机电部门技术人员排查故障，寻找事故原因，尽快恢复供电。

事故处置过程如图4-4-4所示。

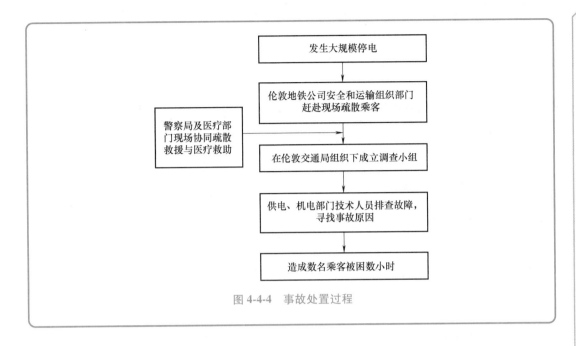

图 4-4-4 事故处置过程

## 一、任务目的

为了深刻汲取上述事故教训，加强安全风险管控和隐患排查，A市城市轨道交通企业准备组织开展一次地铁隧道积水中断运营的应急演练。你作为A市地铁运营部专员，运营部领导要求你组建一支团队完成地铁隧道积水中断运营应急演练方案的编制工作，并进一步做好城市轨道交通应急管理。

## 二、任务内容

编制城市轨道交通安全检查表，并开展安全评价。

## 三、任务步骤

1. 将学生进行分组，4~5人为一组，小组成员自行查询资料，分析此次事故原因、教训及启示，并进行记录，见表4-4-7。

表 4-4-7 个人结果记录表

| 事故原因 | |
|---|---|
| 教训及启示 | |

2. 小组成员相互学习，修改或补充组内各个成员的分析结果，总结完善出本组最终讨论结果，并将结果进行记录，见表4-4-8。

表 4-4-8 小组结果汇总表

| 事故原因 | |
|---|---|
| 教训及启示 | |

3. 各组成员派代表，以PPT形式进行汇报。

## 四、任务评价

开展自评与互评并进行记录，见表 4-4-9。

表 4-4-9 评价表

| 评价项目 | 自评（10分） | | 互评（10分） |
|---|---|---|---|
| 第（　）组 | | | |
| 点评记录 | 优点 | | |
| | 缺点 | | |

## 五、任务总结

_____

_____

_____

### 【学习小结】

1. 城市轨道交通突发事件是指在系统运营场所内，因不可预见或不可控制因素可能或已经导致人员伤亡、严重影响运营生产、需外部支援处理的偶然性事件，其可分为自然灾害、事故灾难、突发公共卫生事件和突发社会安全事件等类型。按照运营突发事件的严重性和受影响程度，又可分为特别重大、重大、较大和一般四级。

2. 应急机制主要由统一指挥、分级响应、属地为主、公众动员等基本机制组成。应急组织指挥体系由国家层面组织指挥机构、地方层面组织指挥机构、现场指挥机构、运营单位和专家组构成。从事故预防、应急预案准备、应急机构组建、应急培训演练、应急救援行动、事故恢复善后等方面开展应急体系建设。

3. 应急预案是针对潜在的重大事件，为保证迅速、有序、有效地开展应急救援行动，减少重大事件损失而预先制订的具体计划或方案。城市轨道交通运营突发事件应急预案可分为综合应急预案、专项应急预案和现场处置方案。

4. 发生城市轨道交通运营突发事件后，运营人员与机构应根据事件严重程度和影响范围，迅速进行分级响应与信息报送。运营单位立即实施先期处置，全力控制事件发展态势；各有关地方、部门和单位根据需要协助配合。

### 【知识巩固】

#### 一、填空题

1. 突发事件可分为_____、_____、_____和_____等类型。

2. 应急机制与应急活动密切相关，主要由_____、_____、_____和_____公众动员四个基本机制组成。

3.《国家城市轨道交通运营突发事件应急预案》明确，城市轨道交通运营突发事件应急组织指挥体系由_____、_____、_____、_____以及专家组构成。

4. 从保证预案文件体系的层次清晰及开放性角度考虑，城市轨道交通应急预案可分为_____、_____和_____。

## 二、选择题

1. 具备下列条件之一的运营突发事件为（　　）。

1）造成 10 人以上 30 人以下死亡；2）造成 50 人以上 100 人以下重伤；3）直接经济损失 5000 万元（含）以上 1 亿元以下；4）连续中断行车 24h（含）以上。

A. 特别重大运营突发事件 　　　　　　　B. 重大运营突发事件

C. 较大运营突发事件 　　　　　　　　　D. 一般运营突发事件

2. 当发生较大运营突发事件时，应启动（　　）应急响应，以城市轨道交通企业为主进行处置，应及时启动本单位制订的专业应急预案。

A. Ⅰ级　　　　　B. Ⅱ级　　　　　C. Ⅲ级　　　　　D. Ⅳ级

3. 下列哪一选项不属于应急预案的作用。（　　）

A. 明确应急救援范围和体系

B. 有利于及时做出应急响应

C. 综合应急预案对任何突发事件都能提供针对性应急措施

D. 有利于提高人员风险防范意识

4. 发生运营突发事件后，城市轨道交通运营单位应向当地运营主管部门和相关部门报告，并通告可能受到影响的（　　）。

A. 国务院　　　　B. 交通运输部　　　　C. 交通运输厅　　　　D. 单位和乘客

## 三、简答题

1. 如何进行城市轨道交通运营突发事件应急预案的演练与评价？

2. 如何进行城市轨道交通运营突发事件应急响应？

# 项目五

## 城市轨道交通安全事故调查与处理

**【情境导入】**

2021年7月17日至23日，河南省遭遇历史罕见的特大暴雨，发生严重洪涝灾害。7月20日，郑州地铁5号线04502次列车行驶到海滩寺站至沙口路站上行区间时遭遇涝水灌入、失电迫停，经疏散救援，953人安全撤出、14人死亡。

事故调查主要问题体现在，一是应对处置不力。未及时采取预警响应行动；没有引起高度重视，没有领导在控制中心和现场一线统一指挥、开展有效的应急处置；地铁公司应对处置管理混乱，严重延误了救援时机。二是行车指挥调度员失误。调度人员在没有查清原因、不了解险情的情况下放行列车，并未研判列车现场险情，指挥列车退行，加重车内被困乘客险情。三是违规设计和建设施工。擅自变更停车场运用库原始设计，使停车场处于较低洼地带，导致自然排水条件变差，还未按规定上报审批；建设单位用施工临时围挡代替停车场西段新建围墙，质量不合格，严重影响挡水功能；有关单位违规将部分明沟加装了长约58m的盖板，使停车场附近明沟排涝能力严重受损。

调查认定，这是一起由极端暴雨引发严重城市内涝，洪水冲毁停车场挡水围墙、灌入地铁隧道，地铁公司和有关方面处置不力、指挥调度失误、违规变更设计、建设质量不合格，造成重大人员伤亡的责任事件。该起事故反映出风险意识不强，对特大灾害认识准备不足、防范组织不力。

党的二十大报告指出"提高防灾减灾救灾和重大突发公共事件处置保障能力，加强国家区域应急力量建设"。该起事故虽是"天灾"，更存"人祸"，暴露出城市轨道交通建设、运营中的诸多安全问题。作为城市公共交通的核心关键，全国各城市轨道交通企业应吸取事故经验教训，深入开展企业安全评估工作，理清风险隐患；加强员工安全教育和学习，强化安全意识；健全和细化责任制度，提升应急处置能力。

# 任务一　城市轨道交通安全事故调查

**【任务描述】**

发生安全事故后，准确报告事故信息与弄清事故原因十分重要，应该如何进行事故的报告并注意哪些要求？若发生城市轨道交通运营事故，应该如何开展事故调查组织工作？又应如何开展事故调查？

**【学习目标】**

| 知识目标 | 技能目标 | 素养目标 |
| --- | --- | --- |
| 1. 能概括故障与事故的基础知识<br>2. 能归纳城市轨道交通运营事故报告的程序、事项与要求 | 1. 能正确进行行城市轨道交通运营事故的分类 | 1. 树立严谨的岗位责任意识和安全意识 |

（续）

| 知识目标 | 技能目标 | 素养目标 |
|---|---|---|
| 3. 能归纳城市轨道交通运营事故调查的规定与相关要求 | 2. 能够根据实际情况，正确进行城市轨道交通运营事故报告<br>3. 能够根据实际情况，正确组织城市轨道交通运营事故调查 | 2. 培养科学的安全事故调查与处理能力 |

 【知识准备】

## 一、事故的分类

### 1. 故障与事故

影响城市轨道交通系统运营安全和可靠性的因素统称为事件。根据其发生的原因、特点以及造成的后果和影响，可分为故障和事故两类。

（1）故障 故障是指因设备质量原因或操作不当导致设备无法正常使用，须人工干预或维修的事件。根据表现和影响程度，故障可分为轻微故障、一般故障和严重故障，见表5-1-1。

表 5-1-1 故障分级

| 故障种类 | 故障标准 |
|---|---|
| 轻微故障 | 指可以迅速排除，一般不会影响运营可靠性的故障 |
| 一般故障 | 指将造成短时间的列车运行秩序混乱，部分列车运行延误的故障 |
| 严重故障 | 指会导致较长时间的运营中断，严重影响系统运营可靠性的故障 |

按照设备类型和故障原因，故障又可分为车辆故障、线路故障、供电系统故障、通号系统故障、环境设备故障和车站客运设施故障等。

（2）事故 事故是指因故障或工作人员操作不当或管理人员指挥不力而造成人员伤亡、设备损坏，影响可靠性或危及运营安全的事件。城市轨道交通运营事故是指在系统运营生产过程中，因违反国家法律法规或企业规章制度、劳动纪律，技术设备不良及其他原因，在运营单位管辖范围内造成人员伤亡、设备损坏、经济损失等影响正常生产且符合事故构成条件的各类事故。

另外，《城市轨道交通运营险性事件信息报告与分析管理办法》对城市轨道交通运营险性事件做出了解释：在城市轨道交通运营过程中因隐患排查治理不到位造成风险失控而发生的，对城市轨道交通运营安全和服务造成较大影响的事件。城市轨道交通主要运营险性事件清单见表5-1-2。

表 5-1-2 城市轨道交通主要运营险性事件清单

| 序号 | 主要运营险性事件 |
|---|---|
| 1 | 列车脱轨：车辆在正线、配线、车场线等线路运行时，车轮落下轨面（包括脱轨后又自行复轨）或车轮轮缘顶部高于轨面（因作业需要的除外）而脱离轨道 |
| 2 | 列车冲突：在正线、配线、车场线等线路，列车、机车车辆相互间或与工程车、设备设施（如车库、站台、车挡等）发生冲撞 |

（续）

| 序号 | 主要运营险性事件 |
|---|---|
| 3 | 列车撞击：在正线、配线、车场线等线路，列车或机车车辆在运行过程中与行人、机动车、非机动车及其他障碍物发生碰、撞、轧。其他障碍物是指声屏障、防火门、人防门、防淹门等构筑物及射流风机、电缆、管线等吊挂构件或其他设备脱落侵入限界 |
| 4 | 列车挤岔：在正线、配线、车场线等线路，由于道岔位置不正确、尖轨未能与基本轨密贴，导致列车通过道岔时将尖轨与基本轨挤开或挤坏，造成尖轨弯曲变形、转辙机损坏 |
| 5 | 列车、车站公共区、区间、主要设备房、控制中心、主变电所、车辆基地等发生火灾 |
| 6 | 乘客踩踏 |
| 7 | 车站、轨行区淹水倒灌：雨水等通过出入口、风亭、过渡段洞口等倒灌车站和轨行区，导致车站公共区积水浸泡或漫过钢轨轨面 |
| 8 | 桥隧结构严重变形、坍塌，路基塌陷 |
| 9 | 大面积停电：单个及以上车站、变电所、控制中心或车辆基地范围全部停电 |
| 10 | 通信网络瘫痪：行车调度指挥通信、车地无线通信、通信网络传输系统等中断30min（含）以上 |
| 11 | 信号系统重大故障：中央和本地自动监控（ATS）系统均无法监控列车运行或联锁故障错误持续60min（含）以上 |
| 12 | 接触网断裂或塌网 |
| 13 | 电梯和自动扶梯重大故障：载客电梯运行中发生冲顶、坠落，或电梯轿厢滞留人员90min（含）以上，自动扶梯发生逆行、溜梯 |
| 14 | 夹人夹物动车造成乘客伤亡：乘客或物品夹在列车车门或安全门时动车，含乘客或物品夹在列车和安全门之间时动车 |
| 15 | 网络安全事件：因系统漏洞、计算机病毒、网络攻击、网络侵入等对运营安全造成严重影响的事件 |
| 16 | 造成人员死亡、重伤、3人（含）以上轻伤，以及正线连续中断行车1h（含）以上的其他运营事件。其中，中断行车是指线路中有两个及以上车站或区间发生单向行车中断 |

### 2. 事故的分类依据

在城市轨道交通运营生产过程中，一旦发生事故，很可能会造成人员伤亡与财产损失，并影响线路正常运营与社会公共安全。《生产安全事故报告和调查处理条例》将事故造成的人员伤亡和财产损失等情况作为主要分类依据，事故等级由高到低可分为特别重大、重大、较大与一般四级。

（1）**特别重大事故**　特别重大事故是指符合下列情形之一的事故：造成30人以上（含30人）死亡，或者100人以上（含100人）重伤，或者直接经济损失1亿元以上（含1亿元）。

（2）**重大事故**　重大事故是指符合下列情形之一的事故：造成10人以上（含10人）30人以下死亡，或者50人以上（含50人）100人以下重伤，或者直接经济损失5000万元以上（含5000万元）1亿元以下。

（3）**较大事故**　较大事故是指符合下列情形之一的事故：造成3人以上（含3人）10人以下死亡，或者10人以上（含10人）50人以下重伤；或者直接经济损失1000万元以上（含1000万元）5000万元以下。

（4）**一般事故**　一般事故是指符合下列情形之一的事故：造成3人以下死亡，或者10人以下重伤，或者1000万元以下直接经济损失。

另外，城市轨道交通运营事故（事件）分类还考虑连续中断行车时长、运营期间单个主变电所供电中断时长、电客车或工程车破损程度，以及性质严重或较为严重的情形等相关情况，一般可分为特别重大事故、重大事故、较大事故、一般事故、险性事件、一般事件六类。

## 二、事故的报告

为降低各类损失、减少事故影响、缩短救援时间，高效准确的请示和报告是事故应急处置过程中的重要环节。城市轨道交通系统发生突发事故后，应将事故情况报告行车主管部门有关领导，并续报事故应急处置进展与相关情况。

**1. 事故报告程序**

事故报告要迅速准确、逐级上报，报告时应遵循以下程序：

1）事故发生后，运营单位应当立即向当地城市轨道交通运营主管部门与相关部门报告，同时通告可能受到影响的单位和乘客。

2）事发地城市轨道交通运营主管部门接到事故信息报告或监测到相关信息时，应当立即进行核实，对事故的性质与类别进行初步认定，并按照国家规定的时限、程序与要求向上级城市轨道交通运营主管部门与同级人民政府报告，同时还应通报同级其他相关部门与单位。

3）若事故已经或可能涉及相邻行政区域时，事发地城市轨道交通运营主管部门应当及时通报相邻区域城市轨道交通运营主管部门。

4）事发地城市及以上地方各级人民政府、城市轨道交通运营主管部门应当按照有关规定逐级上报，必要时可越级上报。

5）对初判为重大以上级别的事故，省级人民政府与中央交通运输主管部门要立即向国务院报告。

**2. 事故报告事项**

事故报告除了应快速、准确，还应做到有序高效、对口汇报。报告的主要事项见表5-1-3。另外，对运营事故处置的新进展、新情况应及时续报。

表 5-1-3　事故报告事项

| 序号 | 报告事项 | 序号 | 报告事项 |
|---|---|---|---|
| 1 | 发生单位 | 5 | 对运营造成的影响 |
| 2 | 发生时间、地点、现场情况及简要经过 | 6 | 初步原因分析 |
| 3 | 已造成或可能造成的伤亡人数（包括下落不明人数）和初步估计直接经济损失 | 7 | 下一步措施和需要协调事项 |
| 4 | 已经采取的措施 | 8 | 其他应报告的情况 |

**3. 事故报告要求**

（1）现场情况的报告　在运营线路上发生突发事件时，车站行车值班员、列车司机或其他相关人员应认真确认现场情况，迅速、准确地报告行车调度员。若不能及时报告行车调度员，应就近向车站行车值班员报告，由行车值班员转报行车调度员。现场情况的报告要求见表5-1-4。

表5-1-4 现场情况的报告要求

| 序号 | 故障类型 | 现场报告要求 |
|------|----------|--------------|
| 1 | 发生车辆、设备故障 | 现场人员应立即报告行车调度员或电力调度员 |
| 2 | 发生火灾 | 现场人员在积极扑救的同时，报告辖区公安派出所及119火警，并报告行车调度员 |
| 3 | 发生毒气袭击 | 车站要迅速将受到侵害人员的数量、程度、症状及已知的可疑人、物和其他情况，向行车调度员和辖区公安派出所报告<br>列车司机要迅速将受到侵害人员的数量、程度、症状及已知的可疑人、物和其他情况，向行车调度员报告 |
| 4 | 发生爆炸、地外伤害及运营设施被盗割 | 有关人员除向行车调度员报告外，还应立即向辖区公安派出所报告 |

注：发生列车撞轧人员、与其他车辆碰撞等情况，导致地铁外部人员及非在岗作业的地铁员工伤残死亡，均列为地铁外部人员伤亡事故，简称地外伤害。

另外，突发事件因现场一时难以判断清楚，可先报现场情况，而后继续确认，随时报告；如发现报告内有误时，应立即给予更正。在各单位厂（场）区管辖内发生突发事件时，相关人员要立即报告本单位生产调度室。

（2）行车调度员、电力调度员及各单位生产调度室的报告 行车调度员、电力调度员及各单位生产调度室接到现场报告时，要问清现场情况并立即向总调度室报告。行车调度员、电力调度员及各单位生产调度室发现在运营时间内发生人员伤亡或由于各种原因造成正线堵塞、列车大面积晚点时，应立即将具体情况报告总调度室。若电力调度员接到设备故障影响或危及运营的报告，以及发现设备故障影响或危及运营的情况，要立即向总调度室报告，同时报告行车调度员。

（3）总调度室的报告 运营线或车场内发生对运营产生重大影响的列车冲突、列车脱轨、轨道断轨、火灾、水灾、爆炸、毒气袭击、设备物品侵入限界造成运输设备损坏、中断运行等短时间难以恢复的突发事件时，应立即报告公司领导并通知相关部室、单位。

在运营时间内因车辆故障、设备故障、接触网（轨）停电或其他原因造成中断运营或正线堵塞5min及以上时，应根据产生影响情况报告有关领导并通知相关部室、单位。

因施工未能按时完成、设备损坏或其他原因造成车站未能按时开站正常运营时，应根据事件发展情况或影响时间报告公司领导，并通知相关部室、单位。

（4）对外单位的报告 根据处理事件的需要，涉及报告程序规定以外的部室、单位及上级有关部门时，由相关部室负责通知。若需公交支援，总调度室先向市交通运输部门报告，由其协调公交支援有关事宜。遇特殊情况，也可直接与公交方面联系后，再报市交通运输部门。突发事件处理完毕后，总调度室须及时报告市交通运输部门，由其通知公交结束支援。

## 三、事故调查组织

事故调查应坚持实事求是、尊重科学的原则，及时、准确查清事故经过、原因和损失，查明事故性质，认定事故责任，总结事故教训，提出整改措施，并对事故责任者依法追究责任。

### 1. 事故调查组

（1）事故调查组的组成 事故调查人员是事故调查的主体。事故不同，事故调查组的组成就有所不同。《生产安全事故报告和调查处理条例》明确指出：特别重大事故由国务院或者国务院授权有关部门组织事故调查组进行调查，重大事故、较大事故、一般事故分别由事故发生地省级人民政府、设区的市级人民政府、县级人民政府负责调查。省级人民政府、设区的市级人民政府、县级人民政府可以直接组织事故调查组进行调查，也可以授权或者委托有关部门组织事故调查组进行调查。未造成人员伤亡的一般事故，县级人民政府也可以委托事故发生单位组织事故调查组进行调查。上级人民政府认为必要时，可以调查由下级人民政府负责调查的事故。特别重大事故以下等级事故，事故发生地与事故发生单位不在同一个县级以上行政区域的，由事故发生地人民政府负责调查，事故发生单位所在地人民政府应当派人参加。

事故调查组的组成应当遵循精简和效能的原则。根据事故具体情况，事故调查组由有关人民政府、安全生产监督管理部门、负有安全生产监督管理职责的有关部门、监察机关、公安机关以及工会派人组成，并应当邀请人民检察院派人参加，还可以聘请有关专家参与调查。事故调查组成员应当具有事故调查所需要的知识和专长，并与所调查的事故没有直接利害关系。事故调查组组长由负责事故调查的人民政府指定，主持事故调查组的工作。

（2）事故调查组的职责　事故调查组应履行以下职责：

1）查明事故发生的经过、原因、人员伤亡情况及直接经济损失。

2）认定事故的性质和事故责任。

3）提出对事故责任者的处理建议。

4）总结事故教训，提出防范和整改措施。

5）提交事故调查报告。

（3）运营单位内事故调查分工　发生突发事件后，运营单位各有关部室、单位应立即派人前往事件现场参与调查。在公司有关领导到达事件现场前，现场组织者要负责保护现场、勘查现场、查找事件见证、保存可疑物证、查找事件线索及原因，并做好记录，待公司领导到达后如实汇报。

对非刑事案件的突发事件，由安监室负责组织对事件现场进行全面勘察和调查工作。有必要时请公安机关对事件人和关系人进行隔离保护。各有关部室到达事件现场后，由安监室负责组织，并按下列分工开展调查工作，见表5-1-5。

表 5-1-5　事件调查分工

| 部室 | 事件调查分工 |
| --- | --- |
| 车辆部 | 负责对机车车辆进行检查，详细记录机车车辆损坏情况，各种开关、手柄、操作按钮、保险等现场状态，并将检查情况报安监室 |
| 设备部 | 负责对供电、机电、通信、信号、线路设备进行检查，详细记录各种设备损坏情况，各种开关、手柄、操作按钮、保险等现场状态，并将检查情况报安监室 |
| 客运部 | 负责对乘客伤亡情况、列车载客情况、行车值班室控制台状态进行检查，并做好记录。对行车值班员、有关站务员调查了解事件情况，对乘客反映的情况及目击者进行调查，做好记录，并报安监室 |
| 总调度室 | 负责对行车调度员、电力调度员的指挥情况进行检查，收集指挥命令票或记录，并报安监室 |
| 保卫部 | 负责对现场证据的保护，配合公安机关做好调查取证工作 |

对火灾、毒气、爆炸等涉及刑事案件的突发事件由公安机关负责对事件现场按公安工作

程序进行全面勘察和调查，安监室、保卫部及有关部室配合公安机关做好有关工作。

### 2. 事故调查规定

调查事故原因应从主观原因和客观原因、直接原因和间接原因、管理原因和技术原因等多层次、全方位地分析查找。

（1）调查取证　事故调查组有权向有关单位和个人了解与事故有关的情况，并要求其提供相关文件和资料，有关单位和个人不得拒绝。事故发生单位负责人和有关人员在事故调查期间不得擅离职守，并应当随时接受事故调查组的询问，如实提供有关情况。事故调查中发现涉嫌犯罪的，事故调查组应当及时将有关材料或者其复印件移交司法机关处理。

（2）技术鉴定　事故调查中需要进行技术鉴定的，事故调查组应当委托具有国家规定资质的单位进行技术鉴定。必要时，事故调查组可以直接组织专家进行技术鉴定。技术鉴定所需时间不计入事故调查期限。

（3）信息保密　事故调查组成员在事故调查工作中应当诚信公正、恪尽职守，遵守事故调查组的纪律，保守事故调查的秘密。未经事故调查组组长允许，事故调查组成员不得擅自发布有关事故的信息。

### 3. 调查分析时间要求

自事故发生之日起 30 天内（道路交通事故、火灾事故自发生之日起 7 天内），因事故伤亡人数变化导致事故等级发生变化，依照本条例规定应当由上级人民政府负责调查的，上级人民政府可以另行组织事故调查组进行调查。

事故调查组应当自事故发生之日起 60 天内提交事故调查报告；特殊情况下，经负责事故调查的人民政府批准，提交事故调查报告的期限可适当延长，但延长的期限最长不超过60 天。

## 四、事故调查步骤

实施事故调查过程是事故调查的主要工作。事故调查的基本步骤包括现场处理、现场勘察、物证的保护与收集、人证的保护与问询等主要工作，实施调查过程的速度和准确性尤为重要，以保证有效的事故信息、证据得以保全。

### 1. 事故现场处理

事故现场处理是事故调查的初期工作，主要包括安全抵达现场、现场危险分析、现场营救、防止次生危害与现场保护等几方面工作。

（1）安全抵达现场　在携带必要调查工具及装备的情况下，安全抵达事故现场。同时，应保持与上级有关单位或部门的联系，并进行及时沟通。

（2）现场危险分析　做出准确的分析与判断，防止进一步的伤害与破坏，并做好现场保护工作。观察现场全貌，分析是否有进一步危害产生的可能性，计划调查的实施过程，确定行动次序及考虑与有关人员合作，控制现场秩序。

（3）现场营救　若医护、消防等抢救人员已到位且人手充足，事故调查人员应及时记录事故遇难者尸体状态和位置，并用照片和绘图的方式标明位置。告诫抢救人员须尽早记下幸存者的位置、移动过物体的原位置等现场的最初情况，若事故调查人员同时参与营救，也应尽可能做好上述工作。

（4）防止次生危害　在现场危险分析的基础上，应对现场可能产生的次生伤害和破坏及时采取行动。防止有毒有害物质的生成、释放或蔓延，防止易燃易爆物质的生成、燃烧或爆炸，以保证所有在场人员的安全和保护现场免遭进一步破坏。应尽快查明现场是否存在危险品，并采取相应措施。

（5）现场保护　除必要的抢救等工作外，应使现场尽可能地保持原封不动。事故中遇难者尸体及人体残留物应尽可能留在原处，私人物品也应保持不动，以助于辨别遇难者身份。此外，如痕迹、液体及碎片等极易消失的物证应用事先准备好的样品袋、瓶、标签等及时做好收集保存（照相）；应尽可能使所有在场目击者滞留现场或记下其姓名与联系方式等有效信息；因需清理现场或移动现场物品时，应在清理或移动前对重要痕迹照相或绘制草图，并测量各项有关数据，协调好保护现场与其他工作的矛盾。

**2. 事故现场勘察**

为查明当事各方在事前和事中的情节、过程以及造成的后果，通过事故现场勘察对现场痕迹、物证的收集和检验进行分析，判明发生事故的主观与客观原因，为正确处理事故提供客观依据。事故现场勘察是一种信息处理技术工作，由于其主要关注人（People）、部件（Part）、位置（Position）和文件（Paper）四个方面的信息，也称为 4P 技术，见表 5-1-6。

表 5-1-6　事故现场勘察 4P 技术

| 4P 技术 | 具体说明 |
| --- | --- |
| 人-"People" | 应以事故当事人和目击者为主，同时也应考虑维修、医疗、消防、基层管理、技术人员、朋友、亲属或任何能够为事故调查工作提供帮助的人员 |
| 部件-"Part" | 失效的机械设备、通信系统，不适用的保障设备、燃料和润滑剂，现场的各类碎片等 |
| 位置-"Position" | 事故发生时的位置、天气、道路、操作位置、运行方向、残骸位置等 |
| 文件-"Paper" | 事故有关记录、公告、指令、图样、计划、报告等 |

勘察人员到达事故现场后，应先要向当事人和目击者了解事故发生情况和现场是否有变动。若有变动，应更要认真细致地勘察，先弄清变动的原因和过程，必要时可根据当事人和证人提供的事故发生时的情景恢复现场原状，以利于实地勘察。在勘察前，还应巡视现场周围情况，对现场全貌有概括的了解后，确定现场勘察范围和勘察顺序。尽可能将现场的一切痕迹、物证，甚至微量物证收集、记录下来，确定现场的本来面目。

**3. 物证的保护与收集**

在现场勘察中，"部件""位置"和"文件"三方面属于物证的范畴。保护现场工作的主要目的之一就是保护物证。

针对不易留存的物证，必须按次序有目的地选择尽快收集物证，如痕迹、液体及碎片等物证应用事先计划准备好的样品袋、瓶、标签等及时做好收集保存；如已渗入地下，则应连土取样，以供分析。物体表面的漆皮也是重要物证，因其与其他物质相接触后一般会被带走，若无法肉眼可见，可借助专业仪器。

针对相关文件、资料、票据、记录等重要物证，即使不在事故现场，也应注意及时封存。另外，数据记录装置也是一类物证，事先设置记录事故前后有关数据的仪器装置，可在缺乏目击者和可调查硬件的情况下，保证调查人员能够准确找出事故原因。

**4. 人证的保护与问询**

证人通常是指看到事故发生或事故发生后最快抵达事故现场且具有调查人员所需信息的人，广义上则是指所有能为了解事故提供信息的人。在人证保护工作中，应当避免证人间的互相接触及其与外界的接触，并最好使其不离开现场，保证问询工作尽快开展，以获得尽可能多的信息。证人的问询一般为审讯式和问询式两种，见表 5-1-7。

表 5-1-7　证人的问询形式

| 形式 | 特点 |
|------|------|
| 审讯式 | 调查人员与证人之间类似警察与疑犯之间的对手关系，问询过程高度严谨，逻辑性强，不放过任何细节。该方式效率较高，但可能会造成证人的反感，从而影响双方交流 |
| 问询式 | 首先认为证人在大多数情况下没有义务为调查人员描述事故，作证主要依赖于自愿。该方式花费时间较长，但环境氛围轻松，证人更愿意叙述 |

证人的问询一般采用两种形式相结合，并以问询式为主，通过一些问询技巧开展工作。在问询过程中，情绪激动的人易产生事实的扭曲或夸大；被调查人员的信仰及先入为主的观点会对其叙述产生影响；小孩子做证人有利有弊，8～10 岁的孩子一般会实事求是地讲述自己的所见所闻，但年龄再小的孩子则会加上自己的想象；证人的性别与证词的可信度没有关系，但智力型证人的证词可靠性稍高于其他人；可采用列表的方式来对两名以上证人进行证词一致性的比较与判断；在可能的情况下，应对事故发生时处于不同位置的人员进行调查，以获得不同的细节；若多人的证词显示出矛盾时，则应通过进一步问询获得更详细的信息。

### 5. 事故现场照相

现场照相应记录事故的发生时间、空间及各自特点，事故活动的现场客观情况以及造成事故事实的客观条件和产生结果，形成事故现场的主体的各种迹象。事故现场照片内容和要求见表 5-1-8。

表 5-1-8　事故现场照片内容和要求

| 照片内容 | 照片要求 |
|----------|----------|
| 现场方位照相 | 指拍摄现场所处的位置及现场周围环境，拍摄点应选在较高较远而又能显示现场及其环境特点的位置，并将能显示现场位置的永久性标志拍摄在画面明显位置上 |
| 现场概貌照相 | 指拍摄除了现场周围环境以外整个现场状况，要完整、系统、全面地反映现场的范围、现场内的物品、痕迹物证以及遗留痕迹物证的位置等现场全部状况，说明现场的基本特征 |
| 现场重点部位照相 | 指拍摄与事故有关的现场重要地段，对审理、证实事故情况有重要意义的现场物体的状况、特点，现场上遗留的与事故有关的物证的位置与物证间的特点等，以反映它们与现场以及现场上有关物体的关系 |
| 现场细目照相 | 指拍摄在现场上存在的具有检验鉴定价值和证据作用的各种痕迹、物证，以反映其形状、大小和特征。由于细目照片多用于技术检验、鉴定工作，其必须按照技术检验和鉴定工作的要求进行拍摄 |

为避免拍照的盲目性，达到预期目的，现场照相应按照次序有计划、有步骤地进行。接近事故现场时，应先拍摄标准的四个方向同距离照片、从制高点拍摄现场全景（记录高度和角度）等基本照；尽快拍摄可能被移动的事物，以及如擦痕、液体等易除去的物证；拍摄火灾事故中的火焰和烟雾，反映燃烧温度，判断燃烧物质；拍摄残片等应靠近以保证清晰，但又需保持一定距离以表明相互关系；应尽量摄入一些熟悉的物体，以便作为参考；拍摄重要部件或破损表面特写时，应用钢直尺或其他类似物表明尺寸，或在照片中摄入已知尺寸的物体，同时选用一个广角显示部件之间的关系；应做好拍摄记录，将拍摄物体、目的、编号、类型等记录完全，将拍摄条件与程序、照明性质、拍照时间等注明在现场平面图或示意图上。

### 6. 事故现场图表

现场绘图、现场笔录与现场照相各有特点，之间相辅相成，不可互相取代。

（1）现场绘图 事故现场绘图是运用制图学的原理与方法，通过几何图形来表示现场活动的空间形态，是记录事故现场的重要形式之一，能较为精确地反映现场重要物品的位置和比例关系。事故现场图的种类，见表5-1-9。

表 5-1-9 事故现场图的种类

| 种类 | 概念 |
| --- | --- |
| 现场位置图 | 反映现场在周围环境中的位置 |
| 现场全貌图 | 反映事故现场全面情况的示意图。绘制时，应以事故原点为中心，将现场与事故有关人员的活动轨迹、物体运动轨迹、痕迹及相互间的联系反映清楚 |
| 现场中心图 | 专门反映现场某个重要部分的图形。绘制时，应以某一重要客体或某个地段为中心，把有关物体的痕迹反映清楚 |
| 专项图 | 也称为专业图，反映与事故有关的工艺流程、电力、动力、管网、设备、设施的安装结构等 |

现场绘图中应标明方向、天气、高度、距离、时间和绘制者等信息，标明受伤害者的原始存息地、主要残骸及关键物证的位置，标明关键照片拍摄的位置与距离。

（2）表格 表格也是一种特殊形式的现场绘图，包含的主要信息有统计数据和测量数据。将数据通过表格的形式加以记录，既有利于取用，也便于比较。

【任务实施】

案例导入

2021年3月4日15时10分左右，南山区粤海街道深大2号垃圾中转站提升改造项目现场，深圳市工勘地理信息有限公司工人在进行勘察作业时，打穿地铁1号线深大至桃园下行线区间隧道顶部，造成地铁短暂停运，未造成人员伤亡，直接经济损失73.0186万元。

9时30分左右，垃圾中转站提升改造项目勘察作业工人李某宏和满某二人来到现场，正式开始勘察作业。14时50分左右，李某宏操作钻机钻到约13m时，钻头突然下落2m多，李某宏认为钻机打到了地下室，便马上打电话给勘察工程师吴某龙，吴某龙立刻让现场工人停止作业，并向公司报告后赶赴现场处理。

15时10分，地铁1号线0509次（178车）列车运行至深大至桃源下行区间百米标210-212处时，列车司机发现前方隧道顶部被击穿，疑似有钻头侵入，立即将情况上报。地铁运营单位随即安排后续3309次（139车）列车司机限速查看，司机确认隧道被击穿并采取紧急停车措施，列车迫停区间，运营单位按照应急预案启动应急响应。区应急管理局、区住房建设局、区城管和综合执法局、粤海街道办、南山公安分局、市公安局公交分局等部门在接报后也立刻赶到事发现场进行处置。15时20分，3309次（139车）列车退回深大站清客并启动公交接驳，专业抢修队陆续到达现场。16时38分，深圳地铁消防队将侵入隧道的钻头切除。16时58分，事发区间全线恢复运营。

事故处置过程如图5-1-1所示。

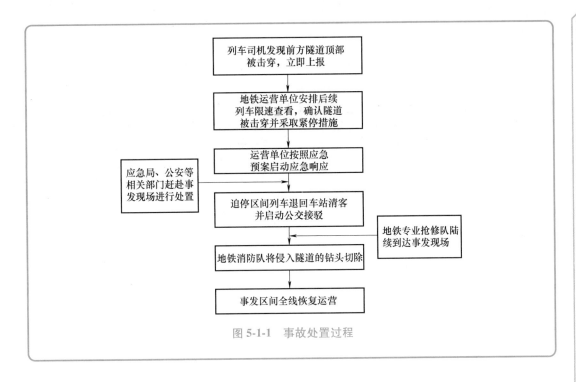

图 5-1-1　事故处置过程

## 一、任务目的

阅读上述侵入限界事故的基本情况与处置过程，根据知识储备，模拟城市轨道交通突发事故的信息报告。

## 二、任务内容

模拟城市轨道交通突发事故的报告。

## 三、任务步骤

1. 将学生进行分组，4~5 人为一组，小组成员自行查询资料，分析事故的报告流程与启示，并将结果进行记录，见表 5-1-10。

表 5-1-10　个人结果记录表

| 报告流程 | |
| --- | --- |
| 启示 | |

2. 小组成员相互学习，修改或补充组内各个成员的流程设计，总结完善出本组最终讨论结果，并将结果进行记录，见表 5-1-11。

表 5-1-11　小组结果汇总表

| 报告流程 | |
| --- | --- |
| 启示 | |

3. 各组成员派代表，以 PPT 形式进行汇报。

## 四、任务评价

以组为单位进行汇报，开展自评与互评并进行记录，见表5-1-12。

表5-1-12 评价表

| 评价项目 | 自评（10分） | | 互评（10分） |
|---|---|---|---|
| 第（ ）组 | | | |
| 点评记录 | 优点 | | |
| | 缺点 | | |

## 五、任务总结

_____

_____

_____

### 【学习小结】

1. 影响城市轨道交通系统运营安全和可靠性的因素统称为事件。根据其发生的原因、特点以及造成的后果和影响，可分为故障与事故两类。根据造成的人员伤亡、财产损失等情况，事故等级可分为特别重大、重大、较大与一般四级。

2. 城市轨道交通系统发生突发事故后，应将事故现场情况报告上级部门以及有关领导，并续报事故应急处置进展与相关情况。事故报告要迅速准确、对口逐级上报，报告事项包括发生单位、时间、地点、现场情况及简要经过、伤亡人数、直接经济损失、已采取措施、对运营造成的影响、初步原因分析及措施等。

3. 事故调查人员是事故调查的主体，事故不同，事故调查组组成就有所不同。实施事故调查过程是事故调查的主要工作，基本步骤包括现场处理、现场勘察、物证的保护与收集、人证的保护与问询等，实施调查过程的速度和准确性尤为重要，以保证有效的事故信息和证据等得以保全。

### 【知识巩固】

#### 一、填空题

1. 根据表现和影响程度，故障可分为_____、_____和_____。

2. 突发事件因现场一时难以判断清楚，可先报_____，而后继续确认，随时报告；如发现报告内容有误时，应立即_____。

3. 特别重大事故由_____进行调查，重大事故、较大事故、一般事故分别由_____、_____、_____负责调查。

4. 实施事故调查过程是事故调查的主要工作，事故调查的基本步骤主要包括_____、_____、_____与_____等。

## 二、选择题

1. 造成 3 人以下死亡，或者 10 人以下重伤，或者 1000 万元以下直接经济损失的事故是（　　）。

  A. 特别重大事故   B. 重大事故    C. 较大事故    D. 一般事故

2. 以下哪个选项属于事故报告的主要事项。（　　）

  A. 发生单位    B. 发生时间    C. 已采取的措施  D. 以上都是

3. 以下哪个选项不属于事故调查组应履行的职责。（　　）

  A. 查明事故发生的经过、原因、人员伤亡情况及直接经济损失

  B. 认定事故的性质和事故责任

  C. 提出对事故责任者的处理建议

  D. 报告事故现场情况

4. 在事故调查过程中，以下哪个选项的做法是错误的。（　　）

  A. 尽快拍摄可能被移动的事物，以及如擦痕、液体等易除去的物证

  B. 应当避免证人间的互相接触以及与外界的接触，并最好使其不离开现场

  C. 不在事故现场的相关文件、资料、票据与记录等可不封存

  D. 应做好拍摄记录，将拍摄物体、目的、编号、类型等记录完全

## 三、简答题

1. 城市轨道交通运营事故的分类有哪些？

2. 如何进行城市轨道交通运营事故信息报告？

3. 如何进行城市轨道交通运营事故调查组织？

# 任务二　城市轨道交通安全事故处理

## 【任务描述】

  城市轨道交通安全事故发生后，应按照"四不放过"的原则进行调查处理，并根据调查分析情况正确编写事故调查报告。该怎样进行事故责任判定和责任事故处理？针对运营公司发生的各类城市轨道交通事故，又应如何开展事故的统计分析与总结？

## 【学习目标】

| 知识目标 | 技能目标 | 素养目标 |
| --- | --- | --- |
| 1. 能概括事故调查报告的基础知识<br>2. 能概括事故责任判定和处理的基础知识 | 1. 能正确编写城市轨道交通事故调查报告<br>2. 能开展城市轨道交通事故的责任判定 | 1. 树立严谨的岗位安全责任意识 |

（续）

| 知识目标 | 技能目标 | 素养目标 |
|---|---|---|
| 3. 能列举城市轨道交通系统消防安全原则 | 3. 能够根据实际情况，正确进行城市轨道交通事故处理 | 2. 培育科学的城市轨道交通安全事故处理能力 |

## 【知识准备】

### 一、事故调查报告

事故调查组应坚持"科学严谨、依法依规、实事求是、注重实效"的原则，通过现场勘验、调查取证和专家论证，查明事故经过、原因和直接经济损失情况，认定事故性质和责任，并提出对有关责任人员和责任单位的处理意见，以及加强和改进工作的措施建议。

**1. 事故调查报告内容**

《生产安全事故报告和调查处理条例》对事故调查做出了明确规定，事故调查报告应当包括下列内容：

1）事故发生单位概况。

2）事故发生经过和事故救援情况。

3）事故造成的人员伤亡和直接经济损失。

4）事故发生的原因和事故性质。

5）事故责任的认定以及对事故责任者的处理建议。

6）事故防范和整改措施。

事故调查报告应当附具有关证据材料，事故调查组成员应当在事故调查报告上签名，事故调查报告报送负责事故调查的人民政府后，事故调查工作即告结束。事故调查的有关资料应当归档保存。

**2. 事故调查报告报送**

事故调查组应在形成运营险性事件技术分析报告后 5 个工作日内，报送至城市轨道交通运营主管部门。城市轨道交通运营主管部门应在收到报告后逐级报送至交通运输部，每级报送时限不超过 10 个工作日。

重大运营安全事故调查报告按规定程序经批复后，省级交通运输主管部门应在 10 个工作日内报送至交通运输部。较大和一般运营安全事故调查报告批复后，城市轨道交通运营主管部门应逐级报送至交通运输部，每级报送时限不超过 10 个工作日。

### 二、事故的责任判定和处理

**1. 事故责任判定和处理的基础**

安全事故发生后，应按照"四不放过"的原则进行调查处理。对于情节特别恶劣，后果特别严重，构成犯罪的责任者，要坚决依法惩处。

（1）事故性质分类　在事故处理过程中，无论事故大小都要查清责任，严肃处理，并注意区分责任事故、非责任事故和破坏事故，具体内容见表5-2-1。

表 5-2-1　事故性质分类

| 事故性质 | 分类依据 |
| --- | --- |
| 责任事故 | 因有关人员的过失而造成的事故 |
| 非责任事故 | 由自然因素而造成的不可抗拒的，或由未知领域技术问题而造成的事故 |
| 破坏事故 | 为达到一定目的而蓄意制造的事故 |

（2）事故处理期限　对于重大事故、较大事故、一般事故，负责事故调查的人民政府应当自收到事故调查报告之日起 15 天内做出批复；对于特别重大事故，30 天内做出批复，特殊情况下，批复时间可以适当延长，但延长的时间最长不超过 30 天。

（3）事故处理要求　有关机关应当按照人民政府的批复，依照法律、行政法规规定的权限和程序，对事故发生单位和有关人员进行行政处罚，对负有事故责任的国家工作人员进行处分。事故发生单位应当按照负责事故调查的人民政府的批复，对本单位负有事故责任的人员进行处理。负有事故责任的人员涉嫌犯罪的，依法追究刑事责任。

**2. 事故的责任判定**

运营公司安全管理生产委员会接到事故调查组的报告后，由运营公司生产管理委员会主任或指定人员主持召开事故处理会议，审议事故调查组的调查报告，认定事故性质及责任，对事故责任单位及其负责人和事故责任人提出处理决定并通报分公司。

（1）责任划分依据　事故的责任可划分为全部责任、主要责任、同等责任等，见表 5-2-2。

表 5-2-2　事故的责任划分

| 责任划分 | 划分依据 |
| --- | --- |
| 全部责任 | 负有事故损失及不良影响 100% 责任 |
| 主要责任 | 负有事故损失及不良影响 60%～70% 责任 |
| 同等责任 | 各方均负有事故损失及其不良影响的相同成分的责任 |
| 次要责任 | 负有事故损失及不良影响 30%～40% 责任 |
| 一定责任 | 负有事故损失及不良影响 10%～20% 责任 |
| 管理责任 | 根据事故性质承担 |

（2）责任处理原则　当事故全部由一方原因造成，则承担全部责任；当事故由两方原因造成，但双方推诿扯皮，造成责任难以分清时，运营公司可裁定双方均承担事故全部责任；对于擅自清理、改变、破坏事故现场的单位或个人，由运营公司裁定其承担事故全部责任。当事故由两方原因造成，主要原因一方则承担主要责任，非主要原因一方则承担次要责任。当事故由两方或多方原因造成，且各方责任等同时，则各方分担同等责任。当事故由三方以上原因造成，则视各方责任而依次承担主要责任、次要责任、一定责任；具有非造成事故的直接原因，但与事故发生有着一定的关系时，则负有一定责任。当一起事故具有多种定性条件，按事故性质等级高的定性。

因车辆调试作业发生的事故，由于车辆本身技术问题的，由负责组织调试作业的单位或部门承担主要责任；若由其他原因造成的，仍按正常事故处理。因承包商在地铁范围内进行设备维修、施工而造成的运营事故，为承包商责任事故；管理部门承担管理责任。因货物装载不良或押运人员监督不力造成的事故，由装载部门或押运部门承担责任。因车辆、设备、设施、器材、装置异常状况发生事故，其事故的责任处理原则见表 5-2-3。

表 5-2-3　事故的责任处理原则

| 序号 | 处理原则 |
|---|---|
| 1 | 对于尚无明确分工的项目，按主体责任原则，设备管理部门承担主要责任；按属地管理原则，相关部门承担次要责任；负责确定分工的部门承担一定责任 |
| 2 | 对于已有明确分工的项目，按设备分工责任部门承担全部责任 |
| 3 | 车辆、设备、设施、器材、装置发生异常状况，由于处理人员操作不当直接导致发生事故时，由该处理人员及所属部门承担全部责任 |

另外，已批准的技术革新、科研项目进行试验时，在规定的试验期内，被试验的项目发生事故，不列为运营责任事故；但由于违反操作规程以及其他人为因素仍列为责任事故。凡隐瞒事故、弄虚作假、破坏证据等，一经查清，为该部门或人员全部责任。

### 3. 责任事故处理

对于责任事故，应区分事故的直接责任者、领导责任者和主要责任者。对事故责任者处理，一定要严肃认真。根据造成事故的责任大小和情节轻重，进行批评教育或给予必要的行政处分。对不服从管理、违反规章制度，或是强令工人违章冒险作业，而发生重大伤亡事故，后果严重并已构成犯罪的责任者，应报请检察部门提起诉讼，追究刑事责任。

（1）**事故发生单位主要负责人的法律责任**　事故发生单位主要负责人，不立即组织事故抢救的，迟报或者漏报事故的，或者在事故调查处理期间擅离职守的，处上一年年收入 40%～80% 的罚款；属于国家工作人员的，依法给予处分；构成犯罪的，依法追究刑事责任。

事故发生单位主要负责人未依法履行安全生产管理职责，导致事故发生的，依照相关规定处以罚款：发生一般事故时，处上一年年收入 30% 的罚款；发生较大事故时，处上一年年收入 40% 的罚款；发生重大事故时，处上一年年收入 60% 的罚款；发生特别重大事故时，处上一年年收入 80% 的罚款；属于国家工作人员的，依法给予处分；构成犯罪的，依法追究刑事责任。

（2）**事故发生单位及有关人员的法律责任**　事故发生单位及有关人员有表 5-2-4 中行为之一的，对事故发生单位处 100 万元以上 500 万元以下的罚款；对主要负责人、直接负责的主管人员和其他直接责任人员处上一年年收入 60%～100% 的罚款；属于国家工作人员的，依法给予处分；构成违反治安管理行为的，由公安机关依法给予治安管理处罚；构成犯罪的，依法追究刑事责任。

表 5-2-4　事故发生单位及有关人员责任判定情形

| 序号 | 判定条件 |
|---|---|
| 1 | 谎报或者瞒报事故的 |
| 2 | 伪造或者故意破坏事故现场的 |
| 3 | 转移、隐匿资金、财产，或者销毁有关证据、资料的 |
| 4 | 拒绝接受调查或者拒绝提供有关情况和资料的 |
| 5 | 在事故调查中做伪证或者指使他人做伪证的 |
| 6 | 事故发生后逃匿的 |

事故发生单位对事故发生负有责任的，依照相关规定处以罚款：发生一般事故时，处10 万元以上 20 万元以下的罚款；发生较大事故时，处 20 万元以上 50 万元以下的罚款；发生重大事故时，处 50 万元以上 200 万元以下的罚款；发生特别重大事故时，处 200 万元以上500 万元以下的罚款。

事故发生单位对事故发生负有责任的，由有关部门依法暂扣或者吊销其有关证照；对事故发生单位负有事故责任的有关人员，依法暂停或者撤销其与安全生产有关的执业资格、岗位证书；事故发生单位主要负责人受到刑事处罚或者撤职处分的，自刑罚执行完毕或者受处分之日起，5 年内不得担任任何生产经营单位的主要负责人。

（3）其他有关单位及人员的法律责任　有关地方人民政府、安全生产监督管理部门和负有安全生产监督管理职责的有关部门，不立即组织事故抢救的，或者迟报、漏报、谎报或者瞒报事故的，或者阻碍、干涉事故调查工作的，或者在事故调查中做伪证或者指使他人做伪证的，应对其直接负责的主管人员和其他直接责任人员依法给予处分；构成犯罪的，依法追究刑事责任。

参与事故调查的人员在事故调查中，对事故调查工作不负责任致使事故调查工作有重大疏漏的，或者包庇、袒护负有事故责任的人员或者借机打击报复的，应依法给予处分；构成犯罪的，依法追究刑事责任。

## 三、事故的统计与总结

运营公司各生产部室要建立事故记录台账，详细记载各种运营事故发生的经过、原因及处理情况，定期分析总结，根据事故通报，对职工进行安全教育。

### 1. 事故的统计

事故相关部门应及时将事故发生及应急处理情况汇报公司安全技术部门，并负责组织协助事故调查。安全技术部门负责根据各部门上报的各类安全管理情况进行分析汇总，视情况发布安全预警信息，必要时根据运营安全形势开展相关专项安全活动。事故的统计数字和责任部门以安全技术部门的记载为依据。事故涉及两个以上部门时，应将事故件数列入全部责任或主要责任部门。按同等责任论处的事故，责任部门按平均数统计，分公司按一件事故统计。安全技术部门负责统计分公司事故的发生情况，并将事故分析总结报告进行整理建立档案。列为非责任事故的，事故发生部门统计事故件数，但不影响安全成绩。

### 2. 事故的总结

运营单位应按年度对本单位城市轨道交通运营险性事件的发生情况、发生原因、发展趋势、变化规律，以及既往运营险性事件整改及防范措施实施效果等进行总结评估，形成书面报告并及时报送至城市轨道交通运营主管部门。城市轨道交通运营主管部门汇总分析后，形成本辖区运营险性事件分析报告，于次年 1 月底前逐级报送至交通运输部。

城市轨道交通运营主管部门应督促运营单位吸取运营险性事件经验教训，制订相应整改措施消除隐患并监督落实，不断改进、提升运营安全水平，并及时对本单位发生的运营险性事件制作安全警示片等多种形式的安全警示材料，开展警示教育活动。安全警示片内容应包括运营险性事件基本情况、主要原因、造成后果、经验教训等。

【任务实施】

## 案例导入

事故一：北京市地铁 5 号线天通苑站"4·16"一般生产安全事故。2022 年 4 月 16 日 3 时 27 分许，位于昌平区天通苑北街道天通苑地铁站内，发生一起测试列车与综控员碰撞事故，造成 1 人死亡。

事故二：南宁市轨道交通 1 号线百花岭至埌东客运站下行区间"1·22"侵限事故。2021 年 1 月 22 日 15 时 42 分，因道路地质勘查施工，轨道交通 1 号线百花岭至埌东客运站下行区间公里标 K27+900m 处隧道被地质勘查机械钻穿，发生地铁侵限事故，造成轨道交通 1 号线短时关闭停运，直接经济损失 306.65 万元，社会影响较大。

事故三：广州市地铁 21 号线神舟路站"7·30"在建出入口挡水墙倒塌致地铁进水一般事故。2021 年 7 月 30 日 12 时 46 分许，因突降暴雨，21 号线神舟路站在建Ⅳ号出入口地平面挡水墙被积水冲垮倒塌，地表积水下泄到基坑后通过过道涌入车站，造成 21 号线黄村站至苏元站共 6 个站暂停营运 7h，直接经济损失 91.15 万元。

事故四："7·23"甬温线特别重大铁路交通事故。2011 年 7 月 23 日 20 时 30 分 05 秒，甬温线浙江省温州市境内，由北京南站开往福州站的 D301 次列车与杭州站开往福州南站的 D3115 次列车发生动车组列车追尾事故，造成 40 人死亡、172 人受伤，中断行车 32h 35min，直接经济损失 19371.65 万元。

### 一、任务目的

在学习完城市轨道交通安全事故处理任务后，老师收集了四个轨道交通事故案例，并布置了学习事故处理的任务。各小组积极响应老师号召，准备从老师收集的轨道交通事故中选取一个作为研究对象，进行模拟事故处理。

### 二、任务内容

模拟轨道交通事故的处理。

### 三、任务步骤

1. 将学生进行分组，4~5 人为一组，小组成员查询资料，分析所选取的轨道交通事故的概况及基本原因（发生的时间及地点、人员伤亡及直接经济损失情况、事故相关单位情况）、事故发生经过与事故救援情况等，并将结果进行记录，见表 5-2-5。

表 5-2-5　事故概况记录表

| 事故概况 | |
| --- | --- |
| 事故发生经过 | |
| 事故救援情况 | |

2. 小组成员相互指导、修改或补充，并进一步分析、找出事故发生的原因以及事故责任

的认定，并将结果进行记录，见表 5-2-6。

表 5-2-6　事故原因及性质汇总表

| 事故原因 | |
| --- | --- |
| 事故性质 | |

3. 小组成员根据事故原因及性质分析结果，完善事故责任者/单位处理建议、事故防范整改措施以及从事故中吸取的启示，并将结果进行记录，见表 5-2-7。

表 5-2-7　事故责任处理与防范整改措施表

| 事故责任者/单位处理建议 | |
| --- | --- |
| 防范整改措施 | |
| 启示 | |

4. 各组成员派代表，以 PPT 形式进行汇报。

## 四、任务评价

开展自评与互评并进行记录，见表 5-2-8。

表 5-2-8　评价表

| 评价项目 | 自评（10 分） | 互评（10 分） |
| --- | --- | --- |
| 第 （ ） 组 | | |
| 点评记录 | 优点 | |
| | 缺点 | |

## 五、任务总结

_____

## 【学习小结】

1. 事故调查报告应包括事故发生单位概况、事故发生经过与事故救援情况、事故造成的人员伤亡与直接经济损失、事故发生的原因与事故性质、事故责任的认定与对事故责任者的处理建议，以及事故防范和整改措施。事故调查报告应按规定程序在相应的时限内逐级报送上级部门。

2. 根据负有事故损失及不良影响程度的大小，事故责任可划分为全部责任、主要责任、同等责任、次要责任、一定责任与管理责任。责任事故应区分事故的直接责任者、领导责任者和主要责任者，根据造成事故的责任大小和情节轻重，进行批评教育或给予行政处分，对已构成犯罪的责任者，应追究刑事责任。

3. 公司生产部室应建立事故记录台账，详细记载各种事故发生的经过、原因及处理情况，并及时报送安全技术部室；安全技术部室定期进行分析总结，根据安全生产形势，开展相关专项安全活动，不断改进、提升运营安全水平。

### 【知识巩固】

#### 一、填空题

1. 根据负有事故损失及不良影响程度的大小，事故责任可划分为_____、_____、_____、_____、_____与管理责任。

2. 事故发生单位主要负责人未依法履行安全生产管理职责，导致事故发生的，当发生事故为一般事故的，处_____的罚款。

3. 事故发生单位对事故发生负有责任的，当发生事故为特别重大事故的，应处_____元以上_____元以下的罚款。

4. 安全警示片内容应包括_____、_____、_____和_____等。

#### 二、选择题

1. 以下关于事故调查报告的有关说法，不正确的是（　　）。
A. 事故调查报告应当附具有关证据材料
B. 事故调查组成员应在事故调查报告上签名
C. 事故调查报告报送负责事故调查的人民政府后，事故调查工作仍可继续
D. 事故调查的有关资料应当归档保存

2. 重大运营安全事故调查报告按规定程序经批复后，省级交通运输主管部门应在（　　）个工作日内报送至交通运输部。
A. 5　　　　　　　　B. 10　　　　　　　　C. 15　　　　　　　　D. 30

3. 当事故由两方原因造成，主要原因一方应承担（　　），非主要原因一方应承担（　　）。
A. 全部责任；一定责任　　　　　　　　B. 全部责任；次要责任
C. 主要责任；一定责任　　　　　　　　D. 主要责任；次要责任

4. （　　）负有事故损失及不良影响30%~40%责任。
A. 全部责任　　　　B. 主要责任　　　　C. 次要责任　　　　D. 一定责任

#### 三、简答题

1. 如何进行城市轨道交通事故调查报告的编写？
2. 如何进行城市轨道交通事故的责任判定和处理？

# 项目六

## 城市轨道交通运营事故案例分析

## 任务一　工伤事故案例分析

【案例 1】 未按规定使用劳动防护用品造成的工伤事件

**1. 事故概况**

某日，当班房建检修工甲接到某站门体故障的报告，便与房建检修工乙前往处理。在维修门体过程中，甲把门推开，此时门后一条约 4m 长的 50mm×50mm 的角铁倒下，甲躲闪不及，左脚大拇指被角铁砸伤，无法走路，乙见状立即送甲去医院检查，照 X 光片发现甲左足第一趾骨骨折。

**2. 原因分析**

1）物料乱堆放，存在安全隐患。维修人员将废弃的角铁放在门的背后，当甲在维修门体过程中推开门时，门后的角铁倒下，砸中其左脚大拇指。

2）未按规定使用劳动防护用品。据调查，甲所在的班组已按规定给甲发放了护趾工作鞋，并要求员工在上班时按规定佩戴劳动防护用品，但甲安全意识不强，没有穿护趾工作鞋上岗作业，导致被砸伤了脚趾。

**3. 防范措施**

1）加强员工安全教育，提高安全意识。教育员工遵守有关规定，按规定正确佩戴劳动防护用品。

2）加强物品存放的管理，按规定存放好物品，物品堆放牢固，严禁随意堆放。

3）加强班组管理，加强劳动防护用品使用情况的检查，杜绝类似违章现象的出现。

【案例 2】 卸石碴作业造成的工伤事件

**1. 事故概况**

某日，某工班组织 20 人在地面线路从平板车上将石碴卸下。施工过程中没有人员统一指挥，卸完石碴后甲和乙在装平板车侧挡板时，乙的右手无名指被挤压在挡板和插销之间，他用力往外抽，造成右手无名指指甲脱落，送医院检查发现右手无名指软组织损伤，末端骨折 0.5mm，需要马上做皮肉移植手术并住医院治疗。

**2. 原因分析**

1）班组作业管理不到位，多人作业时没有统一指挥，安全教育不到位。

2）甲和乙装挡板时没有沟通协调，安装挡板时不同步，使挡板将乙的手夹住。

3）乙安全意识不强，没意识到作业过程中所存在的危险，手放的位置不当，导致手来不及抽出时被夹住，被夹住后处事不冷静，迅速将手抽出导致右手受伤。

**3. 防范措施**

1）加强员工安全教育，提高员工安全意识。员工的手、脚要在安全位置，以防受伤。

2）加强班组作业管理，多人作业时要有统一指挥。

3）加强沟通协调，两人或多人共同做的事（如搬放重物），要由一人统一指挥，避免因不同步而造成伤害。

# 任务二　设备事故案例分析

【案例1】违反操作规程，带接地线合闸造成供电事故

**1. 事故概况**

某日，某接触网工班在车辆段运用库8、9道进行接触网检修作业，完成作业时已超过计划时间，作业负责人甲为了快点送电，早点回去吃饭，在没有消除"接触网停电作业命令"、没有得到电力调度员许可倒闸命令、没有监护人、没有确认接地线已撤除的情况下，要求作业组成员乙合上D77隔离开关，从而造成接触网对地短路事故。事故造成接触网两处轻微烧伤，钢轨与接地线接触处表面烧伤，两根接地线线夹烧伤。

**2. 原因分析**

1）违章指挥。作业负责人甲简化了作业程序，严重违反了《接触网安全工作规程》，在未办理工作结束手续、没有撤除接地线、不具备送电条件且没有电力调度员命令的情况下，违章指挥乙合闸送电，造成本事故。

2）违章操作。作业组成员乙在没有电力调度员命令的情况下，对作业负责人甲的违章指挥没有拒绝执行或提出异议，违章合闸送电，造成本事故，违反了《接触网安全工作规程》。

3）作业组成员乙合闸送电时没有严格执行操作隔离开关时"一人操作，另一人监护"的制度，没有落实"自控、互控、他控"措施。其他作业人员对上述违章行为，未能及时制止。

**3. 防范措施**

1）加强安全和业务学习，提高员工的安全意识和业务技能。

2）加强《接触网安全工作规程》的培训，规范作业流程，严禁简化作业流程，拒绝违章指挥和强令冒险作业。

3）作业过程中要严格执行"三控"（自控、互控、他控）规定，防止类似事故发生。

【案例2】未关闭车门动车事故

**1. 事故概况**

某日，一列车于16时45分停站后第3节车厢第2扇车门无法关闭，经司机切除后动车。之后列车运行一圈停站，有乘客手动将该车门推开后下车，列车在该车门处于完全打开状态下继续运行。18时44分该列车停站后，有乘客手动将该车门关闭，司机接令至站台确认该车门处于正常切除状态。乘务组长和车辆人员分别上车查看车门情况，确认该车门处于关闭状态。

通过列车和车站视频记录，以及乘客反映情况分析确认，该列车该车门自16时45分至18时44分近2个小时的运行期间处于未锁闭的失控状态。

**2. 原因分析**

1）当值司机违反车门切除作业规定盲目动车。当值司机在现场处置车门故障时，在未确认车门确实关好锁好的情况下切除车门即盲目动车，导致该车门在较长时间运行中处于未锁闭状态。此外，当值司机也未张贴"车门故障标识"，未警示乘客避让故障车门。同时，第

二圈换班后的当值司机未确认故障车门关闭状态，导致列车故障车门在全开的情况下运行近2个小时。

2）站务人员站台安全监护作业不到位。当值站务员在站台作业时，未做好接发列车的安全监护工作，未能及时发现列车进站时故障车门打开的异常情况。

3）作业人员业务培训存在缺失。事故调查中询问多名司机，对地铁电客列车故障应急处置手册中有关车门切除操作的作业流程要求均不了解、不熟悉、不掌握，反映公司及线路管理部在员工培训，特别是主要行车工种核心业务的教育培训上存在较大缺失。

**3. 防范措施**

1）进一步分析事故原因，从管理上查问题、查根源，全面排摸人员、设备和现场管理安全关键点，切实加强行车安全基础管理，落实安全管控措施。

2）进一步健全完善职工特别是主要行车工种作业人员的安全教育机制，研究线路管理部体制下如何形成有效的安全管理与常态监管。

3）进一步梳理全网所有车型车门切除操作要求，明确车门切除操作"两到位"的确认标准、方法和作业流程。

4）认真执行站台安全监护作业的有关要求，落实站台安全互控管理规定，进一步落实规范电客司机和站务员站台车门安全监护作业标准。

5）专题研究气动门技术改造方案，做到列车车门在切除状态下未关闭到位或意外打开时对司机的提示预警，发挥技术安全防范作用。

6）加强运营调度对车门故障情况下运营过程的安全监护，确保运营状态受控。同时，从操作层面进一步细化明确不同情况下车门切除的运营调整要求、站台监护的联控要求等操作规定。

### 【案例3】北京地铁踩踏事故

**1. 事故概况**

2008年3月4日，北京地铁东单站由于扶梯故障，发生乘客踩踏事故，造成乘客受轻伤。当天早上8点26分，在东单站5号线换乘1号线的南侧通道内，水平扶梯突然发出异常声音，引起乘客恐慌，数百名乘客互相拥挤，争相离开自动扶梯，最终导致发生乘客踩踏事故。此次事故造成11人受轻伤，东单地铁站内自动扶梯停止运行近3个小时，地铁公司给予受伤乘客适当赔偿。

**2. 原因分析**

经调查，此次踩踏事故中，扶梯发生故障的主要原因是超载。超载导致扶梯发出异常声音，而乘客跨越扶梯、互相推搡的拥挤行为加剧了扶梯超载，进而引发踩踏事故。媒体及公众普遍认为，此次事故反映出地铁管理存在安全隐患，缺乏应对高峰期突发客流的应急处置经验，公众也缺乏防范应急事件的安全意识。

**3. 处置措施**

事故发生后，地铁运营公司立即启动应急预案，组织疏散乘客，并临时封闭故障扶梯，提醒乘客通过步行换乘。车站管理人员将受伤乘客暂时安置到车站办公室，同时通知医疗救护人员，并向公安部门报告，请求派民警到现场勘察及维持秩序。医疗救护单位安排多辆120急救车赶到东单地铁站，将11名受伤乘客送到附近医院接受检查。随后，抢修人员打开扶梯出口处的地下动力装置进行检修，多名民警则对现场进行勘察。经过近3个小时的抢修，发生故障的扶梯重新投入使用。

### 4. 启示及思考

为应对瞬时大客流，预防踩踏事故的发生，应做好以下四方面的工作：

1) 加强员工培训，提高员工业务素质。统计表明，每一起事故的发生都与人的因素有关。为做好踩踏事故的预防和处置工作，需要加强对运营管理人员的技能教育、安全教育和职业道德教育。

2) 采取多种方式对乘客进行安全宣传教育，应当对公众进行广泛的宣传教育，引导公众树立起在公共场所相互礼让的观念和应急防范意识。

3) 城市轨道交通运营单位应建立完善踩踏事故的应急预案，并组织演练。应急预案是对日常安全管理工作的重要补充，包括处理踩踏事故的人员及设备的配置、处理程序和方法、运营调整策略、信息汇报程序以及医疗救护等内容。对踩踏事故制订相应的应急预案并组织演练，能增强员工的应急处理能力，将人员伤亡和财产损失降到最低程度。

4) 城市轨道交通运营单位应增强对关键时刻、关键地点发生踩踏事故的预防和救助能力。对于北京、上海、广州、深圳等城市轨道交通客流量较大的城市，某些线路在高峰时段可能超负荷运营，有些换乘站的换乘通道和出入口的空间狭小，而瞬时客流巨大，存在发生踩踏事故的安全隐患。为预防踩踏事故的发生，运营单位应科学规划乘客的走行路线，做到进出站分流，避免走行流向冲突情况，而且应增设巡查人员，做好应急准备，及时控制引发乘客恐慌的各种因素。

# 任务三　消防事故案例分析

## 【案例1】 忽视动火安全造成火警事故

### 1. 事故概况

某日，某工程承包单位在 A 站进行组合空调器拆除施工。一组施工人员在拆卸空调器滤网后将滤网堆放在地上，另一组施工人员使用气焊切割组合空调器的出入口钢管，切割时飞溅的钢渣落到堆放在地上的空调器滤网上，造成滤网着火，车站火灾报警系统立即报火警。施工人员发现滤网着火后，立即跑出设备房外拿灭火器来救火，与赶来的车站人员一起及时把火扑灭，未造成事故扩大。事故造成两个控制箱和部分管线被烧坏，五张空调器滤网被烧毁。

### 2. 原因分析

忽视动火安全，违章操作。某工程承包单位未严格遵守动火安全规定，未办理动火手续擅自动火，动火时防火措施不落实；现场安全负责人责任不明确，拆下的空调器滤网未及时搬走，堆放在动火区域，也没有采取隔离等措施。

### 3. 防范措施

1) 加强作业安全培训，提高施工人员的安全意识。

2) 强化主体责任，加强作业安全的监管，认真落实作业安全防护措施，做好"三控"。

3) 需动火作业时必须严格遵守动火安全规定，办理动火手续，认真落实防火措施。

4) 动火区域内不得堆放易燃品，不能搬走的，要采取隔离措施。

### 【案例2】违禁吸烟，乱丢烟头，引起垃圾桶着火事件

**1. 事故概况**

某日，某班组在某地铁站施工，施工结束后将含油污的棉纱和手套丢弃在垃圾桶里，并就地休息，此时有几个班组成员在垃圾桶边抽烟，随后将未熄灭的烟头随手丢进垃圾桶里，约10min后，车站值班员闻到有物品燃烧的烟味，便查找气味来源。最后在站台设备房的走廊里，发现一个不锈钢垃圾桶里着火并冒出浓烟，迅速使用灭火器将火灾扑灭。

**2. 原因分析**

1）该班组施工结束后，没有将含油污的棉纱和手套清走，直接丢弃在垃圾桶里。

2）作业人员违反地铁站内严禁吸烟的规定，在地铁站内吸烟，并将未熄灭的烟头扔进垃圾桶，烟头点燃了桶内棉纱，引起垃圾桶着火。

**3. 防范措施**

1）强化安全意识，严查违章违纪。

2）加强员工教育，禁止在地铁站和隧道等严禁吸烟的场所内吸烟。

3）加强施工管理，施工后要做到工具清、场地清，用过的材料不得随地乱丢，妥善处理含油污的棉纱和手套，以防留下火灾隐患。

### 【案例3】擅自离岗，造成火警事件

**1. 事故概况**

某日，某地铁站设备区蓄电池室FAS（火灾自动报警）系统报火警，车站行车值班员立即通知值班站长前往现场进行确认。值班站长和一名站务员到达蓄电池室后，闻到一股焦味，开门时发现钥匙不能插入钥匙孔，无法将门打开，马上返回车控室拿铁锤破门进入查看，发现充电机冒烟，立即组织人员将火扑灭。经检查发现充电机的一个滤波电容烧毁。

**2. 原因分析**

1）事发时充电机正在对蓄电池进行充电，因充电电流较大，发热严重，加之电容器使用多年，已老化，绝缘下降，承受长时间的大电流和发热，导致起火烧毁。

2）充电作业时，作业人员将充电机设置到充电状态后，擅自离开，没有监测设备充电情况。

**3. 防范措施**

1）加强维护，加强充电装置的检查，对存在安全隐患的元器件进行更换。

2）加强作业安全监管，严禁擅离职守，应严格按规程要求对充放电过程进行监护。

3）加强钥匙管理和门锁的维护，更换门锁后要及时将钥匙交给车站。

### 【案例4】港铁纵火案

**1. 事件概况**

2017年2月10日晚上7时许，一辆由香港金钟开往尖沙咀的港铁列车突然起火，车内火势猛烈，冒出大量浓烟。该事件造成18人受伤。怀疑纵火的男子下半身着火倒卧月台，附近的乘客试图协助将火扑灭。

出事时正值下班繁忙时间，车站内的乘客慌忙逃生，车站需要封闭调查。警方随即拘捕涉嫌纵火的60岁张姓男子，疑犯在送往医院途中透露自己因个人原因纵火，但由于他严重受

伤，加上语无伦次，警方须等他接受治疗后录口供，不排除他有精神问题。

初步调查显示，该男子曾有案底，受家庭问题困扰而犯案，确认事件与恐怖袭击无关，也无证据显示事件是针对公共交通工具而发动袭击。消防调查后则初步判定，疑犯在车厢内点燃助燃剂导致事故。

**2. 事件特征**

1）事件发生在隧道区间，列车正在运行。

2）晚上7点客运高峰，车站人流较集中。

3）使用助燃剂，救援难度大。

4）乘客惊恐易造成拥挤踩踏。

**3. 事件处置**

第一，多名目击者纷纷表示，尽管事发后现场一度混乱，但秩序很快恢复正常。纵火发生后，乘客立即用紧急通话装置向司机报告，有乘客自发协助有需要的伤者。由于发生在车头位置，司机确认情况后立即上报并通知下一站。接到报告后尖沙咀站港铁职员立即向999应急中心报告，并将车站PIS屏幕更新为醒目的疏散信息并通告全路网。

第二，车站职员10min内疏散尖沙咀车站内3000余名乘客。港铁职员使用灭火器扑灭车厢火灾，并对乘客开展救护，乘客间也采取互救措施。

港铁迅速增派大量职员在站内外戒备和引导。在站外设置接驳点，安排免费接驳巴士接载受影响的乘客，短时间内有效疏导乘客。

此外，涉事的港铁荃湾线除了尖沙咀站不停站，其余列车服务很快恢复正常，维持每5min一班。

第三，警方接到火警报告后2min内随即抵达现场，冲锋队（EU）、反恐特勤队及机动部队先后抵达。警方除了迅速拘捕涉嫌纵火的疑犯，还设立了专线呼吁目击者提供线索，并将案件交由油尖区重案组接手调查。

第四，消防接获起火报告后5min内抵达，当时火已熄灭。据了解，事发后有乘客立即用紧急通话装置报告车长，港铁职员和乘客则第一时间用灭火筒将火扑灭。医疗救援团队等也在数分钟内抵达月台，随即展开救援。

第五，事发后特区政府高度关注，前行政长官及相关人员凌晨前往医院探望伤者及责成各医院全力救治。特区政府设立了跨部门援助站协助市民查询，红十字会也在短时间内设立心理支持热线提供心理辅导。

**4. 处置措施**

此次事件中值得肯定借鉴的方面如下：

（1）**先期处置果断**　司机第一时间核实情况、上报信息，将列车行驶至前方车站；前方车站及时、果断疏散乘客；行车调度员及时调整运营。

（2）**自救能力出色**　车厢乘客处变不惊，通过紧急通话装置向司机报告；车站乘客使用随身物品开展互救。

（3）**预案实施高效**　救援到场及时，处置响应精确。

（4）**危机干预得当**　第一时间公开信息，排除恐袭；及时公布处置、救援情况。

但是，通过对事故进行分析，也存在一定的不足：没有安全隐患排查的机制，缺少安全防范的手段。香港警方表示，此次事件中乘客的自救互救意识值得肯定，但并未有乘客使用车厢的消防器材实施灭火；仅使用PIS屏幕、手机APP推送事件信息。可以借鉴日本的经验：

地铁车站、大型商圈等人员密集场所的通知通告；手机短信向所有市民推送突发事件信息，禁止前往事发地；向所有司机推送信息，配合避让事故周边路段。

5. 启示与思考

一起突发事件的影响往往会呈连锁效应，如果处理不当，甚至可能给一个城市带来难以估算的损失。对于这次的纵火事件，不幸中的万幸是，各部门及乘客都实时做出了高效的配合，才未导致更严重的灾难性伤亡。这与香港各机构部门的应急训练密不可分。就以港铁为例，他们每年都会与香港的紧急服务部门进行至少 12 次演习，包括列车冒烟及发生紧急事故等，以测试各种应变程序及确保设备系统维持有效运作。而根据香港警队的服务承诺，警方在接获市区紧急事故来电后，9min 内必须到达现场。

这次的纵火案是一起不幸的事件，但香港作为一个国际大都市，通过这起突发事件，做出了应急管理的正面示范。

6. 工作方向

（1）宣传培训

1）市应急联动部门在突发事件发生后通过短信群发至全体市民或司机。

2）加大对于乘客火灾自救、消防器材使用等方面的宣传教育。

3）一旦地铁内遇到突发事件，全路网 PIS 屏醒目提醒。

4）加强对地铁员工，特别是对列车司机和站长的培训，提高突发事件先期处置能力。

（2）预案演练

1）进一步明确各处置单位职责界面，细化操作层面的预案，定期合成演练。

2）做好集团与公安各类预案的对接工作。

3）组织开展实景预案演练，提升演练效果。

（3）综合安检

1）以升级的车站安检设备为核心。

2）以 WiFi 嗅探等手段对地铁内乘客异常行为分析为辅助。

3）以盘查和临检为补充。

# 任务四  行车事故案例分析

【案例 1】未确认信号机和道岔造成挤岔事故

1. 事故概况

某日，一列车在洗车线进行洗车，洗车完毕，司机和副司机未与车场信号楼值班员联系，未确认进场信号机，也未确认道岔，擅自动车（当时速度为 15km/h），将车场 4 号交分道岔挤坏。信号楼值班员听到挤岔警示后，立即用电台呼叫司机停车，司机紧急停车，列车在越过 4 号岔尖轨约 28~30m 时停稳，造成了挤岔。

2. 原因分析

1）司机、副司机安全意识不强，动车前未确认信号、进路、道岔，又未与车场信号楼的信号值班员联系，是造成这起事故的主要原因。

2）当值司机、副司机简化作业程序，未认真执行呼唤应答制度。

**3. 防范措施**

1）强调"安全第一"的指导思想，各工种密切配合，加强联系。如列车进、出车场前，司机须与信号楼值班员联系，确认信号、进路、道岔后方可动车。

2）司机驾驶中及动车前的呼唤应答不能流于形式，要落到实处。

3）各级人员继续认真检查、监督规章制度落实情况，保证规章制度得到不折不扣认真执行。

4）车场派班员向司机安排作业计划时，同时布置安全注意事项。

### 【案例 2】速度过高导致列车撞击车挡事故

**1. 事故概况**

某日，一列车在试车线北端停稳后，报告信号楼要求开始调试作业。信号楼封锁试车线后，回复司机"试车线封锁，司机可以进行调试作业"，列车开始调试作业。

列车从北往南进行第一次调试，在制动工况下车组偶尔出现"空转滑行"现象，其他无异常。到达试车线南端停车换端，司机以人工模式从南往北动车，到试车线北端停车。

司机采用人工模式由北往南驾驶，在制动工况下车组也偶尔出现"空转滑行"现象，其他无异常。列车停稳换端后，司机接到车场调度员的通知，如果列车无故障就可以回库。司机按其指示执行，准备驾驶车组到试车线北端后结束调试申请回库（在以上行车中司机均未按要求在"一度停车"标前停车再动车）。

司机以人工模式由南向北动车，没有按要求在"一度停车"标前停车。车辆进入北端最后一个轨道区段时，由于速度过高，虽然采取了紧急制动措施，车辆仍然撞击到北端摩擦式车挡，撞毁尽头的混凝土车挡，司机立即报告车场调度员及信号楼。

**2. 原因分析**

1）司机严重违反了调试、试验有关安全规定，是造成本次事故的直接原因。

2）主管部门没有明确调试的内容和要求，没有安排人员跟车指挥调试，对试车工作预想不足，是造成本次事故的原因之一。

3）司机在本次调试过程中没有按要求在"一度停车"标前停车，是导致本次事故的原因。

4）列车在试车线运行过程中多次出现"空转滑行"现象，由于司机经验不足，未能产生高度的警觉，并未能及时采取相应措施，是导致本次事故的原因之一。

**3. 防范措施**

1）完善试车线使用人工模式驾驶调试的规章制度，调试时要加派一名监控员进行监控。

2）列车上试车线，主管部门必须派人跟车。试车线两端停车标前要预留 70m 的停车距离。

3）对所有车挡的技术状态进行检查，确保车挡的功能良好。

4）在雨季和异常气候条件下，加强线路、信号、接触网的巡视，保证设备正常交付使用。

### 【案例 3】线路未出清，工程车压地线事故

**1. 事故概况**

某日，一工程车作业结束，返回某车站上行站台。3 时 10 分，行车调度员通过调度电话联系各站，逐站检查上行线路出清情况及防护撤除情况，各站依次回报上行线路已出清、防

护已撤除，行车调度员随即通知车站排列工程车上行反方向回车场进路。3 时 12 分，行车调度员通知工程车凭地面信号动车。3 时 24 分，值班主任从洗手间回到中控室，当时工程车已运行两个区间。值班主任询问行车调度员地线是否已经拆除，行车调度员意识到地线还没有拆除，立刻使用无线调度电话通知工程车立即停车待令。3 时 27 分，行车调度员询问工程车司机运行线路是否有异常，司机刚使用无线电台答复"线路没有异常"，就发现有两名供电人员从变电房开门出来，对地线进行检查，随后司机打开车门，发现离车站头端墙 20m 处有组地线，地线已在机车中部，附近没有红闪灯防护。

**2. 原因分析**

1）当班行车调度员工作责任心不强，安全意识淡薄，未与电力调度员核对并在登记本上标记地线位置，在未拆除地线的情况下，排列了工程车回场进路，并盲目指挥司机动车，是造成本次事故的主要原因。

2）当班值班主任工作责任心不强，安全意识淡薄，对当晚施工组织和行车作业安全预想不到位、安全监控不到位，未能发现当晚施工组织和工程车开行了存在的安全隐患，是造成本次事故的原因之一。

3）当班电力调度员未掌握当晚现场地线具体位置，也未与行车调度员核对地线所挂位置，没有做到"自控、互控、他控"。

**3. 防范措施**

1）电力调度员在收到工班负责人挂地线作业完成的报告后，须与工班负责人核对地线的数量、位置和挂拆时间，在确认后通知行车调度员，行车调度员在施工作业登记本中对地线位置进行记录。排列进路时，必须检查确认进路上的地线已拆除。

2）行车调度员与电力调度员确认挂地线的位置后，应在相应轨道区段设置"封锁区段道岔"命令，作为行车调度员在准备工程车回车场进路时的防护。建立施工作业流程表，以卡片的形式规范施工作业进程，防止行车调度员在施工作业过程中忘记某个步骤。

3）每个调度班组在上中班时，对第二天夜班的施工计划进行审核，对工程车开行、停电区域、拆挂地线的地点要有一个全盘的了解。夜班交接班会时，值班主任要对重点的施工进行布置，各调度员之间要沟通好，做好班前安全预想，保证施工安全顺利地进行。

### 【案例 4】未确认信号机，列车闯红灯事故

**1. 事故概况**

某日，一列车于 16 时 19 分进站停稳。接车副司机在操作站台打开安全门，接车司机则打开司机室侧门进入司机室与到达司机交接。待乘客上下完毕后，副司机关安全门，司机通知交班司机关客室门，副司机关好安全门后进司机室开主控钥匙，此时对讲机传来"交班司机已下车"，司机复诵后，副司机立即坐到主控台的驾驶座位上打开主控钥匙，没有确认前方信号机，就将方向手柄推向前位，接着推牵引手柄动车。动车后发现列车走向不是直向而是侧向，司机和副司机意识到闯了出站信号机显示的红灯，进错了股道，便立即停车。列车在越过前方信号、压上道岔约 10m 后停车。司机没有把情况汇报车站，而将方向手柄打到"后"位，退行越过信号机后进入站内停车。

**2. 原因分析**

1）该机车班组责任心不强，动车前精力不集中，没有确认信号就盲目动车。司机、副司机没有严格执行标准化作业程序和呼唤应答制度，司机没有对副司机进行认真监控进而在作

业中失控，没有凭进路防护信号机的信号显示行车，导致事故发生。

2）人员管理问题。当值司机是刚从 1 号线调到 2 号线的第二个班，对 2 号线来说也是新司机，至事发时 9 天时间换了 3 名司机。司机、副司机相互之间了解不够，使两个新司机配班不妥当。

3）排班上的问题。该机车班组在 17 时 55 分至次日 0 时 28 分上了一个班；接着在次日 10 时 10 分至 18 时 25 分上第二个班，在第二个班第五个往返时在车站发生冒进信号事故（当天的交路表是跑 7 个往返共 8.3h）。司机出勤前的休息不充分。

**3. 防范措施**

1）加强对客车司机工作责任心的教育，严格履行岗位职责和执行标准化作业程序，动车前和运行中要认真确认道岔、进路和信号，严格按信号显示行车。

2）司机应认真执行在信号开放后再关闭客室门的作业程序。

3）在行车工作中，各岗位员工必须严格执行呼唤应答制度和车务安全联控措施，做到信号不清不动车，未经确认不动车。

4）科学合理地安排作业人员的班次、人员之间的搭配，防止行车作业人员出现过度疲劳现象和人为事故的发生。

# 参考文献

［1］ 史富强. 城市轨道交通运营安全 ［M］. 青岛：中国石油大学出版社，2017.

［2］ 王芳梅，胡兴丽. 城市轨道交通安全与应急处理 ［M］. 北京：高等教育出版社，2019.

［3］ 耿幸福，崔联云. 城市轨道交通运营安全 ［M］. 3 版. 北京：人民交通出版社股份有限公司，2022.